KB062952

90일 안에
장악하라

The First 90 Days (Updated and expanded edition) by Michael D. Watkins
Original work copyright © 2013 Michael D. Watkins
Published by arrangement with Harvard Business Review Press.
All rights reserved.

90일 안에 장악하라 최신개정증보판

부임 3개월 안에 조직과 업무를 완벽히 장악하는 방법

초판 1쇄 펴낸날	2004년 8월 20일
초판 20쇄 펴낸날	2013년 12월 15일
개정판 1쇄 펴낸날	2014년 7월 15일
개정판 17쇄 펴낸날	2024년 11월 25일

지은이 마이클 왓킨스   편집 이정신 이지원 김혜윤 홍주은
옮긴이 박상준   디자인 김태호
펴낸이 이건복   마케팅 임세현
펴낸곳 동녘사이언스   관리 서숙희 이주원

인쇄 새한문화사   라미네이팅 북웨어   종이 한서지업사

등록 제406-2004-000024호 2004년 10월 21일
주소 (10881) 경기도 파주시 회동길 77-26
전화 영업 031-955-3000 편집 031-955-3005 팩스 031-955-3009
홈페이지 www.dongnyok.com 전자우편 editor@dongnyok.com
페이스북·인스타그램 @dongnyokpub

ISBN 978-89-90247-65-0 (03320)

마이클 왓킨스 지음 박상준 옮김

THE
FIRST

90일 안에
장악하라

90
DAYS

부임 3개월 안에 조직과 업무를 완벽하게 장악하는 방법

10년 동안 많은 변화가 있었다. 2001년 내가 《90일 안에 장악하라》를 집필하기 시작했을 때 새로 보직을 맡거나 새로운 조직에 부임하는 경우(이하 '리더십 이동')에 어떻게 해야 신속하게 시작할 수 있는지에 대해 알려진 것이 거의 없었다.[1] 당시 나는 하버드대학교 경영대학에서 협상과 기업 외교를 가르치고 있었다. 1999년 댄 치암파Dan Ciampa와 함께 나는 고위 임원들의 이동을 분석한 《시작부터 올바르게Right from the Start》를 썼고 좋은 반응을 얻었다. 나는 하버드대학교 경영대학에서 동료들로부터 위험이 있는 경력 전환이라는 주제에 관해 자문을 했다.[2]

나는 동료들의 조언에 감사하면서도 결국 책을 써야겠다고 결심했다. 리더십 이동은 흥미로운 주제이면서 연구하기에도 적절했다. 이 분야는 지적인 관점과 실제적인 관점에서 연구되지 않은 미개척지였다. 1999년 후반 《시작부터 올바르게》가 출간되자마자 나는 존슨앤존슨 기업관리 개발부로부터 자사 리더들의 이동을 신속하게 도울 수 있는 워크숍과 코칭을 해달라는 요청을 받았다. 이 일은 개발 전담 파트너십 체계로 이어졌고, 존슨앤존슨은 내 생각을 발전시키고 적용할 수 있는 시험 장소였다.

《90일 안에 장악하라》는 2년 반 동안 전 세계 리더들 수백 명과 함께 작업하면서 배운 것들을 집대성한 책이다. 이 책의 기본 아이디어들, 예를 들어 신속하게 학습하기, 초기 승리를 확보하기, 협력관계를 구축하기는 《시작부터 올바르게》에서 발전시킨 것이다. 그러나 이 아이디어들은 모든 직급의 리더들이 이동을 신속하게 할 수 있도록 개발되고, 시험받고, 수정되고, 실제로 적용될 수 있도록 변형되었다.

이처럼 개념, 툴, 사례, 실제적인 조언들이 결합된 이 책은 이동 상황에 있는 리더들에게 적절한 지침을 주었다. 2003년 11월 《90일 안에 장악하라》가 출간되자마자 엄청나게 팔렸고 이것은 놀라운 경험이었다. 2004년 여름 이 책은 《비즈니스 위크 Business Week》 베스트셀러에 올랐고 15주 동안 그 리스트에 있었다. 이 성공으로 나는 하버드대학교를 떠나 학계 밖에서 일하겠다는 결심을 굳혔다. 나는 리더십 개발 회사인 제네시스 어드바이서스 Genesis Advisers를 공동 설립했고, 새로운 보직을 맡은 모든 사람들을 도울 수 있기를 희망했다.

경제경영 서적은 출간 당시 베스트셀러가 되어도 1~2년 뒤에는 팔리지 않는 경향이 있다. 하지만 《90일 안에 장악하라》는 그렇지 않았다. 이 책은 10년 이상 계속 팔리고 있다. 지금까지 영어판은 80만 부 이상 팔렸으며, 2011년에만 7만 5,000부가 팔렸다. 그래서 지난 10년 동안 이 책은 하버드 비즈니스 리뷰 출판사의 장기 베스트셀러다. 또한 27개 언어로 번역되었고, 하버드 비즈니스 리뷰 출판사에서 만든 이러닝 e-learning 프로그램인 〈리더십 이동 Leadership Transitions〉은 이 책을 기반을 제작되었으며, 탁월한 교육 프로그램으로 상을 받기도 했다.[3]

이런 놀라운 성공 덕분에 《90일 안에 장악하라》는 경제경영 분야의 '고전'이 되었다. '고전'이라는 단어는 진부하다는 느낌을 주기 때문에 이 용어를 그다지 좋아하지 않는다. 하지만 2009년 잭 코버트Jack Covert와 토드 새터스턴Todd Sattersten이 미국의 경제경영 전문 사이트 '800-CEO-READ' 웹사이트에서 지금까지 출간된 모든 경제경영 서적을 엄밀하게 검토하고서 100권을 선정했는데, 이 리스트에《90일 안에 장악하라》가 포함되었다. 이 결과는《90일 안에 장악하라》에 담긴 아이디어와 중요성을 인정한 것이다. 또한 보직이동에 성공하기 위해 새로운 세대의 리더들이 이 책을 찾고 있다는 의미이기도 하다.

《90일 안에 장악하라》는 유능한 관리자, 새로 부임한 리더, 신임 CEO가 있는 기업에서 관심이 많았다. 제네시스 어드바이서스의 첫 번째 기업 고객이었던 존슨앤존슨과의 작업에서는 새로 부임한 리더와 내부에서 승진한 리더의 신속한 보직이동을 돕는 것을 목표로 했다. 이 작업에서 신임 리더에게 집중하면서, 다른 형태의 보직이동을 경험하는 사람들을 놓친 것은 실수였다. 하지만 신임 리더에 쏟아지는 관심 덕분에 이 영역에 진전이 있었다. 유능한 리더를 확보하려는 경쟁은 더 격렬해졌으며, 부적응·성과 부진·이동에 따른 손실이 급증했다. 그래서 많은 회사들은 새로 부임한 리더들을 신속하게 보직이동 하기 위해 이 책의 아이디어를 채택했다. 제네시스 어드바이서스와 함께 작업했던 회사뿐만 아니라 수천 개의 회사들이 교육, 개발, 인적 자원 부분에 90일 계획과 방법을 도입하고 실행했다. 2006년《이코노미스트The Economist》는《90일 안에 장악하라》를 '새로운 바이블'이라고 규정했다.[4] 최근에는 신임 리더들의 신속한 보직이동을 주제로 여러 회의들이 개최되고 있을 정도로 이 영역이 주목받고 있다.

지난 10년 동안 내 생각도 많이 발전했고 이 개정판에 그 모두를 반영했다. 나는 지금도 보직이동을 겪고 있는 리더들과 함께 작업하면서 연구하고 있으며, 현장 경험을 이론적인 틀로 구성하고 있다. 나는 다음 책들에서 제기된 논의를 발전시켰다.

- 《협상 리더십Shaping the Game》. 2006년 하버드 비즈니스 리뷰 출판사에서 출간되었다. 신임 리더가 보직이동에 성공하기 위해 협상과 영향력을 이용해 아이디어를 실행할 수 있는 방법을 분석하고 있다.[5]

- 《90일 안에 장악하라: 공무원 편The First 90 Days in Government》.《90일 안에 장악하라》를 공공부문에 적용한 책으로, 재무성 고위 관료였던 피터 데일리Peter Daly와 케이트 리비스Cate Reavis와 공동으로 집필했다.[6]

- 〈새로 부임한 임원의 기둥들The Pillars of Executive Onboarding〉. 2008년 10월 《탤런트 매니지먼트Talent Management》에 실린 글이다. 리더가 새로운 회사에 부임하는 경우를 분석하면서 사업 방향, 기대, 조정, 문화 적응, 정치적 연합이라는 주제를 다루었다.[7]

- 《다음에 가야 할 길Your Next Move》. 2009년 하버드 비즈니스 리뷰 출판사에서 출간되었다. 신임 리더가 보직이동을 경험할 때 조직의 변화과제와 개인의 적응과제를 구분해야 한다고 강조했다. 또한 승진, 과거 동료들을 이끄는 상황, 새로운 조직에 부임, 해외 지사 발령 같은 특정 보직이동 유형들을 자세히 분석했다.[8]

- 〈적합한 보직이동 전략 선택법Picking the Right Transition Strategy〉.

2009년 1월 《하버드 비즈니스 리뷰Harvard Business Review》에 실린 글이다. 《90일 안에 장악하라》의 초판에 소개되었던 스타스STARS(시작Start, 회생Turnaround, 급속성장Accelerated growth, 재조정Realignment, 성공지속Sustaining success)를 여러 사업에 적용해 보직이동 전략을 개발한 것이다.[9]

- 〈관리자는 어떻게 리더가 되는가How Managers Become Leaders〉. 2012년 6월 《하버드 비즈니스 리뷰》에 실린 글이다. 고위 관리직에서 사업 전체를 운영하는 CEO로 보직이동 할 때 리더들이 경험하는 과제들을 연구한 '일곱 개의 지층 이동the seven seismic shifts'을 요약한 것이다.[10]

지난 8년간 이 주제를 발전시킬 수 있었던 것은 《90일 안에 장악하라》와 제네시스 어드바이서스의 고객들 덕분이었다. 최근에는 '가속 코칭 프로세스Acceleration Coaching process'라는 차세대 웹 기반 워크숍을 만들었다. 이것은 가상으로 그룹을 만들어 워크숍 참여자들을 훈련시키는 프로그램으로, 특히 의사들이 병원이나 연구기관에서 상업적인 환경으로 이동하는 상황을 포함하고 있다.

또한 《90일 안에 장악하라》 덕분에 나는 신속한 보직이동을 위한 아이디어를 실제로 적용한 연구도 진행할 수 있었다. 이 연구에서 나는 여러 건의 놀라운 결과를 얻었다.[11] 스타스, 보직이동 상황에서 쉽게 빠지는 함정, 초기 승리 확보의 중요성 등은 많은 리더와 컨설턴트에게 칭송을 받았고 실제로 활용되었다.[12] '불분명한 최첨단the fuzzy front-end' (댄 치암파와 공동으로 만든 개념으로, 일자리를 구하고 정식으로 부임하는 기간을 가리킨다)[13], 신임 리더가 보직이동 상황에서 경험하는 조직의 변화와 개인의 적응 사이의 위험을 구분하는 연구도 격찬을 받았다.[14]

10년을 돌이켜보면 나는 놀라운 여행을 한 셈이며, 여기까지 오는 데 많은 사람들의 도움을 받았다. 먼저 초기 아이디어를 발전시키고 실제로 적용하는 데 결정적으로 도움을 준 댄 치암파(《시작부터 올바르게》의 공동 저자)와 쇼나 슬랙Shawna Slack에게 감사한다. 하버드 비즈니스 리뷰 출판사의 사장과 편집자, 특히 이 책이 최종 출간될 수 있도록 방향을 제시하고 격려해준 제프 케회Jeff Kehoe에게 감사한다. 제네시스 어드바이서스의 핵심 고객들과 투자자들, 특히 페텍스의 베키 앳케이슨Becky Atkeison, 존슨앤존슨의 아이나키 배스터리카Inaki Bastarrika, 론 보세트Ron Bossert, 캐럴린 카메론Carolynn Cameron, 마이클 에르트Michael Ehret, 테드 응귀엔Ted Nguyen, 덕수 호Doug Soo Hoo에게 많은 도움을 받았다. 끝으로 제네니스 어드바이서스의 동료들과 초고를 편집한 케리 브루넬Kerry Brunelle에게 감사한다.

차례

일러두기

1. 이 책은 Michael D. Watkins, The First 90 Days: Proven Strategies for Getting Up to Speed Faster and Smarter (Boston, Mass.: Harvard Business Review Press, 2013)을 우리말로 옮긴 것으로, 같은 저자의 책 The First 90 Days: Critical Success Strategies for New Leaders at All Levels (Boston, Mass.: Harvard Business School Press, 2003)의 개정판이다.

2. 번역자는 한국어 초판인 마이클 왓킨스, 《90일 안에 장악하라》, 정준희 옮김, 소소, 2004를 참고해 개정판을 번역했다.

서론

90일 안에 장악하라

미국 대통령은 취임 후 100일 안에 자신의 능력을 입증해야 한다. 여러 분에게는 90일이 있다. 부임 후 첫 몇 개월 동안 어떤 행동을 하느냐에 따라 여러분의 성공과 실패가 갈린다.

새로운 임무에서 실패하면 경력에 치명타를 입을 수도 있다. 그렇 지만 실패하지 않았다고 해서 성공했다고 말할 수도 없다. 리더가 실패 했을 때 그 원인은 부임 초기 몇 달 동안 형성된 악순환에 있다. 리더가 실패해도 살아남을 수는 있지만 잠재력을 제대로 발휘하지 못한다. 그 결과 여러분은 경력을 개발하거나 조직을 성공시킬 기회를 잃는다.

보직이동이 왜 중요한가? 내가 1만 3,000여 명의 인사담당 고위 리 더들을 조사한 결과, 거의 90퍼센트의 리더들이 '새 업무로의 보직이 동은 리더의 전문 경력에서 가장 중요한 시기'라는 데 동의했다.[1] 또한 리더들 사분의 삼이 '첫 몇 개월 시기의 성공 또는 실패가 업무 전체의 성공 또는 실패를 가늠할 수 있는 강력한 지표'라는 데 동의했다. 심지어 나쁜 보직이동 때문에 여러분이 반드시 실패할 것이라고 가정할 수는 없더라도 성공한 경우는 드물었다.

보직이동에 관한 좋은 소식은 이 기회에 여러분은 새롭게 시작할 수 있으며, 조직도 변화의 계기를 마련할 수 있다는 점이다. 하지만 보직이동은 여러분이 매우 취약한 시기다. 여러분은 안정적인 업무 관계도 구축하지 못했고, 새로운 일을 자세히 파악하고 있지 않기 때문이다. 또한 직원들은 여러분이 누구이고 무엇을 해야 하는지를 파악하기 위해 신중하면서도 자세히 관찰할 것이다. 여러분의 효율성에 관해 직원들은 금세 알기 시작하며, 한번 형성되면 바꾸기 어렵다. 만약 여러분이 신뢰를 쌓고 초기 승리를 확보한다면 이후 임기 동안 추진력을 확보할 수 있다. 하지만 초기에 함정에 빠진다면 여러분은 중대한 도전에 직면할 것이다.

이동 경력을 구축하라

한 회사(또는 두세 회사)에서 오랫동안 일하던 경향은 이제 과거가 되었다. 리더는 여러 번 보직이동을 경험하기 때문에 신속하고 효율적으로 이동하는 능력이 매우 중요해졌다. 제네시스 어드바이서스Genesis Advisers,《하버드 비즈니스 리뷰Harvard Business Review》, 국제경력개발연구소International Institute of Management Development(이하 '제네시스/하버드/경력개발연구소 연구')가 공동으로 580명의 리더들을 조사한 연구 결과에 따르면, 응답자들은 평균 18.2년 동안 전문직에 일했다고 말했다.[2] 일반적으로 리더들은 4.1번 승진했고, 업무전환(예를 들어 영업에서 마케팅으로의 전환)을 1.8번 경험했으며, 새로운 회사로의 이직을 3.5번, 같은 회사에서 부서이동을 1.9번, 지리적 이동을 2.2번 경험했다. 각 리더는 전체 13.5번 보직이동을 1.3년마다 경험했다. 이런 이동 중 몇 번은 수평적으로 이루어진다. 하지만 그 의미는 명확하다. 성공 경력은 업무 성공들이 쌓여서 이루어지며, 업무 성공은 보직이동 성공에서 시작한다.

리더들은 명확한 보직이동뿐만 아니라 보이지 않는 보직이동도 경험한다. 이런 이동은 직함이 바뀌지 않은 채 업무와 책임이 변할 때 생긴다. 이것은 조직이 급속성장, 구조조정, 인수합병 될 때 일반적이다. 보이지 않는 보직이동은 매우 위험하다. 리더들이 이것을 인식하거나 관심을 갖지 못하기 때문이다. 가장 위험한 보직이동은 여러분이 모르는 사이에 벌어지는 것이다.

또한 리더는 주변 인물들의 보직이동에 영향을 받는다.《포춘》지 선정 500대 기업에 포함된 회사에서 관리자의 사분의 삼이 매년 업무 변화를 겪는다.[3] 그리고 리더의 보직이동은 주변 인물들인 상사, 동료, 직속부하, 핵심 관계자의 업무에 직접 영향을 준다.[4] 여러분이 보직이동을 하지 않더라도 주변 인물들의 이동에 영향을 받는다. 이것을 확인하고 싶다면 부임 후 처음 90일 동안 여러분 주위에 있는 사람들을 살펴보라. 영향을 받는 사람 수를 세어 보면 여러분은 깜짝 놀랄 것이다.

하지만 더 큰 문제는 유능한 리더가 되는 법에 관한 책과 논의가 많은 데 비해, 보직이동과 경력 전환을 어떻게 신속하고 성공적으로 이루어낼 지에 관한 연구나 글이 없다는 것이다. 사람들은 경력상 중요한 순간을 준비 없이 맞이하며, 활용할 수 있는 지식이나 도구도 없다. 이 것이 내가 여러분을 위해 이 책을 쓴 이유다.

손익분기점에 도달하기

모든 보직이동 상황에서 여러분의 목표는 최단시간 안에 손익분기점에 도달하는 것이다. 이 시점부터 비로소 여러분은 조직에 플러스가 되는 사람이 될 수 있다. [그림 I-1]에서 보는 것처럼 신임 리더는 가치의 순소비자net consumer다. 그러다 학습과 행동을 시작하면서 가치를 창출하기 시작한다. 손익분기점을 통과하면서부터 그들은 (모든 사람들이 바라듯이) 조직에 가치를 창출하는 순기여자net contributor가 된다.

200여 개 기업의 CEO 및 사장들에게 중간관리자가 손익분기점에 도달하는 데 얼마나 걸리느냐고 물었다. 그들의 대답은 평균 6.2개월이었다.[5] 물론 손익분기점에 도달하는 데 필요한 시간은 여러 상황에 따라 달라진다. 만약 여러분이 재난 상황(불타는 갑판burning platform이 고전적인 사례다)에 있는 조직에 들어갔다면, 조직에 부임한 순간부터 가치를 창출하기 시작한다.('불타는 갑판'은 위험한 상황에서도 위기를 기회로 삼아 극단적인 변화를 추구하는 경영 전략이다. 갑작스럽게 배가 폭발해 온통 불길이 치솟는 갑판에서 한 선원은 바다로 뛰어들어 유일하게 혼자만 살아남을 수 있었다. 이처럼 위기 상황에서 두렵긴 하지만 '확실히 죽는 것'보다는 차라리 '죽을지도 모르지만 살아남을 수 있는 가능성'을 선택하는 것을

그림 I-1

손익분기점

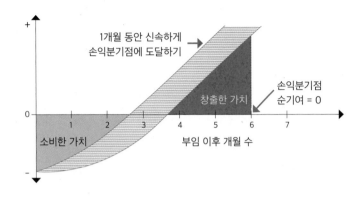

가리킨다.-옮긴이) 만약 여러분이 매우 성공적인 조직에 새로 부임했다면, 순기여자가 되는 데 1년 이상의 시간이 걸릴 것이다. 하지만 시간이 다를지라도 목표는 같다(보직이동 상황에 따른 도전 과제를 다음 장부터 집중적으로 다룰 것이다). 신속하고 효율적으로 손익분기점에 도달해야 한다.

이 책은 모든 직급에서 여러분이 손익분기점에 신속하게 도달할 수 있도록 도와주는 로드맵을 담고 있다. 독립적인 연구 결과에 따르면 이 책에 제시되어 있는 원칙들을 충실하게 따라간다면 40퍼센트 이상 시간을 앞당길 수 있다고 한다.[6]

이동 함정을 피하라

대부분의 리더들처럼 여러분도 실제 경험에서 보직이동을 배우게 된다. 무언가를 시도하고, 실수를 저지르고, 결국에는 성공하는 그런 경험 말이다. 이 과정을 통해 여러분은 업무능력을 개발했다. 적어도 지금까지는 그랬다. 하지만 특정 상황에서 성공했던 방법이 다른 상황에서도 성공적인 것은 아니며, 여러분은 실패하기 전에 이것을 깨달아야 한다. 이 때문에 보직이동에 관한 포괄적인 도구가 필요하다. 이 책은 다양한 상황에 직면한 여러 리더들의 경험을 모아서 종합한 것이다.

다음과 같이 흔히 빠지는 함정을 생각해보라. 이 함정은 제네시스/하버드/경력개발연구소 연구에서 응답자들을 인터뷰하고 추가로 질문해서 얻은 결과물이다. 이 리스트를 보면서 여러분의 상황을 떠올려보라.

이미 알고 있는 것에 집착하기. 여러분은 이전 업무에서 했던 방식대로 하면 새 업무에서도 성공할 것이라고 확신한다. 하지만 새로운 보직에서 성공하려면 과거 방식을 버리고 새 업무능력을 개발해야 한다.

행동 집착증에 빠지기. 여러분은 행동을 취하고 과도하게 시도하면서 조직을 성급하게 변화시키려 한다. 여러분이 조직을 학습하지 못할 정도로 바쁘다면 잘못된 결정을 내릴 수도 있고 여러분의 제안에 심각한 저항이 일어날 수도 있다.

비현실적인 기대를 설정하기. 여러분은 명확하고 달성 가능한 목표를 협상하지 않는다. 여러분이 좋은 성과를 내더라도 상사나 핵심 관계자의 기대에 미치지 못할 수도 있다.

너무 많은 것을 시도하기. 너무 많은 방향의 일을 추진하면서 그중 하나라도 성과가 있기를 기대한다. 하지만 직원들은 혼란을 느끼면서 핵심 의제를 추진할 임계자원을 확보하지 못한다.

특정 대답만을 바라기. 여러분의 마음이 이미 고정되어 있어서 특정 문제에 대한 특정 답을 성급하게 제시한다. 이 경우에 여러분은 진행 상황을 파악하는 데 도움을 줄 수 있는 사람들을 확보할 수 없으며, 좋은 해결책을 찾을 수도 없다.

잘못된 학습 방법을 채택하기. 비즈니스의 기술적인 부분을 학습하는 데 많은 시간을 할애하면서 문화적이고 정치적인 부분을 소홀히 한다. 이 경우에 여러분은 실제 업무가 어떻게 진행되는지를 파악하는 데 필요한 문화에 관한 통찰, 관계, 정보 흐름을 놓치게 된다.

수평 관계를 무시하기. 수직 관계(상사나 직속부하)에 많은 시간을 할애해 집중하면서 동료나 핵심 관계자를 파악하지 못한다. 이 경우에 여러분은 성공에 필요한 것들을 명확하게 파악하지 못하며, 협력관계를 구축할 초기 기회를 놓치게 된다.

과거에 여러분은 이런 함정들에 빠진 적이 있는가? 다른 사람들이 함정에 빠진 것을 본 적이 있는가? 이제 여러분이 맡은 새로운 보직을 생각해보라. 이런 실수를 저지를 위험이 있는가? 함정에 빠지지 않고 손익분기점에 신속하게 도달하기 위해 이것들을 기억하라.

추진력 확보하기

이런 함정들에 빠지면 여러분은 악순환vicious cycle의 희생자가 될 수도 있다(그림 I-2 참고). 예를 들어, 적절한 방식으로 적절한 사항들을 학습하지 못하면 여러분은 신뢰 구축에 악영향을 줄 수 있는 잘못된 초기 결정을 내릴 수 있다. 그러면 직원들은 여러분의 판단을 신뢰하지 않게 되어 학습에 큰 문제가 발생한다. 이런 경우에 여러분은 초기의 잘못된 계산을 수정하는 데 많은 에너지를 할애해야 하거나 더 심각한 상황에 빠질 수 있다.

그림 I-2

이동의 악순환

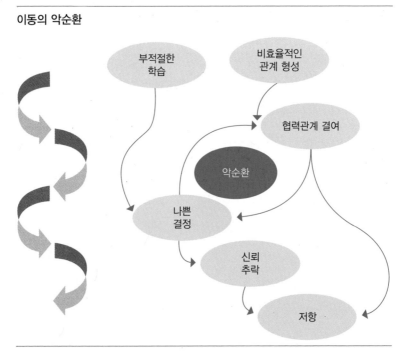

그림 I-3

이동의 선순환

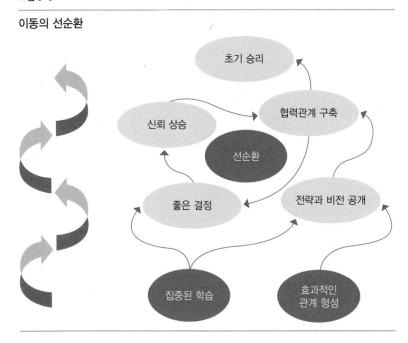

여러분의 목적은 악순환을 피하는 것만이 아니다. 추진력을 확보하고 효율성을 높일 수 있는 선순환virtuous cycle을 만들어야 한다(그림 I-3 참고). 예를 들어, 적절한 학습 대상을 잘 결정한다면 여러분은 개인적인 신뢰를 확보할 수 있다. 직원들이 여러분의 판단을 신뢰하면서 여러분은 신속하게 학습할 수 있고, 어려운 주제에 관한 좋은 의견을 들을 수 있다.

여러분이 신속하고도 적절한 결정을 내리는 데 집중하면 선순환이 이루어지면서 추진력을 확보할 수 있다. 신뢰 구축에 악영향을 줄 수 있는 악순환을 피할 수도 있다. 결국 리더십은 영향력과 균형에 관한 것이다. 여러분도 한 명의 인간이다. 성공하기 위해서는 조직 내 많은 직원들의 에너지를 활용해야 한다. 만약 여러분이 적절하게 행동한다면, 여러분이 가진 비전·전문 지식·추진력을 활용해 앞으로 나아가면서 확실한 실마리를 확보할 수 있다. 그렇지 않다면 여러분은 악순환에 빠져 피할 수 없는 문제에 직면할 것이다.

핵심 원리 이해하기

보직이동은 기회와 함정이 함께 있는 새로운 보직과, 강점과 약점을 동시에 지닌 개인 사이의 잘못된 관계 때문에 실패할 수 있다. 신임 리더가 결점을 갖고 있어서 실패하는 것이 아니다. 내가 연구했던 실패한 리더들은 모두 과거에 탁월한 성공을 거두었다. 초능력을 가진 리더만이 성공할 수 있는 상황이란 없다. 실패한 리더들이 경험했던 상황은 다른 리더들이 성공했던 상황과 비교해도 그리 나쁘지 않았다. 결국 보직이동 실패는 신임 리더가 새로운 상황에 필요한 것들을 파악하지 못했거나, 업무능력이 부족했거나, 유연하지 못했기 때문에 발생했다.

하지만 좋은 소식이 있다. 보직이동의 실패를 줄이고 손익분기점에 신속하게 도달할 수 있도록 도와주는 체계적인 방법이 있다. 보직이동을 경험할 때 리더들이 직면하는 상황은 다양하다. 하지만 시작 상황과 회생 상황처럼 특정한 보직이동 상황은 몇 가지 특징과 유의점을 공유한다. 특히 초기 승리 확보 같은 핵심 원리는 모든 직급과 모든 보직이동의 성공에 중요하다. 따라서 핵심은 상황에 맞게 전략을 구사하는 것이다.

10년 이상의 연구 결과에 따르면 여러분은 신속하게 보직이동을 수행할 수 있다. 다음에 설명하는 핵심 원리들을 충실하게 수행한다면 여러분은 큰 성공을 얻을 수 있는 추진력을 확보할 수 있다.

- 스스로를 승진시켜라. 마음속으로 자신을 옛 자리로부터 분리시켜 새 자리를 맡을 준비를 해야 한다. 가장 큰 함정은 과거에 통했던 방법이 새 업무에서도 그대로 통할 것이라고 가정하는 것이다. 과거 지식에 매달리고, 기왕의 방식을 극단적으로 고집할 때 그 결과는 처참한 실패다.
- 신속히 파악하라. 새로운 조직에서 최대한 신속하게 필요한 것들을 파악해 학습 곡선의 정점을 넘어서야 한다. 시장, 제품, 기술, 시스템, 구조는 물론 새로운 조직의 문화와 정치도 파악해야 한다. 새로운 조직을 학습하는 것은 소방 호스로 물을 마시는 것과 같다. 그러므로 체계적으로 접근해야 하며, 무엇을 파악해야 할지, 그것을 파악하기 위한 가장 효율적인 방법은 무엇인지 신중하게 파악해야 한다.
- 상황에 맞는 전략을 구사하라. 상황이 다르다면 보직이동 계획과 실행 방법을 적절히 조정해야 한다. 예를 들어, 신제품·신공정·신공장·신생기업 등 시작 상황에서 부딪히게 될 도전과 심각한 문제에 빠져 있는 제품·공정·공장의 회생을 모색해야 할 상황에서 부딪히는 과제는 크게 다르다. 따라서 행동 계획을 세우기 전에 먼저 상황을 정확히 진단해야 한다.

- 초기 승리를 확보하라. 부임 초기의 승리는 여러분에 대한 신뢰를 높이고 추진력을 확보하는 밑천이다. 이것은 뭔가 좋은 일이 일어나고 있다는 느낌을 주변에 전달해 여러분이 조직에 쏟는 에너지를 증폭하는 선순환을 만든다. 새로운 직책을 맡은 지 첫 몇 주 안에 신뢰를 얻을 기회를 찾아내야 한다. 첫 90일 안에 가치를 창출하고, 사업성과를 향상시키고, 손익분기점에 신속하게 도달할 방법을 찾아라.

- 성공 기준을 협상하라. 직장에서 상사와의 관계보다 더 중요한 관계는 없다. 따라서 새로운 상사(또는 여러 상사들)와 생산적인 업무 관계를 구축하기 위한 방법, 상사의 기대를 조정할 방법을 찾아야 한다. 상황, 기대, 업무 스타일, 자원, 개인적 발전을 놓고 상사와 진지한 대화를 나눌 계획을 세워야 한다. 중요한 것은 이런 대화를 통해 상사와 여러분 사이에 90일 계획에 대한 공감의 폭을 넓힐 수 있다는 점이다.

- 재조정하라. 지위가 올라갈수록 조직 설계자로서의 역할이 중요하다. 이것은 조직 전략을 판단하기, 조직의 구조를 전략에 일치시키기, 전략적 의도를 실현할 시스템과 기술기반 개발하기 등을 여러분이 스스로 해야 한다는 것을 의미한다.

- 자신의 팀을 건설하라. 기존 팀을 물려받은 경우 여러분은 팀원들을 평가하고, 재배치하고, 이동시켜야 한다. 상황에 맞게 팀을 재구성해야 한다. 부임 초기에 단호한 인사 조치를 취하는 결단력, 사람을 적재적소에 배치하는 능력은 전환기에 성공을 이끄는 중요한 힘이다. 팀을 건설하는 문제에 여러분은 체계적이면서도 전략적으로

접근해야 한다. _____

- 협력관계를 구축하라. 직속 관계가 아닌 사람들에게 영향력을 발휘할 수 있느냐 없느냐에 따라 성패가 갈리기도 한다. 목표를 달성하기 위해서는 조직 안팎의 지지 세력이 필요하다. 그러므로 여러분은 성공하는 데 도움이 되는 사람이 누구인지를 파악하고, 그 사람을 여러분 편으로 만들 방법을 찾아야 한다.

- 균형감각을 유지하라. 보직이동에 따른 개인적·직업적 혼란 속에서 균형감각을 유지하고 올바른 판단력을 잃지 않도록 노력해야 한다. 전환기에는 시야가 좁아질 가능성, 고립될 가능성, 오판의 가능성이 크다. 전환기를 단축하고 업무환경을 장악하기 위해 할 수 있는 일이 많다. 적절한 조언과 상담을 구할 수 있는 인적 네트워크도 반드시 필요하다.

- 모든 사람을 가속시켜라. 마지막으로 전입해온 직속부하, 상사, 동료들의 보직이동을 도와야 한다. 여러분이 보직이동 상황에 있다면 그들도 마찬가지 상황이다. 여러분의 직속부하가 신속하게 보직이동을 한다면 여러분의 업무에도 도움이 된다. 또한 체계적인 보직이동은 조직 전체에 엄청난 이익이 된다.

다음 장부터는 이 10가지 원칙을 각각 다루면서 교훈적인 이야기, 행동지침, 도구들을 살펴볼 것이다. 여러분은 조직이나 비즈니스 상황과 관계없이 필요에 따라 상황 진단과 행동 계획 수립 부분을 먼저 학습할 수도 있다. 보직이동을 신속하게 진행할 수 있는 90일 계획을 짜는 것부터 시작하라.

이동 리스크 평가하기

여러분이 가장 먼저 해야 할 일은 보직이동 유형을 진단하는 것이다. 새로운 보직을 맡을 후보에 올라 인터뷰를 준비하거나 이미 보직이동을 한 경우 둘 다 핵심 원리를 적용해야 한다. 가장 자주 일어나는 이동은 승진이나 새 회사에 부임하는 형태다.

하지만 대부분의 리더들은 수평 이동을 여러 번 경험한다. 예를 들어, 새로운 회사에 부임하거나, 새로운 지역으로 이동하거나, 승진하거나, 부서 간 협력이 필요한 업무를 맡는 식이다. 많은 리더들을 조사했던 연구 결과에 따르면 응답자들은 최근에 평균 2.2번의 중요한 이동(예를 들어 승진, 새로운 회사에 부임, 부서 간 이동, 지리적 이동)을 경험했다고 말했다.[7]

이런 복잡성 때문에 보직이동이 도전 과제이며 실패할 위험도 커진다. 여러분이 경험하는 보직이동의 유형을 파악하고 가장 중요한 과제들을 확인하는 것이 매우 중요하다. [표 I-1]의 이동 위험 평가표를 작성하면서 이것을 확인해보라.

표 I-1

이동 위험 평가 Transition Risk Assessment

효율적인 보직이동을 위해 아래의 '이동 위험 평가' 표를 이용하라. 새로 맡은 보직에서 여러분이 직면할 리스크를 파악하라. 이동 유형에 따른 리스크를 가운데 열에 적어보라. 그리고 여러분이 확인한 리스크를 1~10점 사이의 점수로 평가하라. 1점은 가장 쉬운 것, 10점은 가장 어려운 것을 의미한다. 맨 오른쪽 열에 있는 숫자를 더해 이동 리스크 지수를 계산하라(100점이 넘을 수도 있다). 이 지수는 보직이동의 강도를 알려주며, 가장 집중해야 할 사항을 알려준다.

이동 유형	위험 체크	상대적 난점 평가(1~10점)
새로운 산업 또는 직종으로 이동		
새로운 회사에 부임		
동일한 회사에서 새로운 부서 또는 그룹으로 이동		
고위직으로 승진		
이선 동료들을 지휘 (승진으로 인정)		
업무 이동 (예를 들어, 영업에서 마케팅으로)		
처음으로 여러 업무를 총괄하는 역할을 맡음		
지리적으로 이동		
새로운 국적 또는 인종적 문화에 진입		
동시에 두 가지 일을 해야 함 (새로운 일을 시작하면서 동시에 이전 일을 끝내야 함)		
새롭게 만들어진 역할을 담당 (기존 역할과는 반대됨)		
큰 변화가 진행되고 있는 조직에 들어감		
맨 오른쪽 열에 있는 숫자를 더해 이동 위험 지수를 계산하라		

그림 I-4

전환기 주요 시기

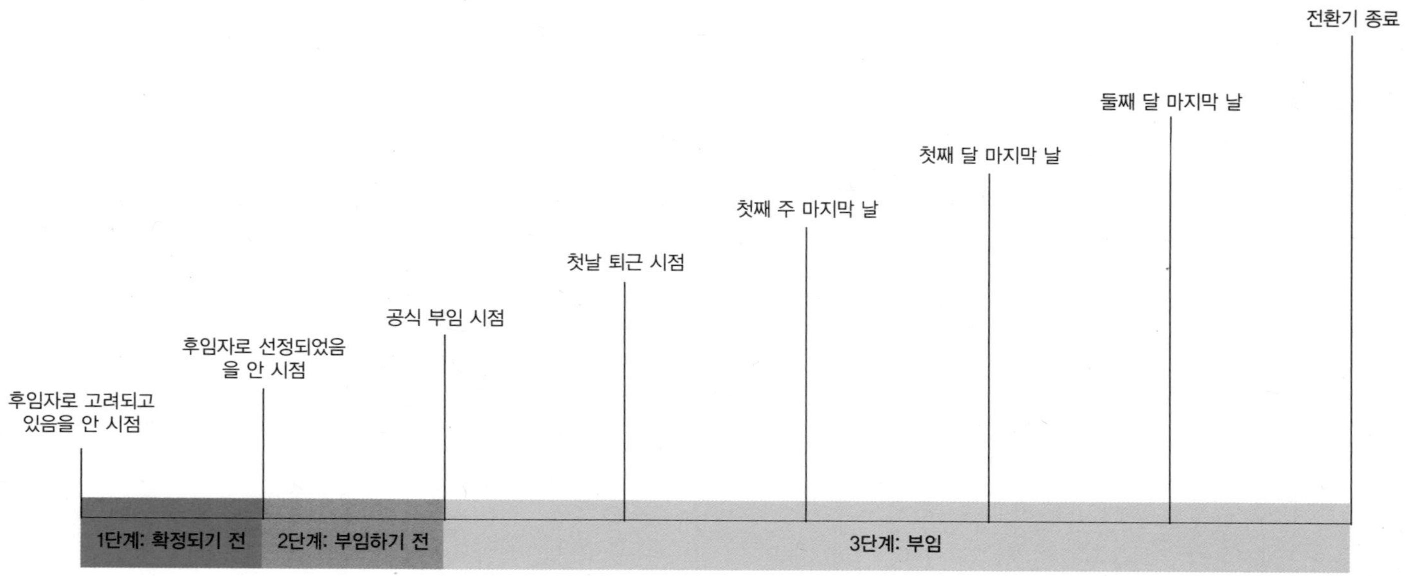

후임자로 고려되고
있음을 안 시점

후임자로 선정되었음
을 안 시점

공식 부임 시점

첫날 퇴근 시점

첫째 주 마지막 날

첫째 달 마지막 날

둘째 달 마지막 날

전환기 종료

1단계: 확정되기 전   2단계: 부임하기 전   3단계: 부임

첫 90일을 그려보기

보직이동은 여러분이 새로운 보직을 맡을 후보에 오르는 순간부터 시작된다([그림 I-4] 전환기 주요 시기 그림을 참고하라). 이동 종료는 여러분이 직면한 상황에 따라 다르다. 보직이동 상황이 어떻든 간에 첫 3개월 동안 조직 내 핵심 관계자들(상사, 동료, 직속부하)은 여러분이 주요 성과를 올리기를 기대한다.

따라서 여러분은 90일 계획을 짜야 한다. 이 계획을 이용해 여러분은 시기별로 해야 할 일을 확인할 수 있다. 운이 좋다면 여러분은 보직이동의 후보에 오른 시기부터 실제로 부임하기까지 약간의 시간을 확보할 수 있다. 이 시기에 여러분이 맡을 조직을 학습하라.

여러분이 확보한 준비 시간이 얼마나 되든지 간에 특정 기준점에 도달할 수 있도록 계획을 세워야 한다. 계획을 세울 수 있는 여유가 몇 시간밖에 되지 않더라도 많은 것을 할 수 있다. 새로운 업무를 맡은 첫날 여러분이 할 일을 생각하는 것부터 시작하라. 첫날 퇴근할 때 여러분은 무엇을 원하는가? 그 다음 첫 주를 생각하라. 그 다음에는 첫째 달, 두 번째 달, 마지막으로 세 번째 달을 확인하라. 계획이 완성되었다면 이제 생각을 비우고 그 계획을 실행하라.

정식으로 개시하기

나는 처음으로 관리자가 된 리더부터 CEO까지 모든 직급의 신임 리더를 위해 이 책을 썼다. 효율적인 보직이동을 위한 핵심 원리는 모든 직급에서 중요하다. 모든 신임 리더는 신속하게 새로운 조직에 익숙해져야 하며, 초기 승리를 확보하고 지지 세력을 구축해야 한다. 여러분은 이 책을 이용해 상황에 맞게 원칙들을 변형해서 적용할 수 있다. 상황에 맞게 응용할 수 있도록 이 책을 능동적으로 읽으면서 메모하라. 그리고 이 책에 있는 조언들을 여러분의 상황에 어떻게 적용할 수 있는지 생각해보라.

체크리스트와 〈90일 안에 장악하라〉 앱

각 장의 맨 마지막에는 그 장에서 다룬 핵심 내용을 요약하고 상황에 맞게 적용할 수 있도록 체크리스트가 있다. 이것은 여러분이 새로운 보직의 후보에 올라 인터뷰를 준비하거나, 새로운 조직에 부임해 신속한 보직이동을 하려는 사람 모두에게 유용하다.

또한 〈90일 안에 장악하라〉 앱App에는 더 자세한 지침과 제안이 있다. 이 앱은 애플 앱스토어나 안드로이드 앱스토어에서 구입할 수 있으며, 신속한 보직이동을 위한 일일 지침과 도구가 있다.

1. 손익분기점에 신속하게 도달하기 위해 무엇을 해야 하는가?
2. 빠질 수 있는 함정과 그것을 피할 수 있는 방법은 무엇인가?
3. 선순환을 만들고 추진력을 확보하기 위해 무엇을 해야 하는가?
4. 과거에 경험했던 보직이동은 어떤 유형이었는가? 가장 중요한 도전 과제는 무엇이었으며, 왜 그랬는가?
5. 90일 계획에서 핵심 요소와 원리는 무엇인가?

01

스스로를 준비하라

일류 가전업체에서 8년간 근무한 줄리아Julia는 신제품 개발 프로젝트의 총괄책임자 자리에 올랐다. 그때까지 그녀는 뛰어난 실적을 냈다. 지성, 집중력, 뛰어난 판단력 덕분에 그녀는 회사에서 인정을 받았고 일찍 고위직으로 발탁되었다. 회사 측에서는 그녀를 뛰어난 잠재력을 가진 인재로 여기고 있었다.

줄리아는 회사에서 큰 기대를 걸고 있는 신제품 출시 총괄책임자로 임명되었다. 그녀의 임무는 마케팅, 영업, 연구개발, 생산 등 여러 부서에서 차출된 팀원들의 업무를 조정하여 연구개발에서 생산에 이르는 전 과정을 원만하게 진행해 신제품을 성공적으로 시장에 진입시키는 것이었다.

줄리아는 초반부터 난관에 부딪혔다. 마케팅 부서에서 두각을 나타낼 수 있었던 것은 사소한 것까지 직접 꼼꼼히 챙기는 집중력 덕분이었다. 권한 행사와 명령에 익숙한 그녀는 강한 통제권을 발휘하고 싶어 했으며, 세세하게 따지는 경향이 있었다. 끊임없이 의사결정을 내리는 그녀의 태도에 팀원들은 처음엔 아무 말도 하지 않았다. 그러나 두 명의 핵심 멤버가 그녀의 지식과 권위에 도전했다. 감정이 상한 그녀는 자신이 잘 아는 마케팅 쪽에 매달렸다. 마케팅 담당 팀원들만 챙기면서 다른 팀원들과 관계가 소원해졌다. 한 달 반 만에 줄리아는 마케팅 부서로 되돌아갔고, 다른 사람이 팀을 이끌게 되었다.

줄리아는 탁월한 실무자에서 부서 간 협력이 필요한 프로젝트의 리더로 도약하는 데 실패했다. 마케팅 업무에서는 강점으로 작용했던 특성이 여기서는 걸림돌로 작용했다. 그녀는 직접적인 권한이나 월등한 전문성 없이 팀을 이끄는 데 자신의 강점이 도리어 걸림돌이 될 수 있다는 사실을 몰랐다. 그녀는 자신의 방식을 고수했다. 그녀는 자신이 있었고 제대로 하고 있다고 생각했다. 하지만 결과는 정반대였다. 그녀는 과거의 방식을 버리지 못하고 새로운 역할을 이해하지 못해 성공하지 못했다.

이와 관련해서 자주 발생하는 또 다른 잘못이 있다. 예전 자리에서 했던 대로 하면 새로운 자리에서도 성공할 수 있다고 믿는 것이다. 흔히 이렇게 생각한다. "내 역량과 과거의 성과를 보고서 회사가 나에게 이 일을 맡긴 거야. 회사에서는 내가 여기서도 예전처럼 하길 바라는 거야." 이렇게 생각하면 자신이 잘 아는 일은 직접 챙기고 잘 모르는 일은 피하면서도 일이 잘 돌아가는 것처럼 보인다. 적어도 한동안은 그렇게 보인다. 하지만 참담한 실패가 명확하다. 그런데도 여러분은 받아들을 수 없다. 자신은 효율적인 사람이며, 자신의 방식이 옳다고 믿기 때문이다. 사방의 벽이 와르르 무너지는 순간에도 이런 믿음을 버리지 못한다.

줄리아는 어떻게 했어야 할까? 그녀는 새로운 보직에 맞게 자신을 준비했어야 한다. 이것은 과거의 것을 버리고 새로운 요구를 수용해 새로운 역할에 맞게 자신을 변화시킬 준비를 하라는 의미다. 쉽지 않은 일이지만 반드시 해야 할 일이다. 유능한 관리자들이 달라진 역할에 따른 변화를 이루어내지 못해 실패하는 경우가 많다.

스스로를 준비하는 작업은 여러분의 보직이동 상황을 파악하는 것부터 시작하라. (서론에서 논의했던) 보직이동 유형에 따른 도전 과제들을 설명하기 위해 대표적인 두 형태인 승진과 새 회사에 부임한 경우를 살펴보자.

승진한 경우

회사 내 영향력 있는 사람들이 수년간 열심히 일한 여러분을 높은 자리로 올려도 된다는 점을 설득한 결과가 승진이다. 하지만 승진은 새로운 여행의 시작이기도 하다. 여러분은 새로운 업무에서 탁월하게 성취해야 할 것이 무엇인지, 여러분을 승진시킨 사람들의 기대를 어떻게 초과 달성할지, 더 고위급으로 승진하려면 어떻게 해야 하는지를 파악해야 한다. 특히 승진한 모든 신임 리더들은 다음과 같은 핵심 도전 과제들에 직면한다.

폭과 깊이의 균형

승진한 경우에 여러분이 처리해야 할 사안과 결정의 폭도 넓어진다. 그래서 여러분에게는 새로운 임무에 맞게 높은 곳에서 바라보는 시선이 필요하다. 줄리아가 성공하려면 마케팅 업무에서 제품 출시와 관련된 업무로 시선을 바꾸어야 했다.

또한 넓게 보는 시선과 깊게 보는 시선을 균형감 있게 유지해야 한다. 이는 상당히 어려운 일이다. 과거에는 10킬로미터 상공에서 세상을 바라보았다면, 새로운 보직에서는 1킬로미터 상공 또는 100미터 상공에서 보는 관점을 동시에 유지해야 하기 때문이다.

위임 사항 재검토

여러분이 승진해서 고위직으로 진출할수록 사안은 더 복잡해지고 불분명해진다. 그래서 여러분은 위임 사항을 재검토해야 한다. 여러분의 상황이 어떻든지 간에 효율적인 위임 방식은 같다. 믿을 수 있고 유능한 직원들을 모아 팀을 구성하고, 목표를 설정하고, 성과측정 기준을 마련하고, 상위 수준의 목표를 세분화해서 직속부하들에게 임무를 부여하고, 프로세스를 활용해 이것들을 추진하는 것이다.

하지만 승진하면 위임 사항도 변해야 한다. 여러분이 5명의 직원을 이끈다면 여러분은 마케팅 계획을 마련하고, 특정 고객에게 판매하는 일을 세부적으로 위임할 수 있다. 50명의 직원을 이끈다면 세부 임무에서 벗어나 프로젝트와 프로세스에 집중해야 한다. 500명의 직원을 이끈다면 특정 제품이나 생산 라인을 위임해야 한다. 5,000명의 직원을 이끈다면 직속부하들이 사업 전체를 책임지도록 해야 한다.

달라진 영향력

고위직으로 갈수록 일하기 쉽다는 말이 있다. 하지만 꼭 그렇지는 않다. 중요한 사안을 추진하는 데 직급에 부여된 권한이 불필요한 경우도 있다. 줄리아처럼 비즈니스에 영향을 주는 사안에 관한 결정권이 늘어났어도 실제로 그 권한을 행사하는 방식은 다를 수 있다. 의사결정은 정치적이어서 권한이라기보다는 영향력이다. '좋다/나쁘다'는 식으로 볼 수 없다. 반드시 필요하다는 식으로 보아야 한다.

여기에는 두 가지 이유가 있다. 첫 번째로 여러분이 고위직으로 승진할수록 사안이 복잡하고 불분명해진다. 그래서 자료와 분석 결과를 이용해 '옳은' 해결책을 제시하기 어려워진다. 의사결정은 전문가들의 판단, 지원 네트워크와 신뢰할 만한 사람들의 의견에 영향을 받는다.

두 번째로 고위직에는 여러분보다 더 유능하고 자아가 강한 사람이 있는 경우가 많다. 여러분은 유능하고 성과가 좋았기 때문에 승진했다. 여러분 주위에 있는 사람도 마찬가지다. 그래서 고위직으로 진출할수록 의사결정에 정치적인 영향을 받는다. 따라서 협력 세력을 구축하는 것이 중요하다.

공적인 대화

승진해서 좋은 점은 비즈니스를 더 높은 위치에서 볼 수 있고 영향력도 커진다는 것이다. 나쁜 점은 실무에서 멀어지면서 정보가 걸러져 전달된다는 것이다. 이를 위해 여러분은 실제로 어떤 일이 벌어지고 있고 어떤 조치가 있었는지를 파악할 수 있는 소통 채널을 새로 확보해야 한다. 예를 들어, 특정 고객들과 직접 만나는 자리를 정기적으로 마련할 수도 있고, 실무자들과 정기적으로 회의를 열 수도 있다. 이런 회의는 지휘 체계를 방해하지 않는 선에서 진행해야 한다.

또한 여러분의 전략과 비전을 소통할 수 있는 채널을 만들어야 한다. 개별 면담이나 소규모 회의보다는 타운홀 미팅(공동체의 자유 토론 방식-옮긴이) 같은 대규모 회의가 적절하다. 이메일이나 사내 게시판 등을 통해 많은 직원들에게 여러분의 메시지를 전달하는 것도 좋다. 여러분의 비전과 핵심 정보를 전달하는 데 직속부하들이 중요한 역할을 해야 한다. 그 결과에 따라 팀원들의 리더십 역량을 평가할 수도 있다.

명확한 제시

셰익스피어의 연극《좋을 대로 하시든지As You Like It》에는 다음과 같은 대사가 있다. "세상이라는 무대에서 모든 남자와 여자는 배우에 불과하다." 여러분이 승진하게 되면 더 많은 사람들의 주목을 받게 되고, 고위직의 관심도 증가한다. 여러분은 공연 중인 연극에서 중요한 배우다. 사사로운 행동은 없어야 하며, 매 순간 리더십에 어울리는 언행을 보여야 한다.

이것이 '리더십 표현leadership presence'이 부임 초기에 중요한 이유다. 리더는 새로 맡은 보직에서 어떻게 보여야 하는가? 어떻게 행동해야 하는가? 개인적으로 선호하는 리더십은 어떤 것인가? 여러분은 그런 리더십을 어떻게 만들 것인가? 이런 질문들은 매우 중요하며 충분한 시간을 할애해 숙고해야 한다.

[그림 1-1]에는 승진 상황 시 핵심 과제가 요약되어 있다.

그림 1-1

승진 상황 시 핵심 과제

승진한 신임 리더가 채택해야 할 도전 과제에 따른 전략은 다음과 같다.

실제로 무엇이 변했나?	무엇을 해야 하나?
넓어진 영향력 지평. 집중해야 할 주제, 사람, 아이디어 범위가 확장된다.	깊이와 폭의 균형
복잡성과 불분명함 증가. 성과가 유동적이고 불확실해진다.	많은 위임
냉혹한 사내 정치. 핵심 관계자의 영향력이 증가한다.	달라진 영향력
멀어진 실무. 여러분과 실무자 간의 거리가 멀어진다. 소통의 약화되거나 정보가 걸러질 수 있다.	공적인 대화
늘어난 시선. 많은 사람들이 빈번하게 여러분의 행동을 주목한다.	명확한 조정

새 회사에 부임한 경우

승진 상황에서 리더들은 회사에 대해 많은 것을 알고 있지만, 새로운 직급에 어울리는 행동과 능력을 개발해야 한다. 만약 여러분이 새로운 회사에 부임한다면 승진 상황과는 매우 다른 도전 과제에 직면한다. 새 회사에 들어오는 리더들은 보통 수평 이동한다. 신임 리더들은 예전에 다른 곳에서 성공을 거둔 덕분에 새 회사로 오게 되었다. 이들은 이전과는 다른 정치적 구조와 문화를 가진 회사에 적응해야 한다.

예를 들어, 작지만 급속히 성장한 풍력에너지 회사인 에너직스Energix

에서 일했던 데이비드 존스David Jones의 경우를 살펴보자. 데이비드는 일류 글로벌 제조회사에 채용되었다. 그는 엔지니어로 훈련을 받았으며, 연구개발 분야에서 시작해 나중에는 전기배선 분야의 신제품개발 담당 부사장이 되었다. 데이비드는 회사가 강한 리더십으로 운영되고 있다는 것을 알았다. 회사의 문화는 지시하고 통제하는 분위기였지만, 직원들은 속마음을 말해야 했고 실제로 그렇게 했다. 그 회사는 전사적 품질 경영total quality management, 린 생산방식lean manufacturing, 6시그마six sigma 같은 프로세스 경영 방식을 채택해 정교하게 운영되었다.

에너직스의 연구개발 책임자로 부임한 데이비드는 회사가 급속히 성장하고 있다는 것을 알았다. 그 회사는 두 명에서 시작해 직원이 200명이 되었다가 지금은 2,000명으로 불어나 대기업이 되었다. 그래서 CEO는 데이비드를 채용하는 면담 자리에서 회사에 변화가 필요하다는 것을 여러 번 말했다. CEO는 이렇게 말했다. "우리는 좀더 엄격해져야 합니다. 우리는 팀으로 일해 성공했습니다. 우리는 서로를 잘 알고 신뢰하며 오랜 시간 함께 일했습니다. 하지만 이제는 더 체계적인 방식이 필요합니다. 그렇지 않으면 우리는 거대해진 규모를 유지할 수도 더 이상 성장할 수도 없게 됩니다." 그래서 데이비드는 가장 먼저 연구개발 조직의 핵심 프로세스를 파악해서, 체계화하고, 개선하는 것을 목표로 삼았다. 이것을 지속적인 성장의 기초를 구축하는 첫 단계로 보았다.

데이비드는 늘 하던 방식으로 새로운 일을 시작했다. 그는 회사의 여러 영역들이 제멋대로 운영되고 있다는 것을 알게 되었다. 회사 운영과 재정상의 중요한 프로세스들이 정확히 규정되지 않았다. 제대로 통제되지 않은 부서도 있었다. 신제품 개발 부서만 해도 십여 개의 프로젝트들이 제품 규격도 맞지 않고 정확한 개발 단계도 없이 진행되고 있었다. 에너직스의 차세대 성장 동력이자 핵심 프로젝트는 예정보다 1년 이상 지체되었으며 개발 예산도 이미 초과되었다. 데이비드는 부임 후 첫 2~3주 동안 회사를 누가 어떻게 운영하고 있는지를 파악하고서 회사를 더 높은 수준으로 끌어올릴 수 있으리라 확신했다.

하지만 그는 곧 문제에 부딪혔다. 고위 관리 위원회senior management committee 회의에서 그는 좌절을 맛보았으며 상황은 더 나빠졌다. 회의에서 의제를 명확히 하고 실행 위주의 결정을 내리는 데 익숙해 있던 데이비드는 위원들이 논의를 회피하면서 합의 위주의 프로세스를 강조하는 것에 화가 났다. 특히 그는 긴급한 사안을 공개적으로 논의하지 않으면서 사전 물밑 작업으로 사안이 결정된다는 것이 힘들었다. 데이비드가 위원회에 민감한 주제를 제기하면서 위원들에게 행동하도록 강하게 요구하자, 위원들은 침묵했고 곧이어 그렇게 행동할 수 없는 이유들을 말했다.

두 달 후 인내심이 바닥이 나자 데이비드는 자신이 원래 하려고 했던 신제품 개발 프로세스를 개선하는 데 집중했다. 그래서 그는 연구개발, 운영, 재정 담당 부서장을 모아 일이 어떻게 진행되고 있는지를 논의했다. 그 회의에서 데이비드는 기존 프로세스를 개선하고 새로운 프로세스를 설계하기 위한 팀 구성안을 발표했다. 이를 위해 필요한 자원, 즉 운영부서의 유능한 인력 지원, 재정부서의 인력 지원, 분석을 위한 외부 컨설턴트 고용 등도 제시했다.

그는 CEO와의 채용 면접 당시 협의했던 내용이었기 때문에 당연히 자신의 일이라고 생각했다. 그런데 완강한 거부에 부닥치자 그는 큰 충격을 받았다. 회의 참석자들은 데이비드의 계획을 듣고서 자신들뿐만 아니라 다른 사람들도 이 계획에 참여하지 않겠다고 말했다. 대신 그들은 데이비드에게 위원회에서 계획을 발표하고 승인 받도록 요청했다. 위원회는 전사적으로 큰 영향력을 행사하기 때문에 주의 깊게 관리되지 않으면 회사 전체를 무너뜨릴 수 있다고 회의 참석자들은 생각했다. (나중에 그는 참석자 중 두 명이 회의가 끝나자마자 CEO에게 보고했다는 것을 알게 되었다. 그중 한 명은 데이비드가 도자기 가게에 있는 황소처럼 모든 것을 망가뜨리겠다는 듯이 행동했다고 보고했다. 다른 한 명은 회사의 차세대 성장 동력 개발을 위한 세심한 균형을 무너뜨리지 않도록 조심해야 한다고 말했다. 두 명 모두 한목소리로 데이비드가 부적절한 방식으로 행동하고 있다고 고발했다.) 더 심각한 것은 데이비드가 CEO에게서 냉랭한 반응을 받았다는 점이다.

새로운 회사에 부임한다는 것은 조직 이식 수술을 받는 것과 같다. 여러분이 바로 새로운 조직이다. 만약 여러분이 새로운 상황에 신중하게 적용하지 못한다면 면역계의 공격을 받아 거부될 것이다. 에너직스에서 데이비드가 경험했던 사례가 그 증거다.

조사에 따르면 고위급 인사 담당자들은 내부에서 승진한 리더보다 외부에서 새로 부임한 리더가 훨씬 더 심각한 도전을 받는다고 평가했다.[1] 인사 담당자들은 외부에서 온 경우 다음과 같은 장벽에 부딪혀 실패할 가능성이 크다고 말했다.

- 정보가 소통되는 비공식적 네트워크에 익숙하지 않다.

- 회사의 문화에 익숙하지 않아 방향을 잡기 어렵다.
- 회사를 모르기 때문에 내부에서 승진한 사람보다 신뢰를 구축하기 어렵다.
- 오랫동안 내부자가 승진한 회사에서는 새로운 사람을 받아들이기 어렵다.

이런 장벽을 극복하고 새로운 회사에서 성공하기 위해 여러분은 사업 방향, 핵심 관계자 연결, 기대 조정, 문화 적응 이렇게 네 개의 기둥에 집중해야 한다.

사업 방향

사업 방향은 새로운 회사에 온 리더에게 가장 중요한 부분이다. 여러분은 새로운 사업 환경을 신속하게 이해할수록 생산성에 기여하는 것도 빨라진다. 사업 방향 파악은 사업의 특정 부분뿐만 아니라 회사 전체를 학습한다는 것이다. 회사를 파악할 때 단순히 재정, 제품, 전략을 검토하는 것을 넘어서야 한다. 예를 들어, 직위와 관계없이 영업이나 마케팅과 직접 관련이 있든 없든 회사의 브랜드와 제품을 파악해야 한다. 또한 회사 운영, 기획, 성과평가 체계, 경영기법도 학습해야 한다. 여러분이 효율적으로 일하는 데 이것들이 큰 영향을 주기 때문이다.

핵심 관계자 연결

가능한 한 신속하게 핵심 관계자와 좋은 관계를 형성해야 한다. 이는 핵심 인물을 파악하고 생산적인 업무 관계를 구축하는 것이다. 데이비드처럼 새로운 회사에 부임하는 리더의 경우에 위로는 상사, 아래로는 직속부하 같은 수직 관계를 새로 구축하는 것은 당연하지만 어려운 일이다. 외부에서 영입된 리더는 동료나 이해당사자와 수평 관계를 구축하는 데 시간이 부족할 수도 있다. 여러분의 집에 불이 났는데 이제야 이웃과 처음으로 인사하는 상황이 되어서는 안 된다.

기대 조정

여러분에게 주어진 기대를 잘 파악하고 있더라도 새로운 회사에 부임했을 때 기대를 확인하고 다시 확인해야 한다. 왜 그런가? 여러분이 부임하기 전에 협의된 임무, 지원, 자원에 대한 이해가 실무에서 정확하게 필요한지 검증되지 않았기 때문이다. 여러분이 속았다는 뜻이 아니다. 채용과정은 연애와 같고, 최종 고용은 결혼과 같다. 데이비드가 깨달았던 것처럼 신임 리더는 실제 상황보다 더 쉽게 조직을 변화시킬 수 있다고 믿는다. 하지만 부정확한 가정에서 출발해 행동한다면 불필요한 저항이 발생할 수 있으며 실패할 위험도 커진다.

여러분의 상사뿐만 아니라 핵심 관계자의 기대를 파악하는 것도 중요하다. 예를 들어, 회사의 재정 및 인사 담당 책임자의 기대도 중요하다. 여러분을 평가하고 보상하는 데 그들이 큰 영향력을 행사하기 때문이다.

문화 적응

새로 부임한 리더에게 가장 어려운 과제는 낯선 문화에 적응하는 것이다. 데이비드는 권위적이고 프로세스에 따른 문화에서 합의 중심 문화에 적응해야 했다.

성공적으로 적응하기 위해 여러분은 문화를 총체적으로 이해해야 하고, 여러분이 맡은 부서나 회사가 문화를 어떻게 실행하는지 파악해야 한다(부서마다 하위문화가 다르다). 이때 여러분이 새로 발견된 문명을 조사하는 인류학자라고 생각하면 도움이 된다.

그렇다면 문화란 무엇인가? 문화는 사람들이 소통하고 생각하고 행동하는 방식이다. [그림 1-2]에서 보듯이 모든 회사에는 여러 층의 문화가 있다. 문화 피라미드의 맨 위에는 상징, 공유된 언어, 가시적인 문구 같은 표층 요소들이 있다. 회사 로고 같은 명확한 상징, 직원들의 옷차림, 사무실의 공간 배치 같은 것도 문화에 포함된다.

또한 모든 회사에는 공유된 언어가 있다. 예를 들어, 부서, 제품, 프로세스, 프로젝트 등을 가리키는 약자들이 회사에 많다. 따라서 여러분

그림 1-2

문화 피라미드

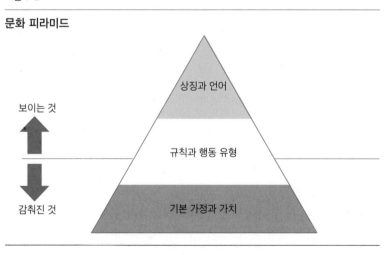

은 이런 회사 내 언어를 초기에 학습해야 한다. 이 수준에서는 신임 리더들도 어떤 것이 적절한지 파악하기 쉽다. 동료들이 체크무늬 옷을 입지 않는다면 여러분도 입지 않는 것이 좋다. 여러분이 문화를 바꿀 것이라는 의도가 있지 않는 한 그대로 따르는 것이 좋다.

상징과 언어 아래에는 관찰하기 어려운 회사 규범과 행동 유형이 있다. 직원들이 중요한 사안을 지원하는 방식, 성과를 인정하는 방식, 회의 방식(활발한 토론인가 단순한 승인 과정인가?)도 문화에 포함된다. (〈문화 규범 파악하기〉 상자글 참조) 이런 규범과 유형은 쉽게 인식되지 않으며, 부임 초기에 상당한 시간을 할애해야 파악할 수 있다.

마지막으로 모든 문화의 맨 밑에는 기본 가정이 있다. 이 가정은 세상이 움직이는 방식에 대한 것으로, 문화 피라미드의 요소들을 통합하는 가치를 가리킨다. 직급에 따른 권한을 할당하는 방식에 대한 믿음이 좋은 예다. 부임 첫날 임원들 중 누가 의사결정 권한을 갖는지 또는 더 상위의 권한을 확인하라. 업무가 합의된 후에 실행되기 때문에 설득 능력이 중요한가? 문화의 이런 요소들은 쉽게 보이지 않기 때문에 파악하는 데 시간이 걸린다.

사업 상황, 정치적 네트워크, 기대, 문화를 충분히 파악했다면 여러분은 새로운 조직에 적응하면서 변화를 일으킬 준비가 되었다. 여러분이 새로운 회사에 부임한다면 [표 1-1]을 참고해 여러분에게 필요한 네 가지 기둥을 체크하라.

새로운 문화에 들어가는 상황은 이 회사에서 저 회사로 이직하는 경우도 있지만, 이 부서에서 저 부서로 이동하거나 해외 지사로 이동하는 경우도 있다. 왜 그런가? 두 경우 모두 신임 리더는 새로운 문화를 파악해야하기 때문이다. 이런 경우에 문화 파악과 적응 과정은 동일하다(물론 적절히 수정해서 활용할 수도 있다).[2]

문화 규범 파악하기

회사마다 아래 영역에서 문화 규범이 다르다. 신임 리더는 이 체크리스트를 활용해 회사 내에서 업무가 실제로 어떻게 진행되고 있는지를 파악해야 한다.

- 영향력. 직원들은 핵심 사안에 대해 어떤 지원을 받고 있는가? 여러분의 아이디어가 좋은지를 고위급에서 승인받는 것은 중요한가, 아니면 동료나 직속부하에게 확인받는 것이 중요한가?
- 회의. 회의에서 핵심 주제를 논의하는가, 아니면 사전에 협의된 사항을 공적으로 합의하는가?
- 실행. 업무를 실행할 때 중요한 것은 프로세스인가 사람인가?
- 충돌. 직원들은 처벌을 두려워하지 않고 민감한 문제를 공개적으로 얘기할 수 있는가? 아니면 충돌을 회피하는가? 아니면 하급 직원들에게 문제를 떠넘기면서 회사를 파멸시키고 있는가?
- 인식. 성과를 가시적으로 평가해서 개인에게 보상하는가? 아니면 권위적이든 협력적이든 팀에게 보상하는가?
- 목적과 수단. 목표 달성을 위한 방법상 제한이 있는가? 긍정적 인센티브 또는 부정적 인센티브를 통해 회사 차원의 가치들이 잘 정립되어 소통되고 있는가?

표 1-1

새로운 회사에 부임하는 상황에 관한 체크리스트

사업 방향 체크리스트

- 가능한 한 신속하게 공식적으로 활용할 수 있는 재정, 제품, 전략, 브랜드에 관한 정보를 모아라.
- 웹사이트나 조사 보고서 같은 최근 증가 정보를 파악하라.
- 직급상 가능하다면 간략한 업무상황 보고서를 요청하라.
- 가능하다면 공식 부임 전에 해당 시설을 둘러볼 수 있도록 시간을 할애하라.

핵심 관계자 연결 체크리스트

- 부임 초기에 여러분이 만나야 할 핵심 관계자가 누구이며 이름을 소개해 달라고 상사에게 요청하라.
- 가능하다면 공식 부임 전에 해당 관계자 중의 일부를 만나라.
- 핵심 관계자들을 부임 초기에 만날 수 있도록 일정을 조정하라.
- 수평 관계(동료)와 수직 관계(상사, 직속부하)를 모두 세심히 파악하라.

기대 조정 체크리스트

- 사업계획과 성과관리를 이해하라.
- 필요한 사항을 정확히 파악했더라도 부임 첫 주에 상사와 만나 기대에 관한 대화를 하라.
- 가능한 한 신속하게 상사 및 직속부하와 만나 업무 스타일에 관해 협의하라.

문화 적응 체크리스트

- 부임 과정에서 회사의 문화에 관해 질문하라.
- 상사 또는 인사 담당자와 만나 문화에 대해 논의하고 정기적으로 확인하라.
- 회사 내에서 문화 해석자 역할을 하는 사람을 파악하라.
- 부임 후 30일이 지났을 때 상사 및 동료와 만나 적응 과정에 관해 비공식적이면서도 전체적으로 검토하라.

스스로를 준비하라

보직이동 유형에 따른 도전 과제들을 파악했다면, 이제 새 업무로 도약할 수 있도록 자신을 준비해야 한다. 새로운 보직에 따른 도전 과제를 해결하기 위해 어떻게 준비해야 할까? 새로운 업무를 준비하는 데 다음의 기본 원칙들을 기억하라.

기존 업무에서 손을 떼는 시점을 명확히 하라

일반적으로 이전 업무에서 손을 떼고 새로운 업무를 시작하는 시점이 불분명하다. 새 보직을 맡기 전에 새로운 업무를 충분히 파악할 시간적 여유가 거의 없다. 운이 좋으면 2~3주 정도 시간 여유가 있기도 하다. 하지만 보통은 이전 업무를 그만두고 며칠 이내에 새로운 업무를 시작하게 된다. 경우에 따라서는 새로운 업무를 시작하는 마지막 순간까지 기왕에 하던 일을 마무리하는 경우도 있다. 기존 업무를 맡을 후임자가 정해지지 않아 두 업무를 동시에 수행해야 하는 경우도 있다. 이런 경우 기존 업무와 새로운 업무 사이의 단절을 명확히 하는 일은 훨씬 더 어렵다.

업무책임 차원에서 명확한 변화를 이루어내기가 어려울수록 마음의 변화를 위한 노력은 더 중요하다. 주말에 승진한 자신의 모습을 마음속에 떠올려보라. 의식적으로 기존 보직을 버리고 새 보직을 맡는 생각을 하라. 기존 보직과 새 보직 간의 차이를 생각하고, 어떻게 다르게 생각하고 행동할지 고민하라. 승진 축하 자리를 마련하라. 가족이나 친구들과의 비공식적인 자리여도 좋다. 그런 자리에서 앞으로 도움을 구하거나 의논 상대가 될 수 있는 사람들과 친해질 기회를 찾아보고, 곧바로 조언을 구하는 것도 좋다. 중요한 점은 보직이동에 따른 마음의 변화를 이루어내는 것이다.

자신의 약점을 파악하라

CEO가 여러분을 승진시키거나 새로운 일을 맡기는 것은 여러분의 능력을 믿기 때문이다. 하지만 줄리아와 데이비드 사례에서 보았듯이 과거에 강점으로 작용했던 요소들에 지나치게 의존하는 것은 위험하다.

자신의 약점을 정확히 집어내는 한 가지 방법은 자신의 문제 관심도problem preference, 즉 자신이 어떤 문제에 관심이 많은지를 파악하는 것이다. 누구나 자신이 특별히 좋아하는 일이 있다. 줄리아에게 이것은 마케팅이었다. 다른 사람에게 그것은 재정이나 관리일 수 있다. 이 같은 선호는 직업을 선택하는 데 영향을 주었을 가능성이 크다. 자신이 좋아하는 일이 핵심인 직업을 택하는 것이다. 따라서 여러분은 자신이 좋아하는 일을 하는 데 필요한 기술을 연마하기 위해 더 많은 노력을 하고 그 일을 할 때 자신의 능력에 대한 자부심을 느끼게 된다. 이 같은 순환이 계속되면서 자신이 좋아하는 일은 더 잘하게 되고, 좋아하지 않는 일은 더 못하게 된다. 이것은 오른손잡이가 모든 일을 오른손으로만 해서 왼손의 기능이 약해지는 것과 같다. 양손을 자유자재로 쓸 수 있어야 성공할 수 있으며, 한쪽만 사용하면 약점이 금방 드러난다.

[표 1-2]는 여러 비즈니스 상황의 문제들에 대한 관심도를 평가하기 위한 것이다. 각 영역의 문제에 대한 여러분의 관심 정도를 각 칸에

적어보기 바란다. 첫 번째 칸은 부하직원에 대한 평가 및 인센티브 설계에 대한 관심을 묻는 항목이다. 유의할 점은 다른 항목들과 비교한 상대적 관심도를 묻는 질문이 아니므로 다른 항목들과 비교하지 않는 것이다. 각 항목에 대한 관심 정도를 1점(거의 관심 없음)부터 10점(매우 관심 많음)까지 점수를 매겨 보라. 또 한 가지 명심할 점은 능력이나 전문 지식을 묻는 것이 아니라 기본적인 관심을 평가해야 한다는 것이다. 이 표를 완성한 다음에 다음 페이지로 넘어가기 바란다.

이제 [표 1-2]에서 얻은 평가 결과를 [표 1-3]으로 전환한 다음 가로 세로의 합산 점수를 구해보자.

표 1-2

문제 관심도 평가

각 영역의 문제에 대한 자신의 관심도를 평가하여 1점부터 10점까지 점수를 매긴다.
(1점=거의 관심 없음, 10점=매우 관심 많음)

평가 및 보상제도 고민	직원의 사기	형평성/공정성
재정 위험 관리	예산 평성	비용에 대한 의식
제품 포지셔닝	고객과의 관계	기업의 고객 중심주의
제품 혹은 서비스의 질	유통업체 및 공급업체와의 관계	지속적인 개선
프로젝트 관리 시스템	연구개발, 마케팅 및 관리 사이의 관계	타부서와의 협력

세로 합산 점수는 기술적 문제, 정치적 문제, 문화적 문제에 대한 여러분의 관심도를 나타낸다. 기술적 문제에는 전략, 거래, 기술, 프로세스 등이 포함된다. 정치적 문제에는 조직 내부의 권력관계 및 정치적 관계가 포함된다. 문화적 문제에는 가치관, 규범, 지침 등이 포함된다. 세로 합산 점수가 낮다는 것은 해당 영역의 문제들을 해결하는 데 서툴다는 점을 의미한다. 예를 들어, 기술적인 영역의 점수가 높고 문화적 영역과 정치적 영역의 점수가 낮다면 여러분은 회사에서 발생하는 인간관계 문제에 취약할 가능성이 크다.

가로 합산 점수는 비즈니스 실무에 대한 관심도를 나타낸다. 그러므로 가로 합산 점수가 낮다는 것은 해당 분야와 관련된 문제들에 관심이 별로 없다는 것을 의미한다. 그런 분야 역시 여러분의 약점일 가능성이 크다.

이런 자기평가는 '여러분은 어떤 영역의 과제를 수행할 때 가장 큰

표 1-3

문제 및 업무 관심도

	기술적	정치적	문화적	합계
인력관리				
재무				
마케팅				
관리				
연구개발				
합계				

보람을 느끼는가', '여러분은 어떤 영역의 과제가 가장 부담스러운가', '새로운 보직을 맡았을 때 여러분의 약점이 드러날 가능성이 가장 큰 영역은 무엇니가' 등의 질문에 정확한 답을 찾아내는 데 유용하다.

자신의 약점을 보완하기 위해 여러 조치를 취할 수 있는데 기본적인 방법은 자기훈련, 팀 구축, 의논 상대 확보 이렇게 세 가지다. 우선 중요하지만 자신이 좋아하지 않는 업무, 즉 적극적인 노력 없이는 잘하기가 어려운 업무에 시간을 할애하는 훈련을 해야 한다. 더 나아가 조직 내에서 그 부분에 뛰어난 사람들을 찾아내야 한다. 그들로부터 도움을 받을 수도 있고 필요한 것들을 배울 수도 있기 때문이다. 의논 상대들은 여러분이 안전지대를 벗어나 활발히 움직일 수 있도록 도와줄 수 있다.

자신의 강점을 경계하라

여러분의 약점은 당연히 여러분을 위태롭게 만든다. 그런데 강점이 여러분을 위태롭게 만들 수도 있다. 에이브러험 매슬로Abraham Maslow가 말했듯이 '망치를 가진 사람에게는 모든 것이 못으로 보인다.'[3] 지금까지 성공의 기반이 되었던 성격(여러분이 가진 망치가 무엇인지 생각해보라)이 새로운 역할에서는 약점으로 작용할 수 있다. 예를 들어, 줄리아는 사소한 일에 세심한 주의를 기울이는 성향이 있었다. 이것은 강점이었지만 부정적인 결과를 초래할 수도 있다. 특히 강한 통제력을 행사하려는 성향과 결부되면 나쁜 결과가 초래된다. 자신이 잘 아는 분야에서 직원들을 미시적으로 관리하면 간섭받지 않고 재량껏 일하고 싶은 부하의 사기를 떨어뜨린다.

학습 방법을 재학습하라

뭔가를 시급히 배워야 하는 상황에 놓여본 지가 오래되었을 수도 있다. 전환기의 리더들이 "모르는 것이 너무 많다는 사실을 새삼 깨닫고 있습니다"라고 한탄하는 것은 그냥 하는 말이 아니다. 줄리아처럼 실무 능력이 뛰어났던 사람이 총괄책임자 자리를 맡는 경우도 있다. 데이비드처럼 인간관계도 없고 문화적으로도 낯선 새로운 조직에 부임할 수도 있다. 어떤 경우든 여러분은 신속하게 많은 것을 학습해야 한다.

뭔가를 처음부터 다시 배워야 하는 상황이 되면 오랫동안 잊고 지낸 무능력과 나약함을 느낄 수 있다. 새 보직을 맡아서 몇 차례 좌절을 경험하면 더 그렇다. 자신감이 떨어지면 심리적으로 위기감을 느끼게 된다. 직장생활에서 처음으로 실수를 되풀이하고 실패를 경험할 수도 있다. 이렇게 되면 무의식적으로 자신이 잘 아는 분야에 관심을 기울이게 되고, 자부심을 느끼게 해주는 사람들과 어울리게 된다.

새로운 도전과 무능력에 대한 두려움은 부인과 자기방어의 악순환을 형성하게 된다. 학습하고 적응할 것인가, 배우길 거부하고 실패할 것인가? 여러분은 줄리아처럼 단번에 실패할 수도 있고, 치명타가 아닌 수천 번의 잽에 나뒹굴 수도 있다. 어느 쪽이든 배우지 않고는 실패를 피할 수 없다. 신속한 학습에 대해 다음 장에서 논의하겠지만, 부인과 자기방어는 실패로 가는 지름길이다.

재학습은 고통스러운 일이다. 새로운 업무는 오랫동안 잊고 있었던 자신의 능력에 대한 두려움을 일깨울 수 있다. 그러므로 식은땀을 흘리면서 잠에서 깨더라도 걱정하지 말라. 새로운 보직을 맡은 리더들이 공통적으로 느끼는 감정이다. 학습의 필요성을 받아들이기만 하면 충분히 이겨낼 수 있다.

네트워크를 재구성하라

승진을 하면 필요한 조언이나 상담 내용도 달라진다. 스스로를 준비하기 위해서는 사전에 의논 상대 그룹을 재구축해야 한다. 직장생활 초기에는 업무와 관련된 기술적인 조언을 해줄 수 있는 사람들, 예를 들어 마케팅이나 재무 등 특정 분야의 전문가들이 중요하다. 하지만 경력이 쌓이고 승진하면 정치적, 인간적 조언을 해줄 수 있는 의논 상대가 중요해진다. 정치적 조언자들은 여러분이 회사 내의 역학관계를 파악하는 데 큰 도움이 된다. 회사 내의 역학관계는 여러분이 변화를 추진할 때 중요한 요소다. 인간적 조언을 해 줄 수 있는 사람은 스트레스가 심한 시기에 균형감각과 통찰을 잃지 않도록 도와줄 것이다. 의논 상대를 바꾸는 일은 쉬운 일이 아니다. 현재의 의논 상대들이 친한 사람들이고, 여러분이 잘 아는 영역에서 기술적인 조언을 해주는 사람들과 함께 있을 때 마음이 편하기 때문이다. 하지만 여러분의 전문성과 경험에 비해 약점을 보완해 줄 네트워크를 구축하는 작업이 반드시 필요하다는 것을 기억하라.

성장을 가로막는 이들을 경계하라

일부 사람들은 의식적으로든 무의식적으로든 여러분의 승진을 원하지 않을 수도 있다. 예를 들어, 여러분과 함께 일했던 상사는 여러분을 놓치고 싶지 않을 수 있다. 따라서 보직이동 시점이 확실해지면 즉시 이전 업무의 마무리를 놓고 상사와 협의해야 한다. 과제나 프로젝트를 어느 선에서 마무리할지, 어떤 일을 후임에게 넘길지 등을 구체적으로 상의해야 한다. 그리고 재확인을 겸해서 협의 사항들을 정리해서 상사에게 보여주어야 한다. 여기서 협의된 사항에 대해서는 여러분도 반드시 지켜야 하며, 상사에게도 지키도록 요구해야 한다. 여러분이 할 수 있는 일들을 현실적으로 고려해야 한다. 일은 늘 끝이 없지만, 새 보직을 맡기 위한 학습시간과 계획 수립 시간은 여러분에게 귀중한 자산이다.

직속부하가 된 동료들도 여러분의 관계가 달라지는 것을 바라지 않을 것이다. 특히 여러분이 과거 동료들을 이끌어야 하는 상황이리면 도전이 심각할 것이다. 하지만 관계는 변할 수밖에 없다. 그런 상황을 빨리 받아들일수록(다른 사람들이 그런 상황을 빨리 받아들이도록) 여러분은 좋은 결과를 얻을 수 있다. 조직 내에 있는 다른 사람들은 여러분이 누군가를 편애하는지 주시할 것이고, 그에 따라 여러분을 평가할 것이다.

만약 여러분이 한때 동료였던 사람들을 감독해야 하는 자리를 맡게 될 경우에는 시기하는 사람들이 나타날 수도 있다. 심한 경우에는 여러분에 대한 신뢰를 떨어뜨리기 위해 음모를 꾸밀 수도 있다. 그런 현상은 시간이 지나면 약화되겠지만 부임 초기에는 권위에 대한 도전으로 나타날 것이다. 그런 도전에 공평하면서도 단호하게 대처할 준비를 해야 한다. 부임 초기에 권위에 대한 도전을 적절히 처리하지 못하면 재임 기간 내내 후회할 수도 있다. 다른 사람들이 여러분의 승진을 공인하는 분위기는 자신을 준비하는 데도 중요한 요소다. 그러므로 여러분을 상사로 인정하지 않는 사람들은 가급적 빨리 조직에서 내보낼 방법을 강구해야 한다.

도움을 구하라

대부분의 회사에는 리더의 보직이동을 돕는 프로그램과 프로세스가 있다. 잠재력 개발 프로그램(고위급 리더를 위한 준비 과정)에서부터 공식적인 부임 프로세스(프로그램 또는 코칭)까지 이러한 도움은 핵심 과제에 집중한다. 여러분은 회사 내 프로그램을 최대한 활용해야 한다.

새로운 회사에 보직이동 지원이 없다고 하더라도 여러분은 인사부서에 도움을 요청하거나, 보직이동을 위한 90일 계획을 세워서 상사에게 요청해야 한다. 만약 여러분이 승진한 경우라면 새로운 역할에 요구되는 사항들을 잘 보여주는 모델을 찾아라(하지만 그들이 전체 그림을 설명해줄 것이라고 가정하지 말라). 만약 새로운 회사에 부임하는 경우라면 핵심 관계자 또는 문화 해석자를 파악해 도움을 구하라. 이들은 회사가 어떻게 발전하고 변화해왔는지를 설명해주면서 여러분에게 통찰을 제공할 것이다.

맺음말

자신을 준비하는 것은 말처럼 쉽지 않다. 그런데 몇 가지 장애물은 뜻밖에도 자기 안에 있다. 문제 관심도 분석에서 살펴보았듯이, 새로운 보직에서 자신의 약점이 될 수 있는 성격요소들에 대해 깊이 생각할 시간을 가져야 한다. 당신은 그러한 약점을 어떻게 보완할 것인가? 그런 다음 현재 상사와의 약속 같은 외부 힘들에 대해서도 생각해야 한다. 이런 요소들은 여러분의 발전에 장애물로 작용할 수도 있다. 그런 결과가 나오지 않도록 당신은 어떻게 할 것인가?

자기 승진은 여행이지 목적지가 아니다. 여러분이 새로운 보직이 부여하는 실질적인 도전들을 적극적으로 받아들이고 있는지, 안전지대로 도망치고 있지 않은지 지속적으로 점검해보아야 한다. 사람들은 편하지만 위험한 습관을 되풀이하기 쉽다. 정기적으로 이 장을 반복해 읽어 보면서 자문해보기 바란다. 나는 자신을 승진시키기 위한 일을 하고 있는가?

1. 당신이 승진한 경우라면, 당신에게 필요한 호흡, 깊이, 위임, 영향력, 소통, 리더십 표출 사이에서 균형을 이루어야 하는 것은 무엇인가?

2. 당신이 새로운 조직에 부임한 경우라면, 어떻게 새 비즈니스에 자신을 맞추고, 핵심 당사자들을 파악해서 접촉하고, 기대를 명확히 하고, 새로운 문화에 적응할 것인가? 새로운 상황에 적응하는 것과 변화시키려는 노력 사이에 적절한 균형은 무엇인가?

3. 지금까지 당신의 직장생활을 성공적으로 이끌어온 요인은 무엇인가? 그러한 강점들만으로도 새로운 보직에서 성공할 수 있겠는가? 만약 그렇지 않다면 어떤 부분에서 역량을 키워야 하는가?

4. 새 보직에서 핵심 사항들 가운데 부담스러운 요소는 없는가? 있다면 그 이유는 무엇인가? 이 잠재적 약점을 어떻게 보완할 것인가?

5. 새 보직에 걸맞은 심리적 도약을 위해 무엇을 해야 하는가? 이 문제를 놓고 누구와 의논해볼 수 있을까? 그밖에 도움이 될 수 있는 것들은 무엇인가?

02

신속히 파악하라

크리스 해들리Chris Hadley는 중견 소프트웨어 서비스 회사인 듀라코퍼레이션에서 품질관리 업무를 지휘했다. 그의 상사가 경쟁 소프트웨어 개발업체인 파닉스시스템스의 운영담당 부사장으로 자리를 옮기면서 크리스에게 생산품질과 시험 부서장 자리를 제안했다. 이 제안은 수평이동이었지만 크리스는 회생 상황을 이끌어볼 수 있는 기회를 얻었다.

듀라는 세계 일류 소프트웨어 개발 회사였다. 크리스는 공과대학을 졸업하고 바로 이 회사에 입사했으며, 순환근무를 하면서 금방 성장했다. 그는 매우 숙련된 인력이었다. 하지만 그는 최신 기술이 구비된 공장에서 의욕적인 근로자들과 일하는 데 익숙해 있었다. 이직하기 전에 파닉스의 공장을 둘러본 크리스는 필요한 생산 시스템이 완비되어 있지 않다는 것을 알게 되었다. 그는 신속하게 이런 상황을 개선해야겠다고 결심했다.

출근하자마자 크리스는 공장이 너무 낙후되어 있기 때문에 밑바닥부터 '듀라'식으로 완전히 재구축해야 한다고 주장했다. 그는 즉시 오퍼레이션 컨설턴트(공장의 시스템이나 효율성을 자문하는 컨설턴트-옮긴이)들을 끌어들였다. 그들의 평가는 냉혹했다. 공장의 기술과 시스템은 '구식'으로, 근로자들의 숙련도는 '부적합'으로 판정되었다. 그들은 제품 시험 프로세스를 철저하게 재조직하고, 신기술 도입과 근로자 교육에 상당한 투자가 필요하다고 진단했다. 크리스는 직속부하들에게 이 보고서를 전달하면서 컨설턴트들의 권고를 즉각 실행할 계획임을 밝혔다. 또한 제품시험팀을 '듀라 방식대로' 재조직할 것이라고 말했다.

새로운 구조가 도입된 지 한 달이 지나자 부서의 생산성이 갑자기 떨어지고 핵심 신제품 출시도 지연되려고 했다. 크리스는 직속부하들을 불러 빨리 문제를 해결하도록 독려했다. 하지만 문제는 해결되지 않았고 직원들의 사기만 떨어졌다.

두 달 뒤 크리스의 상사가 그를 불렀다. "자넨 이곳 사람들과 조화를 이루지 못하고 있네. 내가 자넬 이곳에 데려온 것은 공장을 개선시키기 위해서였지 공중분해 시키기 위해서가 아니었네." 상사는 그에게 몇 가지 질문을 던졌다. "이 공장의 상황을 파악하는 데 시간을 얼마나 할애했는가? 수년 동안 직원들이 더 많은 투자를 요청하고 있다는 사실을 알고 있는가? 자네가 여기 오기 전에 이곳 근로자들이 빈약한 자원에도 불구하고 이루어낸 성과에 주의를 기울인 적이 있는가? 당장 지금 하고 있는 일을 멈추고 그들의 말에 귀를 기울이게."

충격을 받은 크리스는 관리자들, 작업반장들, 직원들과 진지한 토론을 시작했다. 그는 근로자들이 공장의 부족한 투자에도 불구하고 문제를 창의적인 방법으로 극복해왔다는 것을 깨달았다. 또한 그는 새로운 구조가 제대로 작동하지 않았던 이유를 직접 들었다. 그는 공장 전체회의를 소집하고서 직접 들은 피드백을 기반으로 구조 개편을 수정하겠다고 말했다. 또한 그는 변화를 시도하기 전에 시험 기술을 업그레이드하고 근로자들의 훈련을 추진하겠다고 발표했다.

크리스는 무엇을 잘못했는가? 많은 신임 리더들이 그렇듯이 그는 새로 맡은 조직을 충분히 학습하지 않았다. 그래서 잘못된 결정을 내려 신뢰를 잃었다.

성공적인 보직이동을 위해 가장 먼저 해야 할 일은 신속하게 학습하는 것이다. 효율적인 학습으로 여러분은 90일 계획을 세우는 데 필요한 통찰을 얻을 수 있다. 그래서 새로운 조직을 파악하고 최대한 빨리 학습하는 것이 필수적이다. 효율적인 학습은 자신의 약점을 보완해준다. 학습을 통해 여러분을 낙오시킬 수 있는 잠재적 위험을 찾아낼 수 있다. 학습 곡선을 더 빨리 올라갈수록 비즈니스상의 좋은 결정을 더 빨리 내릴 수 있다.

학습 장애 극복하기

새로운 보직을 맡은 리더가 실패하는 원인 가운데 하나가 학습 실패다. 보직이동 초기에는 누구나 너무 많은 정보가 쏟아진다고 생각한다. 어디에 초점을 맞춰야 할지도 알기 어렵다. 정보의 급류에 휘말리면 중요한 신호를 놓치기 쉽다. 제품, 고객, 기술, 전략 등 비즈니스의 기술적인 측면에만 집중한 나머지 더 중요한 문화와 정치를 파악하는 데 소홀하기 쉽다.

이 문제가 심각한 것은 리더들 가운데 체계적인 조직 진단법을 배운 사람이 극히 드물기 때문이다. 이런 교육을 받은 사람들은 인력관리 전문가들이거나 전직 경영 컨설턴트들이다.

이와 관련된 또 다른 문제는 학습 계획의 실패다. 학습 계획을 세운다는 것은 중요한 문제점들을 파악하고 해결할 방법을 찾는다는 것을 의미한다. 신임 리더들 가운데 무엇을 우선적으로 배울 것인지 체계적으로 학습의 우선순위를 정하는 사람은 드물다. 새로운 자리를 맡자마자 명확한 학습 계획을 세우는 사람은 더욱 드물다.

심지어는 학습 장애, 즉 학습을 가로막는 내적 장애물을 갖고 있는 리더들도 있다. 크리스가 조직의 역사를 이해하는 데 실패했던 것이 이 때문이다. 여러분이 물어야 할 기본 질문은 "우리는 어떤 과정을 거쳐서 여기까지 왔는가?" 하는 것이다. 그렇지 않으면 기존 구조와 프로세스가 있었던 이유를 모른 채 이것들을 무너뜨릴 수도 있기 때문이다. 조직의 역사를 깊이 이해해야만 여러분은 변화가 필요한 부분을 결정할 수 있다. 아직 있어야 하니 그대로 두어야하는 충분한 근거를 찾을 수 있다.

서론에서 언급한 학습 장애는 행동 강박증이다. 주요 증세는 뭔가 행동을 취해야 한다는 강박에 가까운 조급증을 느끼는 것이다. 효율적인 리더들은 행동(어떤 사건이 일어나게 함)과 멈춤(관찰과 성찰) 사이에서 적절한 균형을 유지한다. 크리스 해들리가 깨달았듯이 보직이동 시기에 자신을 멈춤 상태로 유지하는 것은 어려운 과제다. 뭔가 행동을 해야 한다는 압력은 외부보다는 리더 자신에게서 나온다. 이는 리더가 자신을 증명해야 할 정도로 신뢰와 성과가 없다는 것을 의미한다. 진심으로 학습하고 이해하겠다는 모습을 보여주어야 신뢰와 영향력을 얻을 수 있다는 것을 명심하라.

만약 여러분이 너무 바빠서 또는 고민할 게 너무 많아서 같은 평계를 대고 있다면 여러분도 이 병을 앓고 있는 셈이다. 학습하지 못할 정도로 바빠서 악순환에 빠진다면 심각하게 이 병에 걸린 것이다. 크리스처럼 여러분이 학습하지 않는다면 부임하자마자 자신에 대한 신뢰를 손상시키는 섣부른 결정을 내리기 쉽고, 잠재적인 지지자들이 멀어지며, 중요한 정보를 여러분과 공유하지 않으려 할 것이다. 그에 따라 여러분은 점점 더 많은 부적절한 결정을 내리게 되고, 회복 불능일 정도로 신뢰가 떨어져 악순환에 빠지게 된다. 새로운 상황에서 단호하게 행동해야 한다고 느낄지도 모르지만(그런 경우는 다음 장에서 다룰 것이다), 문제를 정확히 바라볼 준비가 되기 전까지는 신중해야 한다.

크리스가 파닉스에서 했던 것처럼, 가장 위험한 리더는 답을 미리 정해놓고 새로운 상황에 접근하는 리더다. 그들은 이미 조직의 문제점들에 대한 해결책을 마음속에 가지고 있다. 모든 일이 매끄럽게 돌아가는 조직에서 성장한 사람들은 특정 조직문화에서는 효과가 있었던 방법이 다른 조직문화에서는 참담한 결과를 초래할 수 있다는 사실을 모른다. 크리스는 비싼 대가를 치르고서야 이런 사실을 깨달았다. 과거의 조직에서 효과가 있었던 방법을 새로운 조직에 그대로 적용하려 들다가는 중대한 실수를 저지르게 될 것이며, 사람들과의 관계도 소원해지기 쉽다. 크리스는 듀라에서 터득한 방법을 파닉스 공장에 그대로 적용할 수 있다고 믿었다.

결국 새로운 회사에 부임한 리더는 새로운 조직문화를 학습하고 적
응해야 한다. 그렇지 않으면 신임 리더는 조직의 거부반응이라는 위험
에 처할 것이다(물론 신임 리더도 조직의 일부다). 이는 조직의 면역계를
작동시켜 외부에서 위험 물질이 침입했다고 여기게 한다. 회생 상황처
럼 외부에서 새로운 방식을 적극적으로 도입해야 하는 경우에도 여러분
의 방식을 납득시키기 위해서는 조직의 문화와 정치를 학습해야 한다.

투자 프로세스인 학습 관리

신속한 보직이동을 위한 노력을 투자로 간주하고, 한정된 시간과 에너
지를 신중하게 관리해야 할 귀중한 자원으로 생각한다면, 여러분은 '실
효성 있는 통찰actionable insight'이라는 투자수익을 얻을 수 있다. 실효성
있는 통찰이란 조속한 시간 안에 현명한 결정을 내려 최대한 신속하게
이익을 내는 손익분기점에 도달하기 위한 지식이다. 크리스가 다음과
같은 지식을 갖고 있었다면 다르게 행동했을 것이다. (1) 공장을 업그
레이드하려는 현장 관리자들의 열정적인 노력에도 불구하고 파닉스의
경영진은 투자에 인색했다. (2) 악조건에서도 품질과 생산성에서 공장
은 놀라운 성과를 거두었다. (3) 작업 감독자나 근로자들 모두 자신들
의 성과에 자부심을 느끼고 있었다.

학습에서 투자수익을 극대화하려면 여러분은 방대한 양의 정보로
부터 실효성 있는 통찰을 효과적으로 끄집어내야 한다. 효과적인 학습

을 하려면 먼저 배워야 할 것이 무엇인지를 파악한 다음 거기에 노력을 집중해야 한다. 그러기 위해서는 빠른 시간 안에 시간을 내서 학습 주제를 정하고 정기적으로 수정해야 한다. 또한 가장 유용한 정보원을 찾아 최소한의 시간에 최대의 통찰을 얻어내야 한다. 크리스의 방식은 파닉스 공장을 파악하는 데 효과적이지도 효율적이지도 못했다.

학습 주제를 정의하라

크리스가 이 사항들을 알고 있었다면 어떻게 했을까? 먼저 체계적인 학습 계획을 세웠을 것이다. 정보를 수집 분석하고, 가설을 세우고, 시험해보는 선순환을 만들었을 것이다.

여러분은 조직에 공식적으로 들어가기 전에 반드시 학습 주제를 정해야 한다. 학습 주제는 시급히 알아야 할 것을 정하는 학습 우선순위를 정리한 결정체다. 주제는 여러분이 조사하고 시험하고 싶은 가설을 정하기 위한 질문들로 구성된다. 학습은 순환적이어야 한다. 애초의 학습 주제는 질문들로 구성되지만, 학습이 진행되면서 현재 상황이 어떠하며 이유가 무엇인지에 대한 가설을 세우게 된다. 그 다음에는 이런 가설들을 확인하고 보완하는 쪽으로 진행될 것이다.

학습 초기의 질문 리스트를 어떻게 구성해야 할까? 우선 과거에 관한 질문을 만들고, 그 다음에 현재에 관한 질문, 미래에 관한 질문을 만들면 된다('과거에 관한 질문', '현재에 관한 질문'. '미래에 관한 질문'을 다룬 상자글 참조). 왜 지금과 같이 되었는가? 그렇게 된 이유(예를 들어 경쟁사의 위협에 대처하기 위해)는 아직도 유효한가? 앞으로 달라져야 하는 쪽으로 변하고 있는가? 아래는 이 세 범주와 관련된 질문들이다.

과거에 관한 질문

실적

- 이 조직의 과거 실적은 어땠는가? 조직 구성원들은 자신들의 실적에 대해 어떻게 생각하고 있는가?
- 목표 책정은 어떠했는가? 너무 낮거나 높게 책정되지는 않았는가?
- 내부 혹은 외부에 벤치마킹 대상이 있었는가?
- 어떤 수단들이 동원되었는가? 어떤 행동을 격려하고 어떤 행동을 억제했는가?
- 목표에 미달했을 때 어떤 조치를 취했는가?

근본 원인

- 실적이 좋았다면 그 이유는 무엇인가?
- 조직의 전략, 구조, 기술 수준, 문화, 정치 등의 기여도는 어느 정도인가?
- 실적이 나빴다면 이유는 무엇인가? 풀어야 할 숙제가 전략, 구조, 기술, 문화, 정치에 반영되어 있는가?

변화의 역사

- 조직을 변화시키기 위해 어떤 노력들을 했는가? 결과는 어땠는가?

- 이 조직에 결정적인 역할을 한 사람은 누구인가?

현재에 관한 질문

비전과 전략

- 이 조직의 공식적인 비전과 전략은 무엇인가?
- 실제로 그 전략을 추구하고 있는가? 그렇다면 그 전략은 조직을 올바른 방향으로 인도하고 있는가? 그렇지 않다면 이유는 무엇인가?

사람들

- 누가 유능하고 누가 그렇지 못한가?
- 누가 믿을 만하고 누가 그렇지 못한가?
- 누가 영향력을 갖고 있고 그 이유는 무엇인가?

프로세스

- 조직의 핵심 프로세스는 무엇인가?
- 품질, 신뢰, 납품 등과 관련하여 업무가 적절히 수행되고 있는가?

함정들

- 폭발 가능성이 있거나 낙마시킬 수도 있는 잠재적 문제점들은 무엇인가?
- 피해야 할 정치적, 문화적 지뢰들은 무엇인가?

초기 승리

- 어떤 영역(사람, 관계, 프로세스, 제품)에서 여러분은 초기 승리를 확보할 수 있는가?

미래에 관한 질문

도전과 기회

- 내년에는 어떤 영역에서 강력한 도전에 부딪힐 가능성이 있는가? 그에 대비해 지금 해야 할 일은 무엇인가?
- 아직 활용되지 않은 좋은 기회는 무엇인가? 이 기회를 살리기 위해서는 무엇이 필요한가?

장애물과 지원

- 필요한 변화를 이루어내는 데 가장 큰 장애물은 무엇인가? 기술적인 것인가? 문화적인 것인가? 정치적인 것인가?
- 지렛대로 삼을 만한 뛰어난 인재나 좋은 자원은 없는가?
- 어떤 능력을 새로 계발하거나 습득해야 하는가?

문화

- 보존해야 할 문화 요소는 무엇인가?
- 바꾸어야 할 문화 요소는 무엇인가?

이 질문들에 답을 찾으면서 기술, 인간관계, 문화, 정치에 관한 학습을 적절히 할애하라.[1] 기술 영역에서 여러분은 낯선 시장, 기술, 프로세스 시스템을 파악해야 한다. 인간관계 영역에서는 여러분의 상사, 동료, 직속부하를 알아야 한다. 문화 영역에서는 회사마다 또는 같은 회사 안에서도 부서마다 다른 규범, 가치, 행동 방식을 학습해야 한다. 정치 영역에서는 그림자 조직shadow organization을 이해해야 한다. 이 조직은 실무를 진행할 때 미치는 공식적인 구조와 영향력의 그림자에 가려진 비공식적인 프로세스와 협력관계다. 정치 영역은 중요하지만 파악하기 어렵다. 조직 내부를 경험하지 않은 사람에게는 정치 영역이 쉽게 보이지 않으며, 보직이동 시기에 군건한 지지 세력을 확보하는 데 방해가 되기도 한다.

최고의 정보원을 파악하라

여러분은 재무보고서, 업무보고서, 전략기획서, 실무계획서, 근로자 설문조사, 신문보도, 산업보고서 등 여러 유형의 공식 자료들에서 필요한 정보를 얻을 것이다. 하지만 효과적인 판단을 내리기 위해서는 조직의 전략, 기술 역량, 문화, 정치에 관한 비공식적인 정보도 필요하다. 이런 정보를 얻는 유일한 방법은 현 상황에 대한 결정적인 정보를 갖고 있는 사람들과 이야기를 나누는 것이다.

학습이라는 투자에 최고의 투자수익을 가져다줄 사람은 누구인가? 유망한 정보원을 찾아내면 여러분의 학습 과정은 효율성과 완벽성을 한 단계 끌어올릴 수 있다. 조직 내부는 물론이고 외부의 핵심 인물들의 이야기에도 귀를 기울여야 한다(그림 2-1 참조). 시각이 다른 사람들의 이야기를 들어보아야 통찰력을 키울 수 있다. 이런 과정을 통해 여러분은 객관적 현실과 내부의 인식, 회사 경영진과 일선 직원들 사이를 연결할 수 있다.

다음은 특히 귀담아 들어야 할 외부 정보원들이다.

- 고객. (내부 또는 외부) 고객은 회사에 관해 어떻게 생각하는가? 최고 고객들이 여러분 회사의 제품이나 서비스를 어떻게 평가하고 있는가? 고객 서비스를 어떻게 평가하고 있는가? 외부 고객은 경쟁사와의 상대적 평가를 어떻게 하고 있는가?
- 공급업체. 공급업체는 자신들의 고객으로서 여러분의 회사를 바라보는 시각을 제공해준다. 여러분은 품질관리와 고객 만족에 관해 회사 내부의 강점과 약점을 확인할 수 있다.
- 유통업체. 여러분은 유통업체로부터 제품 운송, 고객서비스, 경쟁사의 관행과 계약조건 등의 물류 정보를 얻을 수 있다. 각 유통업체들 자체의 능력도 파악할 수 있다.
- 외부 애널리스트. 애널리스트는 여러분 회사의 전략과 역량에 대한 객관적인 평가는 물론 경쟁사들에 관한 객관적인 평가를 제공해준다. 또한 애널리스트는 시장수요와 해당 산업의 건전성에 대해서도 폭넓은 시각을 가지고 있다.

내부의 주요 정보원들은 다음과 같다.

그림 2-1

정보원

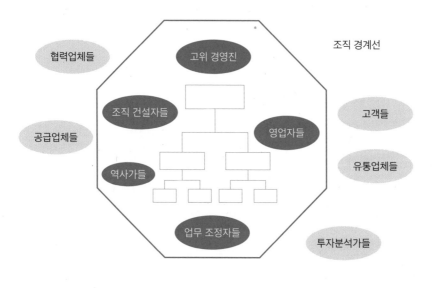

- 일선 연구개발 및 조업 담당자. 이들은 제품을 개발하고 생산하는 사람들 또는 서비스를 공급하는 사람들이다. 일선에서 일하는 사람들에게서 여러분은 회사의 기본 프로세스와 핵심적인 외부 기반들을 파악할 수 있다. 또한 회사의 다른 부문들이 일선에서의 노력을 어떤 식으로 뒷받침하고 있는지 혹은 훼손하고 있는지를 파악할 수 있다.

- 판매 및 구매 담당자. 이들은 고객서비스 책임자들, 구매직원들과 더불어 고객, 유통업체, 공급업체들을 직접 상대하는 사람들이기 때문에 트렌드나 시장의 급격한 변화에 관한 최신 정보를 가지고

있다.

- 참모진. 재무, 법률, 인사 실무분야의 책임자나 핵심 직원들과 대화하라. 이들은 회사 운영과 관련해서 전문적이면서도 유용한 시각을 가지고 있다.
- 업무 조정자. 업무 조정자란 여러 업무영역들 간의 협력을 조정하고 활성화하기 위한 일을 하는 사람들이다. 프로젝트 관리, 공장 관리, 제품 관리 등의 책임자들이 여기에 포함된다. 이들로부터 회사 내부의 네트워크가 어떻게 형성되어 있는지, 여러 업무들이 이떻게 맞물려 돌아가는지 알 수 있다. 회사 내의 실질적인 정치적 역학관계를 파악하고, 갈등이 발생하고 있는 지점을 파악하는 데도 도움이 된다.
- 역사가. 고참 그룹을 눈여겨보라. 이들은 회사에서 오랫동안 생활하면서 자연스럽게 회사의 역사를 자세히 알게 된 산 증인이다. 이들에게서 회사의 신화(회사가 어떻게 출발했고 어떤 사건을 경험했는지에 관한 핵심 스토리), 문화와 정치의 뿌리를 들을 수 있다.

만약 여러분이 새로운 회사에 부임한다면 그 절차를 신속하게 진행해야 한다. 채용 과정을 포함해 부임하는 시점에도 회사 웹사이트를 통해 기본 정보, 분석보고서, 핵심 인물들을 파악해야 한다. 또한 가능하다면 현재 직원 또는 예전 직원들을 만나 회사의 역사와 문화를 들어라.

체계적으로 접근하라

무엇을 알아야 할지, 그것을 어디서 알아낼 수 있는지(보고서든, 알고 있는 사람과의 대화를 통해서든, 컴퓨터 파일을 통해서든) 파악했다면 다음 단계는 최선의 학습법을 알아보는 것이다.

많은 리더들은 사람들과 대화하는 것부터 시작한다. 이런 대화를 통해 많은 비공식적인 정보를 얻어내지만 효율적이지는 않다. 시간을 너무 많이 잡아먹으며, 체계적인 틀 없이 개인의 여러 이야기를 듣다보면 어떤 말에 어느 정도로 비중을 두어야 할지 판단이 서지 않는다. 이렇게 되면 처음 들은 말과 마지막에 들은 말이 여러분의 판단에 큰 영향을 미치게 된다. 또한 여러분이 너무 일찍 간파되어 만만한 상대로 비치기 쉽다.

따라서 여러분에게는 체계적인 학습 프로세스가 필요하다. 체계적인 학습 프로세스를 이용하면 어떤 이점이 있는지 생각해보자. 오늘 직속부하들이 상황을 어떻게 평가하고 있는지를 알아보기 위해 그들을 만날 예정이라고 하자. 어떤 방식으로 그들을 만날 것인가? 그들을 한 자리에 불러 모으는 것은 잘못이다. 그중에는 다른 사람들 앞에서 자신의 생각을 밝히길 꺼려 하는 사람들도 있기 때문이다.

한 번에 한 명씩 만나야 한다. 그러나 여기에도 문제가 있다. 한 명씩 만나다 보면 자연히 순서가 정해지기 때문이다. 나중에 만나는 사람들은 앞서 만난 사람들로부터 여러분이 무엇을 묻는지 듣게 된다. 그렇게 되면 상황에 대한 폭넓은 견해를 듣는 데 지장이 생기며, 여러분이 의도하지 않았던 방식으로 여러분의 메시지를 해석하고 들어오게 된다.

여러분이 직속부하들을 한 번에 한 명씩 만나기로 했다고 하자. 어떤 순서로 그들을 만날 것인가? 어떻게 하면 먼저 만난 사람들의 이야기에 지나치게 영향을 받지 않을 수 있을까? 한 가지 방법은 미리 작성된 동일한 대본을 가지고 모든 면담에 임하는 것이다. 이 대본의 기본 포맷은 여러분 자신과 면담 방식을 간략히 소개하는 오프닝 멘트, 상대방에 관한 몇 가지 간단한 질문(배경, 가족, 취미 등), 마지막으로 비즈니스에 관한 표준적인 질문들로 구성하면 된다. 이런 접근 방식은 강력하다. 사람들한테 들은 대답을 비교해볼 수 있기 때문이다. 여러분은 사람들의 말을 모아놓고 공통점과 차이점을 분석할 수 있다. 그 과정에서 누가 열린 태도를 가지고 있는지, 누가 그렇지 못한지 꿰뚫어볼 수 있다.

새로 맡은 조직을 진단하는 출발점은 직속부하들과의 일대일 면담이다. (이것은 회사 전체에서 업무가 다른 동일 직급의 사람들을 일대일 면담하는 수평 분할의 한 예다.) 그들에게 반드시 다음과 같은 다섯 가지 질문을 똑같이 던져라.

1. 조직이 당면한(또는 가까운 미래에 당면할) 중요한 과제들은 무엇인가?
2. 그런 과제에 부딪히게 된(또는 부딪히게 될) 이유는 무엇인가?
3. 조직의 성장을 위한 유망한 기회들 가운데 아직 활용되지 않은 기회는 무엇인가?
4. 이런 기회들을 이용하기 위해 조직은 어떻게 해야 하는가?
5. 당신이 나라면 어디에 관심을 집중하겠는가?

이 다섯 가지 질문에 대한 사람들의 답변을 귀담아듣고 신중하게 종합하면 분명 통찰을 얻을 수 있다. 크리스가 이 방법으로 학습했던 것을 기억하라. 모든 사람들에게 똑같은 질문을 던져보면 여러분은 어떤 견해가 보편적인 것이고, 어떤 견해가 다른지 분간할 수 있다. 또한 첫 면담자, 가장 논리적인 면담자, 가장 설득력 있는 면담자에 의해 과도하게 영향을 받는 것도 피할 수 있다. 그들의 대답을 통해 여러분은 그들이 팀과 팀의 정책을 어떻게 생각하고 있는지 파악할 수 있다. 누가 직설적인지, 누가 우회적으로 말하는지, 누가 옆길로 새는 경향이 있는지도 파악할 수 있다. 또한 누가 책임감이 강하고 누가 잘못을 남 탓으로 돌리는 경향이 있는지, 누가 비즈니스에 대해 폭넓은 식견을 갖고 있고, 누가 우물 안 개구리인지도 알 수 있다.

초기의 관찰, 질문, 통찰을 논의하면서 조직을 파악했다면 다음에는 직속부하들을 한자리에 모아놓고 여러분의 인상과 질문을 피드백으로 전달하라. 이 과정에서 여러분은 팀의 현실과 에너지를 명확하게 파악할 수 있을 뿐만 아니라 부하직원들에게 여러분이 핵심 현안들을 얼마나 신속하게 파악하는지 보여줄 수 있다.

이런 프로세스를 엄격히 준수할 필요는 없다. 외부 컨설턴트에게 조직에 대한 진단을 의뢰해서 그 결과를 팀원들에게 피드백해줄 수도 있다(〈신임 리더 동화 프로세스〉 참조). 내부 인물을 활용해 이 과정을 수행할 수도 있다. 중요한 것은 준비된 대본, 개별 면담, 분석, 전체 면담이라는 약간의 체계적인 접근만으로도 실효성 있는 통찰을 얻을 수 있다는 점이다. 물론 질문의 내용은 조직의 성격에 맞게 조정되어야 한다. 면담 대상이 영업사원들이라면 "경쟁사와 비교할 때 고객들이 우리 회사에 느끼는 불만사항은 무엇인가?" 같은 질문이 포함될 수 있다.

신임 리더 동화 프로세스

GE가 개발한 〈신임 리더 동화 프로세스〉는 체계적인 학습 방법 사례다. 우선 신임 리더의 보직 장악을 돕기 위해 한 명의 후견인을 선정한다. 이 후견인은 신임 리더를 만나 대략적인 장악 계획을 짠다. 그런 다음 이 신임 리더의 새로운 직속부하들을 만난다. 후견인은 그들에게 '신임 리더에 대해 무엇을 알고 싶은가', '신임 리더가 여러분의 어떤 점을 알아주길 바라는가', '비즈니스 상황과 관련하여 신임 리더가 어떤 점에 유의해 주길 바라는가' 같은 질문들을 한다. 여기서 얻은 주요 결과를 신임 리더에게 피드백을 준다. 이 프로세스에서도 마지막 단계는 신임 리더와 직속부하들의 솔직한 전체 면담이다.

상황에 따라 효과적으로 이용할 수 있는 체계적인 학습 방법으로는 SWOT(Strength강점, Weakness약점, Opportunity기회, Threat위협) 툴이 있다. 이 툴을 이용하면 여러분은 핵심 관계자(상사, 동료, 직속부하)와 상황을 공유하는 대화를 성공적으로 이끌 수 있다. 또 다른 체계적인 학습 방법은 특정 상황에서 더욱 중요하다. [표 2-1]에 설명된 방법들 가운데 여러분의 직급, 비즈니스 상황에 따라 적당한 방법을 선택하기 바란다. 유능한 신임 리더들은 몇 가지 방법을 조합해서 나름의 학습전략을 세운다.

표 2-1

체계적인 학습 방법

방법	목적	누구에게 유용한가?
조직의 분위기와 근로자 만족도 조사	조직문화와 근로자들의 사기를 파악한다. 많은 조직들이 정기적으로 이런 조사를 하고 있다. 이미 구축되어 있는 데이터베이스를 통해서도 파악할 수 있다. 데이터베이스가 구축되어 있지 않은 경우에는 정기적으로 근로자들의 인식을 조사할 방법을 찾는다.	자신이 속한 사업 단위 또는 집단에 대한 분석이 가능하다면 모든 직급의 관리자에게 유용하다. 정보의 수집 및 분석이 얼마나 충실한가에 따라 활용도가 달라진다. 적절한 방법으로 조사가 이루어지고, 자료들이 신중히 수집되고, 엄밀히 분석되었다면 활용도가 높다..
회사 혹은 사업 단위의 동일 직급 직원들과의 체계적인 인터뷰	기회와 문제점에 대한 인식의 공통점과 차이점을 찾아낸다. 다른 부서에서 근무하는 동일 직급의 직원들과 면담하는 방식을 택할 수도 있고(수평 분할 방식), 다른 직급의 직원들과 면담하는 방식을 택할 수도 있다(수직 분할 방식). 어떤 방식을 택하든 먼저 직원들에게 동일한 질문을 던진 다음, 그들이 대답에서 공통점과 차이점을 찾아내는 것이 중요하다.	다른 실무 경험을 갖고 있는 팀원들로 구성된 팀을 지휘해야 하는 리더들에게 특히 유용하다. 사업 단위가 심각한 어려움에 처해 있는 하위직 리더들에게도 유용하다.
그룹별 자유토론	해심 근로자 집단이 관심을 기울이고 있는 현안 과제, 생산현장 혹은 서비스 업무 근로자들의 사기 문제 등이 그러한 사례다. 함께 일하는 한 집단의 근로자들을 한자리에 모아 그들이 어떤 식으로 상호작용하고 있는지, 누가 리더 역할을 하고 있는지도 파악할 수 있다. 그들 간의 논의를 활성화하면 깊이 있는 정보를 얻을 수 있다.	영업 책임자나 공장 책임자 등 비슷한 직무를 수행하는 대규모 집단을 지휘하는 리더들에게 유용하다. 해심 근로자 집단의 인식을 제빨리 파악하는 방법으로 고위 관리자들에게도 유용할 수 있다.

과거의 중대 결정들에 대한 분석	이사결정 패턴, 권력, 영향력 지도를 파악할 수 있다. 최근에 이루어진 결정들 가운데 가장 중요한 사안을 몇다 결정 과정을 알아본다. 또한 각 단계에서 누가 영향력을 행사했는지 파악한다. 관련자들과 이야기를 나눠보고, 그들이 인식을 알아볼 것. 그들이 어떤 얘기를 했는지, 어떤 얘기를 하지 않았는지에 유의하라.	사업 단위 혹은 프로젝트 단위의 고위 관리자들을 이해하는 데게 유용하다.
프로세스 분석	부서 간 혹은 직무 간 상호작용을 조사하고, 프로세스의 효율성을 평가한다. 고객이나 유통업체에 제품이 배송되는 시스템 같은 중요한 프로세스를 선택하라. 업무조정 팀에게 이 프로세스를 평가하고 병목지점과 문제점들을 찾아내도록 맡긴다.	여러 전문 분야의 실무자들이 공동 작업을 하고 있는 집단 또는 팀을 지휘하는 책임자에게 유용하다. 자신이 맡은 집단이 큰 프로세스를 책임질 수 있는 방법을 모색하는 하위직 관리자들에게도 유용하다.
공장 및 시장 시찰	공장 시찰은 비공식적으로 생산직 근로자들을 만나서 그들이 관심사를 들어볼 수 있는 기회다. 영업 책임자나 생산 책임자들과의 만남은 조직의 기술 역량을 평가하는 데 큰 도움이 된다. 시장 시찰은 고객을 접할 수 있는 기회로, 고객들이 이야기를 직접 들어보면서 도전 과제와 기회를 파악할 수 있다.	사업 단위 책임자들에게 유용하다.
시험 프로젝트	기술 역량, 문화, 역학관계와 관련해 깊은 통찰을 얻을 수 있다. 이런 통찰을 얻는 것이 시험 프로젝트의 1차 목적이 아니지만, 시험 프로젝트에 대해 조직이나 집단이 보이는 반응을 통해 많은 것을 알아낼 수 있다.	모든 직급이 리더들에게 유용하다. 물론 직위가 높을수록 시험 프로젝트의 규모와 중요도 커진다.

학습 계획을 짜라

학습 주제는 알아내야 할 사항들을 정한 것이다. 반면 학습 계획은 그것을 알아낼 방법을 정한 것이다. 계획은 학습 목표를 신속한 학습을 위한 행동(통찰을 얻을 수 있는 좋은 자원을 파악하고, 체계적인 방법을 사용하기)으로 바꾸는 것이다. 학습 계획은 90일 계획에서 중요한 부분이다. 학습은 신임 리더가 첫 30일 동안 해야 할 일들 가운데 가장 중요한 일이다(물론 진전이 없다면 실패할 가능성이 크다).

학습 계획의 중심축은 정보 수집 및 분석, 핵심 정보 도출, 가설 설정, 검증이라는 새로 맡은 조직에 대한 이해를 심화시키는 순환적 학습 프로세스다. 여러분이 찾아내야 할 구체적인 통찰은 상황에 따라 다르다. 우선 아래의 〈학습 계획 요약〉을 가지고 작업을 시작하라(〈학습 계획 요약〉 참조). 3장에서는 여러 유형의 보직이동을 살펴보면서 각 상황별로 무엇을 언제 학습해야 하는지 구체적으로 논의하겠다.

학습 계획 요약

부임 전

- 조직의 전략, 구조, 실적, 사람들에 관한 모든 자료를 읽어볼 것.
- 외부에서 조직의 실적을 어떻게 평가하고 있는지 알아볼 것. 이를 통해 조직에 대해 알 만한 사람들의 공정한 평가를 들어볼 수 있다. 여러분이 하위직 리더라면 새로 맡을 조직의 공급업체나 고객들과 이야기를 나눠보라.

- 과거의 팀원, 최근 퇴직자, 거래처 등 조직을 잘 아는 외부 인사를 찾아볼 것. 이들에게 조직의 역사, 정치, 문화와 관련해 솔직하게 물어보라. 가능하다면 전임자와의 대화는 큰 도움이 된다.
- 새로 상사가 될 사람과 이야기를 나눌 것.
- 조직을 파악하기 시작할 때 여러분이 받은 첫인상과 그에 따른 몇 가지 가설들을 기록해둘 것.
- 부임 즉시 실행에 옮길 체계적 조사의 지침이 될 만한 질문들을 준비할 것.

부임 직후

- 세부 업무계획, 실적 관련 자료, 인사 자료를 검토할 것.
- 직속 부하직원들과 일대일로 만나 사전에 준비한 질문들을 던질 것. 그들의 인식에서 어떤 점이 공통되고 어떤 점이 다른지, 또한 각 직원의 성향을 파악할 수 있다.
- 조직의 핵심 대외 접촉면에서 벌어지고 있는 상황들을 평가할 것. 영업사원, 구매 담당자, 고객서비스 대행업자 등으로부터 여러분이 맡은 조직과 외부 협력자들과의 관계를 어떻게 여기고 있는지 들을 수 있다. 또한 그들만 알고 있는 문제점들도 들을 수 있다.
- 회사 최상층부의 전략이 아래로 어디까지 전파되는지 확인할 것. 고위 경영자들에게 조직의 비전과 전략이 무엇인지 물어본 다음, 그러한 비전과 전략이 어디까지 전파되고 있는지 확인하면 된다. 전임자가 회사의 비전과 전략을 조직에 어느 정도로 전파했는지도 알 수 있다.
- 현장의 도전 과제와 기회가 위로 어디까지 전달되는지 확인할 것. 일선 직원들에게 조직의 도전과 기회를 어떻게 보는지 물어본 다음 직급이 높은 사

람들에게 물어 올라간다. 고위 리더들이 회사의 상황을 얼마나 잘 진단하고

있는지 파악할 수 있다.

- 질문들과 가설들을 고쳐나갈 것.
- 여러분이 추론하거나 파악한 내용들을 놓고 상사와 의논할 것.

부임 한 달 후

- 팀원들을 모아놓고 여러분이 사전에 파악한 내용들을 피드백 할 것. 여러분
  의 평가에 대한 동의 또는 반발을 유도한다. 이를 통해 팀과 팀의 동력에 대
  해 많은 것을 알아낼 수 있다.
- 조직 외부의 주요 거래선들과 접촉해볼 것. 외부인들(공급업체, 고객, 유통
  업체, 기타)이 조직을 어떻게 평가하는지, 조직의 강점과 약점을 어떻게 판
  단하고 있는지 알아본다.
- 몇 가지 핵심 프로세스를 분석할 것. 해당 부서에서 한 명씩 대표자들을 차
  출하여 선택한 프로세스의 진행도를 작성하고 평가하게 한다. 생산성, 품질,
  신뢰도 등을 파악할 수 있다.
- 핵심 업무조정자들을 만날 것. 회사 안의 여러 기능들 사이의 접촉면에서
  일이 원만하게 진행되는지 파악할 수 있다. 다른 사람들은 잘 모르지만 그
  들만 알고 있는 문제점은 무엇인가? 역사가들을 찾아보라. 이 사람들은 조
  직의 역사, 문화, 정치에 대한 빈칸을 채워준다. 이들은 장차 여러분의 동맹
  자가 될 수 있으며 영향력을 행사할 수도 있다.
- 질문들과 가설들을 수정해나갈 것.
- 여러분이 파악한 사항을 상사와 의논할 것.

도움을 구하라

신속하게 학습해야 하는 책임은 리더인 여러분에게 있다. 하지만 여러 사람들의 도움을 받는다면 학습 과정에서 받는 고통이 줄어들 것이다. 상사와 동료는 물론 직속부하도 여러분의 신속한 학습을 도와줄 수 있다. 이때 여러분이 그들에게 무엇을 어떻게 도와달라고 요청할 것인지 명확하게 파악해야 한다. 중요한 점은 여러분이 먼저 질문해야 한다는 것이다. 부임하자마자 여러분이 모든 것을 알거나 완벽하게 통제할 수 있다고 생각해서는 안 된다.

학습 지원은 새로운 회사에 부임한 리더에게 특히 중요하다. 여러분이 회사의 외부에서 들어왔거나(새로 부임한 경우), 회사 내에서 이동했다고 해도(회사 내에서 부서를 이동한 경우는 새로 부임한 경우보다 리더가 겪는 어려움이 70퍼센트 수준이다) 마찬가지다. 양쪽 모두 여러분은 낯선 문화에 적응해야 하고, 이전 업무에서 만들었던 수준의 정치적 네트워크도 없다. 만약 여러분이 새로 부임한 조직에 효율적인 보직이동 시스템이 있다면, 문화를 이해하고 핵심 관계자를 파악하는 데 도움이 된다. 그런 시스템이 없다면 여러분이 직접 이런 도움을 구해야 한다.

맺음말

여러분이 조직을 깊이 파악해감에 따라 학습의 우선순위와 학습전략도 바뀌어야 한다. 새로운 상사와 관계를 맺고, 초기 승리를 확보할 지점을 포착하고, 우호적 협력관계를 구축하기 시작할 때, 중요한 것은 조직에 대한 이해의 깊이를 더해가는 것이다. 그러므로 정기적으로 이 장을 다시 읽으면서 여러분의 학습 주제를 재평가하고 학습 계획을 수정해나가기 바란다.

1. 여러분은 새로 맡은 조직을 효과적으로 파악해가고 있는가? 여러분은 행동강박증에 사로잡히거나 미리 대답을 가지고 있지는 않은가? 만약 그렇다면 이것을 어떻게 극복할 것인가?

2. 여러분의 학습 주제는 무엇인가? 현재 여러분이 알고 있는 사실들을 토대로 초기 설문 작업에 쓸 질문 리스트를 만들어라. 조직의 현 상황에 대한 가정을 세우기 시작했다면 구체적인 내용은 무엇인가? 그것들을 검증할 방법은 무엇인가?

3. 여러분이 알고 싶은 질문에 대해 확고한 '실효성 있는 통찰'을 줄 가능성이 가장 큰 사람은 누구인가?

4. 학습 과정의 효율성을 어떻게 향상시킬 것인가? 일정한 시간과 에너지를 투입하여 더 나은 통찰을 얻어낼 방법은 무엇인가?

5. 신속한 학습을 위해 어떤 지원이 필요하고, 그 지원을 가장 적절히 받을 수 있는 방법은 무엇인가?

6. 앞 질문들에 대한 대답을 내렸다면, 이제 학습 계획 수립을 시작하라.

상황에 맞는
전략을 구사하라

칼 르윈Karl Lewin이 알아야 했던 것은 위기 시기에 조직을 관리하는 방법이었다. 그는 최근에 다국적 회사인 글로벌 푸드Global Foods의 유럽 생산 공장이 신속하면서도 성공적으로 회생하도록 감독했다. 하지만 그는 같은 방식이 새로운 업무에서도 유효할지 확신할 수 없었다.

독일 출신 임원이었던 칼은 강하게 밀어붙이는 스타일이었다. 그는 무너져버린 유럽 지사를 구조조정을 통해 재건하는 데 결정적으로 기여했다. 회사는 성장률을 과도하게 계산하고 정부 차원의 운영 조정 때문에 여러 기회들을 놓쳤다. 일 년 동안 칼은 핵심적인 생산 지원 업무를 통합하고, 비효율적으로 운영되던 네 개의 공장을 폐쇄했으며, 동유럽 지역으로 생산 공장을 이전했다. 이런 변화는 고통스러웠지만, 18개월 뒤에 조업 능률이 급속히 상승했다.

하지만 좋은 일을 하고도 나쁜 일이 생길 수 있다. 유럽에서의 성공

덕분에 칼은 뉴저지에 있는 본사 소속의 북미 지역 공급담당 부사장으로 승진했다. 새로 맡은 업무는 이전 업무보다 훨씬 중요해서, 제조뿐만 아니라 공급, 유통, 고객서비스를 포함하는 것이었다.

유럽 지사의 상황과 달리 북미 부서는 심각한 위기 상황이 아니었다. 다면 몇 가지 중대한 문제가 있었다. 그는 회사의 장기적인 성공을 실적이 떨어지는 신호로 보았다. 직전 년도의 업계 동향에 따르면 회사의 성과는 효율 측면에서 평균보다 약간 아래였으며, 주요 지역에 제시간에 배달되는 고객 만족 서비스도 하위 삼분의 일에 해당했다. 보통 수준이긴 했지만, 회생 상황이라고 보기는 어려웠다.

반면 칼은 심각한 문제가 있다고 평가했다. 비즈니스는 급한 불을 끄는 데 급급한 수준이었고, 관리자들은 문제를 사전에 예방하지 못한 채 위기를 넘기는 데 역량을 투입하고 있었다. 칼은 회사가 심각한 실패에 빠지는 건 시간문제라고 확신했다. 또한 임원들은 중요한 의사결정을 내리는 데 직감에만 의존했으며, 정보 시스템은 정확한 자료를 제공하지 못하고 있었다. 칼이 보기에 이런 문제들은 광범위하게 퍼져 있었고, 회사의 미래에 대해 근거 없는 낙관론이 팽배했다.

성공으로 이끌어야 할 책임이 있는 여러분은 먼저 상황을 명확하게 이해해야 한다. 그 상황에서 무엇을 어떻게 해야 하는지를 파악해야 한다. 칼처럼 신임 리더들은 두 가지 근본적인 질문에 답을 찾아야 한다. 첫 번째 질문은 '나는 어떤 변화를 이끌어야 하는가?'다. 이 질문에 답할 수 있는 좋은 방법은 상황에 따라 전략을 결정하는 것이다. 두 번째 질문은 '나는 어떤 리더가 되어야 하는가?'다. 이 질문은 여러분의 리더십 스타일을 조정하는 방식에 관한 것이다. 비즈니스 상황을 신중하게

진단해서 여러분이 활용할 수 있는 자원, 도전 과제, 기회를 파악해야
한다.

스타스 모델을 사용하라

스타스STARS는 신임 리더들이 새로 부임하는 조직을 다섯 가지 비즈
니스 상황으로 구분한 것으로, 시작Start-up, 회생Turnaround, 급속성장
Accelerated growth, 재조정Realignment, 성공지속Sustaining success의 약자다. 스
타스 모델은 각각 벤처 회사를 시작하는 상황, 정상 궤도로 되돌려 놓
는 상황, 급속히 팽창하는 상황, 한때 일류 기업이었지만 심각한 문제
에 부딪혀 활력을 되찾아야 하는 상황, 좋은 성과를 내는 기업을 물려
받았지만 한 단계 더 도약해야 하는 상황에 해당한다.

　다섯 가지 스타스 상황의 최종 목표는 같다. 비즈니스의 성공과 발
전이 그 목표다. [표 3-1]에 요약해놓은 것처럼, 여러분이 처한 상황에
따라 도전 과제와 기회가 다르다.

　다섯 가지 스타스 상황의 핵심적인 특징은 무엇인가? 우선 시작 상
황인 경우 여러분은 신규 사업, 신제품, 새로운 프로젝트를 띄우는 데
필요한 자원들(인재, 자본, 기술 등)을 통합할 책임을 맡게 된다. 여러분
은 팀을 구성하고, 어젠다를 정의해서 주요 역할을 규정하고, 비즈니스
의 아키텍처를 구축해서 조직을 구성해야 한다. 시작 상황에서 직원들
은 실패 가능성이 큰 그룹의 직원들보다 더 열정적이고 희망적이다. 하
지만 시작 상황에 있는 사람들은 회생 상황에 있는 사람들보다 핵심 주

표 3-1

스타스 모델

	시작 상황	회생 상황	급속성장 상황	재조정 상황	성공지속 상황
	새로운 비즈니스를 위해 역량(인력, 재정, 기술)을 모으기 또는 기반 사업을 제안하기	비즈니스를 보호하기 또는 심각한 문제가 있다는 것을 모두에게 공유하기	급속히 성장하는 비즈니스를 관리하기	과거에는 성공했지만 지금은 문제에 직면한 회사에 다시 활력을 불어넣기	성공적인 회사의 활력을 유지하고, 다음 단계로 도약하기
도전 과제	명확한 방법이나 경계가 없는 상태에서 전략, 구조, 시스템을 구축하기. 유능한 직원을 채용해서 팀을 구성하기. 제한된 자원을 가지고 실행하기	사기가 떨어진 직원과 이해 관계자에게 의욕을 불어넣기. 시간 압박을 받는 상황에서 효율적으로 의사결정하기. 구조조정과 인력감축 시행하기	허용된 범위 내에서 구조와 시스템을 조정하기. 많은 신입 직원들을 통합하기	변화가 필요하다는 것을 직원들에게 납득시키기. 성과가 뛰어난 팀을 신중하게 재조정하고, 회사를 다시 집중시키기	전임 리더의 활동 범위를 벗어나지 못하거나 기존 팀을 그대로 운영하기. 너무 많은 사안을 시작하기 전에 적절히 방어하기. 비즈니스를 다음 단계로 도약시키기 위한 방법 찾기
기회	시작부터 적합한 업무를 할 수 있다. 직원들이 가능성을 믿으며 적극적이다. 완고한 선입견이 없다.	모든 사람들이 변화가 필요하다는 것을 알고 있다. 영향력 있는 지지자들이 외부에서 중요한 도움을 줄 수 있다. 작은 성공도 오래 지속된다.	성장을 통해 직원들에게 동기를 부여할 수 있다. 직원들이 서로 협력하면서 공동 작업을 할 수 있다.	회사에는 여러 강점이 있다. 직원들은 계속 성공하기를 바란다.	강력한 팀이 업무를 성공적으로 수행한다. 직원들은 계속 이 성공의 역사를 지속하려는 의욕을 갖고 있다. 지속적인 성공의 기초(넓은 상품 유통망)가 잘 정립되어 있다.

제에 집중하지 못한다. 시작 상황에서는 조직의 에너지를 전달하는 비전, 전략, 구조, 시스템이 제대로 작동하지 않기 때문이다.

회생 상황인 경우 여러분은 어려움에 처한 그룹 또는 사업 단위를 정상화시킬 책임을 맡게 된다. 이 상황은 급박하기 때문에 신속하고도 단호한 결정이 필요하다. 대부분의 직원들이 실질적인 변화가 필요하다고 이해한다. 하지만 어떤 변화가 필요한지에 대해서는 각자 의견이 달라 방향을 잡지 못하고 있는 상황이다. 회생 상황에서 여러분은 일단 행동하고 계획은 나중에 해야 한다. 즉, 여러분이 조직을 충분히 파악하고 있지 않더라도 변화를 강하게 추진한 다음, 추후 학습을 통해 변화를 조정해야 한다. 반면 재조정 상황(그리고 성공지속 상황)에서는 먼저 계획한 다음 행동해야 한다. 추락하고 있는 사업을 회생시키기 위해 신임 리더는 핵심 비즈니스만 남긴 채 나머지를 처분해야 하고, 핵심 사업을 지원해야 한다. 이는 고통스러운 과정이지만, 성공한다면 비즈니스를 성공지속 상황으로 만들 수 있다. 회생 노력이 실패로 돌아간다면 비즈니스는 파산하거나 매각될 것이다.

급속성장 상황에서 조직은 성장 속도가 빨라지면서 덩치를 키우는 작업을 시작한다. 여러분은 비즈니스(프로젝트, 제품, 관계)를 급속히 성장시킬 수 있는 구조, 프로세스, 시스템을 만들어야 한다. 또한 여러분은 많은 사람들을 새로 채용해서 조직이 지속적으로 성공할 수 있는 문화를 만들어야 한다. 물론 너무 급속히 성장하는 데 따른 위험도 있다.

시작, 회생, 급속성장 상황은 자원을 집중적으로 투입하는 작업이 필요하다. 여러분에게는 이미 구축된 인프라와 업무 역량이 없다. 여러분은 중요하고도 새로운 시작 지점을 만들어야 하고, 특히 급속성장 상황인 경우 강력한 기초를 만들어야 한다. 반면 재조정과 성공지속 상황인 경우에 여러분은 상당한 강점을 가지고 있는 조직에 부임하지만, 여러분이 할 수 있는 일과 할 수 없는 일에 대한 제약이 많다. 이 두 상황의 경우에 여러분은 주요 변화를 이끌기 전에 약간의 시간 여유가 있다. 이 시기에 여러분은 조직의 문화와 정치를 학습하면서 협력관계를 구축해야 한다.

조직 내부의 안일함, 핵심 역량 하락, 외부의 도전에 의해 성공하고 있는 비즈니스도 문제에 휩싸일 수 있다. 재조정 상황에서 여러분은 점점 궁지로 몰리고 있는 사업조직, 제품, 프로세스, 프로젝트를 소생시킬 책임을 맡게 된다. 먹구름이 지평선 쪽에서 몰려오고 있지만, 폭풍은 아직 시작되지 않았다. 그래서 많은 사람들이 구름을 보지 못한다. 가장 중요한 도전 과제는 문제의 심각성을 사람들에게 알리는 것이다. 물론 상당한 반발이 있을 것이다. 리더는 문제가 실제로 있다는 것을 알려 사람들이 깨닫도록 해야 한다. 이는 북미 지역을 담당했던 칼이 직면한 상황이었다. 다행히 조직은 상당한 강점(좋은 제품, 고객관계, 프로세스, 직원)을 이미 확보하고 있다.

성공지속 상황에서 여러분은 성공하고 있는 조직의 에너지를 유지하면서 다음 단계로 조직을 도약시켜야 할 책임이 있다. 조직은 승리에 도취해 있어서는 안 된다. 여러분은 비즈니스가 성공했던 이유, 그리고 지속적으로 성공하기 위해 해결해야 할 과제들을 파악해야 한다. 결국 성공지속 상황의 핵심은 시작, 급속성장, 재조정을 지속적으로 진행하는 것이다.

보직이동의 성공은 조직의 심리를 예측 가능한 방식으로 변화시키는 능력에 달려 있다. 시작 상황에서 직원들은 흥분된 혼란을 겪고 있으며, 여러분은 하지 말아야 할 것을 결정해 에너지가 생산적인 방향으로 흐르도록 조정해야 한다. 회생 상황에서는 절망에 빠져있는 그룹과 직원들을 이끌어야 한다. 여러분은 상황이 개선될 수 있다는 확신과 전진할 수 있는 구체적인 계획을 제시해야 한다. 급속성장 상황에서 여러분은 조직에 규율이 더 필요하고 규정된 프로세스와 시스템 내에서 작업하도록 직원들을 이끌어야 한다. 재조정 상황에서 여러분은 비즈니스 재창출을 거부하는 직원들을 설득해야 한다. 끝으로 성공지속 상황에서 여러분은 직원들에게 동기를 부여하고, 안주를 거부하고, 조직과 개인의 발전을 위한 새로운 방향을 제시해야 한다.

조직이 현재 어떤 상태에 있고 어디로 가야하는지를 여러분이 모른다면 새로운 조직을 맡을 준비가 되지 않았다. 예를 들어, 칼은 조직의 재조정 상황에 직면해서 조직이 과거에 어떻게 성공했고 지금은 왜 문제를 겪고 있는지를 파악해야 했다. 여러분도 비즈니스의 상황을 파악하기 위해서는 조직의 역사를 살펴보아야 한다.

여러분이 대규모 비즈니스를 책임지는 상황이 아니더라도 도전 과제를 이해하는 데 스타스 모델이 유효할까? 당연히 그렇다. 조직 내 직급에 상관없이 여러분은 이 모델을 사용할 수 있다. 여러분은 시작 상황에 있는 기업을 이끄는 신임 CEO일 수 있다. 또는 신제품 생산 라인의 실무 책임자일 수도 있고, 신제품을 출시하는 브랜드 책임자일 수도 있고, 신제품 개발 프로젝트를 이끌고 있는 연구개발팀의 리더일 수도 있고, 새로운 소프트웨어를 개발하는 IT 부서의 책임자일 수도 있다. 이런 모든 비즈니스는 시작 상황이라는 공통점을 지닌다. 유사하게 회생, 급속성장, 재조정, 성공지속 상황도 기업의 크기와 관계없이 모든 직급에서 경험할 수 있다.

스타스 포트폴리오를 진단하라

여러분은 시작, 회생, 급속성장, 재조정, 성공지속 중 어느 하나에 딱 맞는 상황에 직면하지는 않을 것이다. 높은 수준에서 보았을 때만 여러분의 상황이 이 중 하나에 들어맞을 것이다. 하지만 여러분이 상황을 파악하려고 시도하자마자 스타스 상황이 혼합된 포트폴리오(제품, 프로젝트, 프로세스, 공장, 인력)를 갖고 있다는 것을 알게 된다. 예를 들어, 여러분은 성공적인 제품으로 기업이 지속적으로 성장하고 있으면서, 신기술을 활용한 제품 생산을 시작하려는 상황에 직면할 수 있다. 또는 최첨단 공장을 보유하고 있는 기업의 회생 상황을 책임질 수 있다.

스타스 모델을 적용하기 위한 다음 단계는 스타스 포트폴리오를 진단하는 것이다. 먼저 여러분은 새로 맡은 조직이 다섯 가지 상황 중 어디에 속하는지를 파악해야 한다. [표 3-2]를 사용해 다섯 가지 상황 중에서 여러분이 새로 맡은 책임 요소들(제품, 프로세스, 프로젝트, 공장, 직원)이 어디에 속하는지 숙고하라. 여러분은 여러 요소들을 어떻게 관리할 것인가? 이 표는 각 요소별로 도전 과제와 기회를 체계적으로 파악하는 데 도움이 된다. 또한 여러분이 해야 할 것과 그 이유를 새로운 상사, 동료, 직속부하들과 협의하는 데 사용할 수 있는 공통의 언어를 확보할 수 있다.

표 3-2

스타스 포트폴리오 진단하기

아래 표를 이용해 여러분이 직면한 스타스 상황을 파악하라. 먼저 여러분이 새로 맡은 책임의 요소들(프로젝트, 프로세스, 제품, 비즈니스 완료)이 어떤 비즈니스 상황에 해당하는지 첫 번째 열에서 파악하라. 이 요소들을 두 번째 열에 기록하라. 여러분이 모든 요소들을 책임지지는 않을 것이다. 회생 상황이라면 이 요소들을 모두 책임져야 하고, 두세 비즈니스 상황이 혼합된 상황에서도 마찬가지다. 세 번째 열에 다음 90일 동안 여러분이 어떤 요소에 어느 정도의 에너지를 할당해야 하는지 퍼센트로 표시하고, 합산해서 100이 되는지 확인하라. 마지막으로 여러분이 가장 선호하는 상황이 무엇인지 생각하라. 가장 선호하는 상황에 최우선 순위를 부여했다면, 선호가 우선순위에 영향을 주지는 않았는지 검토하라.

스타스 상황	업무 요소	우선순위 퍼센트
시작		
회생		
급속성장		
재조정		
성공지속		
		100

변화를 이끌어라

변화를 이끄는 방식이 하나만 있는 것은 아니다. 혼합된 스타스 상황을 명확하게 파악하는 것이 중요하다. 칼은 스타스 모델을 이용해 새로 부임한 조직의 재조정 상황(문제가 점점 심각해지고 있지만 당장 조치를 취해야 할 위험이 없는 상황)과 유럽에서 조직을 성공적으로 이끌었던 회생 상황(시급하고도 과감한 변화가 필요한 상황)을 명확하게 구분할 수 있었다. 또한 그는 변화를 이끌고 자신을 관리하는 방식도 이 모델을 이용해 파악했다. 만약 칼이 새로운 조직이 회생 상황에 있다고 생각하고서 급격한 변화를 시도했다면, 곧장 격렬한 저항에 부딪혔을 것이다. 그랬다면 그는 변화가 필요한 부분을 파악하지 못했을 것이고, 조직 내부에 적응하지 못한 채 고립되거나 실패했을 것이다. 다행히 칼은 북미 지역 사업에 필요한 것들을 파악해서 적절한 방식을 채택했다.

여러분이 스타스 포트폴리오와 핵심 과제 및 기회에서 통찰을 얻는다면 변화를 이끌기 위한 적절한 전략을 채택할 수 있다. 하지만 그러기 위해서는 이 책에서 설명하고 있는 90일 계획을 통해 추진력을 확보해야 한다. 특히 여러분은 우선순위를 결정하고, 전략을 규정하고, 초기 승리를 확보할 지점을 파악하고, 적절한 팀을 구축하고, 협력관계를 만들어야 한다. 칼이 경험했던 회생 상황과 재조정 상황을 비교해보자.

물론 학습이 가장 먼저다. 유럽 조직이 처한 회생 상황에서 칼은 조직의 기술적인 측면(전략, 경쟁업체, 제품, 시장, 기술)들을 신속하게 평가하고서 컨설턴트에게 자문을 했다. 새로 부임한 북미 지역 조직에서 칼은 학습 과제를 크게 바꿨다. 기술적인 측면은 여전히 중요했지만, 문화와 정치에 관한 학습이 더 중요했다. 그는 조직 내부의 문제 때문에 성공적인 조직도 문제에 부딪힐 수 있다는 것을 알았다. 또한 칼은 변화가 필요한 부분이 기술적인 것이 아니라 정치적인 것이라는 점을 사람들에게 알렸다. 칼처럼 조직에 새로 부임한 리더는 문화와 조직을 파악해야만 성공할 수 있고 생존할 수 있다.

칼이 최우선 순위로 두었듯이 비즈니스 상황을 파악하는 것이 급선무였다. 유럽 조직은 회생 상황에 있었기 때문에 과감한 변화가 필요했다. 전략과 구조가 목표 달성을 가로막고 있었기 때문에 신속하게 변화시켰다. 그래서 칼은 공장을 폐쇄하고, 제품 생산 라인을 이동시키고, 인력을 감축했다. 또한 비용을 아끼고 분산된 업무를 줄이기 위해 주요 생산 업무를 통합했다. 반면 북미 지역 조직은 재조정 상황에 있었기 때문에 전략과 구조를 시급히 바꿀 필요가 없었다. 핵심 역량과 제품에 문제가 없었기 때문에 공장을 폐쇄할 필요도 없었다. 제조 업무는 이미 통합되어 견실히 운영되고 있었다. 실제 문제는 시스템, 업무능력, 문화에 있었다. 그래서 칼은 이 영역에 집중했다.

칼이 두 상황에서 팀을 이끄는 방식에는 상황적인 요인이 크게 작용했다. 유럽 조직은 회생 상황이었기 때문에 칼은 조직의 고위급부터 정리하고서 유능한 고위급 리더를 외부에서 영입했다. 하지만 북미 조직에서 칼이 물려받은 조직은 충분히 강력했다. 그래도 칼은 중요한 변화가 필요하다고 생각했다. 중앙 제조업무의 일부 영역에 변화를 추진하기 위해서는 강력하고 기술적으로 숙련된 리더가 필요했다. 칼의 끈질긴 노력에도 불구하고 기존 관리자들은 변화의 필요성을 이해하지 못했다. 오히려 이런 반발 때문에 칼의 리더십이 위협을 받았다. 그 부서의 인력 감축은 다른 부서에 보내는 메시지였다. 칼은 조직 내부에서 유망한 인재를 승진시켜 조직을 변화시키기 위한 지원 업무를 부여했다. 사람들은 칼이 비즈니스의 약점뿐만 아니라 강점에도 집중하고 있다는 것을 알게 되었다.

표 3-3

회생 상황과 재조정 상황의 주요 차이점

	회생	재조정
1. 학습 계획 수립 학습이 필요한 영역, 가장 좋은 학습 방법, 도움을 요청할 사람을 파악하라.	기술적인 사항(전략, 시장, 기술 등)을 집중적으로 학습하라. 신속하게 행동하라.	문화와 정치를 집중적으로 학습해라. 신중하게 행동하라.
2. 전략 정의 조직이 나아가야 할 설득력 있는 비전을 개발하고 알려라. 이 비전을 달성할 수 있는 명확한 전략을 세워라.	비핵심 사업을 정리하라.	기존 역량을 끌어올리고 조정해라. 혁신을 자극하라.
3. 최우선순위 설정 몇 가지 주요 목표를 정하고 지속적으로 추구하라. 새로 부임한지 1년 뒤에 이 목표를 달성하기 위해 무엇이 필요한지 파악하라.	신속하고 과감하게 이끌어라. 전략과 구조에 집중하라.	느리지만 신중하게 이끌어라. 시스템, 업무능력, 문화에 집중하라.
4. 팀 건설 물려받은 팀을 평가하라. 필요한 변화를 신속하게 이끌어라. 외부에서 인재를 영입하는 것과 내부에서 잠재력이 큰 인재를 승진시키는 것 사이에 적절한 균형을 확보하라.	고위급부터 정리해라. 외부에서 인재를 영입하라.	몇 가지 중요한 변화를 만들어라. 내부에서 잠재력이 큰 인재를 승진시켜라.
5. 초기 승리 확보 새로운 조직에 여러분을 어떻게 소개할지 생각하라. 개인적인 신뢰를 쌓고, 직원들에게 에너지를 불어넣을 방법을 파악하라.	직원들의 마음을 절망에서 희망으로 바꾸어라.	직원들의 마음을 거부에서 자각으로 바꾸어라.
6. 협력 세력 구축 조직이 실제로 운영되는 방식과 영향력 있는 사람을 파악하라. 여러분의 주장을 지지하는 핵심 협력 세력을 구축하라.	필요한 자원을 확보할 수 있도록 상사와 핵심 관계자의 지원을 요청하라.	협력관계를 구축하면서 실행력을 확보하라.

끝으로 칼은 두 상황에서 서로 다른 초기 승리를 확보했다. 회생 상황에서 리더들은 절망에 빠진 사람들을 구해야 한다. 유럽에서 칼은 일부 공장을 폐쇄하고, 생산 라인을 이동시키고, 핵심 업무에 조직을 집중시키고, 불필요한 프로젝트와 업무를 줄여서 이것을 해냈다. 반면 재조정 상황에서 가장 중요한 초기 승리는 변화가 필요하다는 것을 사람들에게 납득시키는 것이었다. 그는 데이터와 인력에 집중해서 이것을 해냈다. 칼은 직원들이 중요한 약점에 관심을 갖도록 하기 위해 제조와 고객서비스 부분에서 성과 평가 방식을 조정했다. 또한 그는 외부의 벤치마킹 사례를 소개하고, 유능한 컨설턴트를 고용해 회사 외부에서 객관적으로 관찰해서 평가할 수 있도록 했다. 이런 조치들 덕분에 그는 근거 없는 낙관주의를 없애고, 조직에 중요한 메시지를 전달할 수 있었다.

회생 상황과 재조정 상황의 주요 차이점은 [표 3-3]을 참고하라.

자신을 관리하라

스타스 상태에 따라 여러분은 자신을 관리하고 적응해야 한다. 특히 여러분의 리더십이 '영웅' 스타일인지 '집사' 스타일인지를 파악할 때 중요하다.

회생 상황에서 리더들은 희망, 비전, 방향을 원하는 사람들을 이끌어야 하기 때문에 손에 칼을 들고 적과 싸우는 영웅 스타일의 리더십이 필요하다. 사람들은 문제가 발생했을 때 영웅 뒤에 있으면서 명령해주기를 원한다. 이런 리더십은 비즈니스 상황(시장, 기술, 제품, 전략)을 신속하게 진단하고, 핵심 부분만을 남긴 채 조직의 몸집을 줄이면서 공격적으로 움직일 때 적합하다. 여러분은 불완전한 정보만을 이용해 신속하고 단호하게 행동해야 한다.

이것은 칼이 유럽에서 했던 방식이다. 그는 부임하자마자 상황을 진단하고, 방향을 설정하고, 고통스러운 구조조정을 단행했다. 사업이 어려워보였기 때문에 사람들은 별다른 저항 없이 그의 지시에 기꺼이 따랐다.

반면 재조정 상황에서는 집사 또는 봉사자 리더십이 필요하다. 변화가 필요하다는 합의를 이끌어내기 위해 협상하면서 리더십을 간접적으로 활용해야 한다. 특히 섬세하게 사람들을 감동시키는 기술이 힘을 발휘한다. 노련한 집사는 조직의 문화와 정치를 파악하는 데 집중한다. 집사는 직원, 프로세스, 자원 중에서 지켜야 할 것과 버려야 할 것을 결정할 때 영웅보다 더 신중하고 체계적이어야 한다. 또한 진단 결과 공유하기, 오피니언 리더들을 내 편으로 만들기, 벤치마킹 장려하기 등을 통해 끈질기게 변화의 필요성을 설득해야 한다.

칼은 북미 지역 부사장으로 부임했을 때 영웅 스타일의 리더십을 자제해야 했다. 그래서 그는 신중하게 평가했고, 변화를 세심하게 이끌었으며, 지속적인 성공을 위한 기초를 구축해야 했다. 보직이동 시기의 리더가 개인적인 리더십 전략을 성공적으로 채택하기 위해서는 자기 관리 능력, 즉 강한 자기인식, 개인적 훈련, 리더를 보완하는 팀 구축이 필요하다.

상황에 따라 수행해야 할 임무가 다르기 때문에 영웅형 리더는 재조정 및 성공지속 상황에서 실수를 저지르기 쉽고, 집사형 리더는 시작과 회생 상황에서 실패하기 쉽다. 회생 상황을 다뤄본 경험이 있는 리더가 재조정 상황에 있는 조직으로 자리를 옮길 경우 성급한 조치를 취해 불필요한 반발을 불러일으킬 위험이 있다. 반면 재조정 상황을 다뤄본 경험이 있는 리더가 회생 상황에 있는 조직으로 자리를 옮길 경우 조치가 늦고, 의견 일치를 이루어내기 위해 진을 빼느라 귀중한 시간과 에너지를 허비할 위험이 있다.

그렇다고 해서 좋은 영웅이 좋은 집사가 될 수 없다거나, 좋은 집사가 좋은 영웅이 될 수 없다는 얘기는 아니다. 모든 상황을 똑같이 능숙하게 다룰 수 있는 사람은 없지만 유능한 리더는 다섯 가지 스타스 상황 모두에서 성공을 거둘 수 있다. 가장 중요한 것은 특정 상황에서 여러분의 능력과 성향 가운데 어떤 요소들이 도움이 되고 어떤 요소들이 부정적으로 작용할지 냉철하게 생각해보는 것이다. 협력관계를 구축해야 하는 상황에서 전쟁에 나가는 실수를 저질러서는 안 된다.

리더십은 팀 단위의 스포츠다. 스타스 포트폴리오에 따르면 팀(그리고 모든 조직)에는 영웅과 집사가 혼합된 리더십이 필요하다. 칼을 북미 지역에서 집사형 리더였지만, 본성상 영웅 스타일이라는 것을 잘 알고 있었다. 이런 자기인식에는 세 가지 층위가 있다. 첫째, 그는 현명한 자문 역할을 하면서 팀을 집사형 리더십으로 이끌었고, 필요한 일부 업무를 위임했다. 둘째, 그는 자신의 영웅적인 에너지를 적절히 집중할 수 있는 지점을 파악했다. 그는 가장 성공적인 부분에도 심각한 문제가 있음을 지적했다. 그는 문제를 해결할 수 있을 때까지 기다렸고, 비즈니스 전체를 재조정하는 큰 목표에 뛰어들지 않았다. 그래서 적절한 균형을 유지할 수 있었다. 셋째, 칼은 핵심 프로젝트에 투입할 인재를 채용하고, 승진시키고, 배치하면서 스타스 상황의 선호와 능력을 고려했다.

성공을 보상하라

스타스 모델은 여러분을 위해 일하는 사람과 여러분이 만들려고 하는 문화에 기여한 사람을 평가하는 데 중요한 시사점을 준다.《하버드 비즈니스 리뷰》에 실린 연구 조사에 이런 사실이 명확히 입증되었다. 참여자들은 스타스 상황 중에서 가장 도전적인 상황과 가장 선호하는 상황을 선택했다. 그 결과는 [표 3-4]에 정리되어 있다. 가장 도전적인 상황은 재조정 상황이었으며, 그 다음으로 성공지속, 회생 상황이었다. 시작과 급속성장 상황은 쉬운 상황으로 평가되었다. 반면 선호 측면을 보면 결과가 크게 달라진다. 리더들은 시작 상황을 가장 선호했고, 그 다음으로 회생, 급속성장 상황이었다.

이것은 어떤 면에서 당연하지만 이유는 숨겨져 있다. 상황이 쉽기 때문에 사람들이 뛰어드는 것은 아니다. 사람들은 (1) 흥미롭고, (2) 주목 받을 수 있는 상황을 선호한다.

시작 상황에서 성공을 거두는 경우에 개인의 업적은 가시적이고 측정하기도 쉽다. 회생 상황에서도 마찬가지다. 반면 재조정 상황에서는 재앙을 피하는 것이 성공이다. 이 상황에서는 아무 일도 일어나지 않게 하는 것이 성공이기 때문에 성과를 측정하기가 어렵다. 또한 재조정 상황에서 성공을 거두기 위해서는 부하들에게 변화의 필요성을 일깨워

표 3-4

스타스 도전과 선호

조사 응답자들은 가장 중요한 도전 상황과 가장 많이 선호하는 상황(선택할 수 있다는 조건에서)이 무엇인지를 고르라는 질문을 받았다. 응답자들의 평가는 놀랄 정도로 크게 달랐다. 특히 행동과 권위가 필요한 상황(시작, 회생, 급속성장)과 학습, 성찰, 영향력이 필요한 상황(재조정, 성공지속)을 비교했을 때 상당한 차이가 있었다.

스타스 상황	가장 중요한 도전	가장 많이 선호함
시작	13.5%	47.1%
회생	21.9%	16.7%
급속성장	11.6%	16.1%
재조정	30.3%	12.7%
성공지속	22.6%	7.4%
합계	100%	100%
시작, 회생, 급속성장	47.1%	79.9%
재조정, 성공지속	52.9%	20.1%

야 하는데, 그러기 위해서는 자신의 성공을 그룹에 돌려야 한다. 성공지속 상황에서는 어떨까? 발전소에 전화를 걸어 "오늘도 계속 불을 켤 수 있게 해줘서 고맙습니다." 하고 말하는 사람은 아무도 없다. 하지만 정전이 되면 즉각 발전소에 항의 전화가 빗발친다.

하향 곡선을 그리고 있는 사업(또는 흥미로운 벤처를 시작하는 경우)을 성공적으로 회생시킨 리더에게 지나친 보상을 하는 것은 적절하지 않다. 능력 있는 리더들 가운데 재조정에 관심이 많은 사람이 드물다. 대부분 조직의 회생이나 신규 사업을 선호한다. 누가 회생 상황에 빠지지 않도록 하는 책임을 지려 하겠는가? 기업들은 사업을 위기에서 구하는 것보다 회생시키는 경우에 엄청난 보상을 제공한다. 이렇게 되면 조직이 위태로운 상태에 빠지길 원하는 리더들이 생기기 마련이다. 누군가가 조직을 혼란에 빠뜨려 신임 리더가 조직을 구할 수 있도록 말이다.

일반적인 관점에서 말하면 스타스 상황에 따라 성공에 대한 보상은 다르다. 시작 상황과 회생 상황에서는 리더의 성과를 평가하기가 쉽다. 몇 가지 분명한 기준을 정해놓고 수치화될 수 있는 결과를 비교하면 되기 때문이다.

반면 재조정 상황과 성공지속 상황에서는 성공과 실패를 평가하기가 어렵다. 재조정 상황에서는 기대 이상의 성과를 거두었다고 해도 명확한 결과를 얻기가 어렵다. 심지어 아무 일도 일어나지 않은 것처럼 보일 수도 있다. 위기를 피하려고 노력했기 때문이다. 성공지속 상황 역시 비슷한 문제를 안고 있다. 성공지속 상황에서는 경쟁사들의 협공에 맞서 시장점유율을 지켜내는 것이 성공이다. 이미 성장이 거의 불가능한 성숙한 사업인 경우에는 단 몇 퍼센트의 성장도 대단한 성공일 수 있다. 재조정 상황이나 성공지속 상황에서는 다른 조치를 취했을 경우에 혹은 다른 사람이 책임을 맡았을 경우에 일어났을 결과를 예상하기가 어렵다. 그렇기 때문에 성공을 측정하기가 어렵다. 새로운 책임자가 취한 조치의 타당성을 평가하기 위해서는 그들이 직면한 도전들과 그들이 취한 조치들을 깊이 이해해야 하기 때문이다.

맺음말

여러분이 스타스 상황을 파악한다면 새로 부임한 조직을 더 깊이 이해
하고 변화를 이끌 수 있다. 조직이 처한 상황을 진단하는 과정에서 이
장을 반복해서 읽으면서 평가하라. 여러분에게 필요한 요소와 인재를
파악해라.

1. 여러분이 직면한 스타스 상황의 포트폴리오는 무엇인가? 여러분이 맡은 부분은 시작, 회생, 급속성장, 재조정, 성공지속 중 어떤 상황인가?

2. 여러분이 해결해야 할 도전 과제와 기회는 무엇인가? 신속한 보직이동을 위해 무엇을 해야 하는가?

3. 여러분의 학습 주제는 무엇인가? 여러분은 비즈니스의 기술적인 측면만 이해하면 되는가, 아니면 문화와 정치도 파악해야 하는가?

4. 회사의 전체 분위기는 어떠한가? 심리적 변화가 필요한 부분이 있는가, 그런 변화를 어떻게 추진할 수 있는가?

5. 여러분이 직면한 상황에서 변화를 추진할 가장 좋은 방법은 무엇인가?

6. 여러분이 지닌 업무능력과 강점 중에서 새로운 상황에 가장 중요한 것은 무엇인가? 잠재적으로 문제가 될 수 있는 것은 무엇인가?

7. 여러분은 어떤 팀을 구축해야 하는가?

성공 기준을 협상하라

마이클 첸Michael Chen은 한 석유회사의 IT사업부 실무책임자로 승진해 의욕에 차 있었다. 그러다 두 명의 동료로부터 전화를 받았다. 두 사람은 약속이라도 한 듯이 똑같이 말했다. "이력서를 준비하는 게 좋을 거야. 케이츠가 널 잡아먹으려 들거야."

그의 새로운 상사인 본 케이츠Vaughan Cates는 활동적인 사람으로 사람들을 닦달해서 실적을 올리는 인물로 소문이 나 있었다. 케이츠 역시 최근에 그 사업부의 총괄책임자로 선임되었는데, 그녀가 부임한 이후 몇 명이 회사를 그만두었다.

마이클의 친구들은 그에게도 똑같은 일이 발생할 것이라고 경고했다. 한 친구는 이렇게 말했다. "자넨 여태까지 성공했어. 하지만 그녀는 자네의 투지가 부족하다고 생각할거야. 자넨 기획자이자 팀 건축가야. 그녀는 자네가 너무 느리고 과감한 결단을 하지 못한다고 생각할거야."

사전에 경고를 받은 마이클은 상황을 진단하고 계획을 수립할 시간을 벌기 위해 케이츠를 만났다. 그는 그녀에게 이렇게 말했다. "내게 90일의 시간을 주십시오. 첫 30일은 상황을 정확히 파악하는 데 주력할 것입니다. 그런 다음 구체적인 평가보고서와 향후 60일 동안의 목표 및 활동계획서를 제출하겠습니다." 마이클은 정기적으로 케이츠에게 진행 상황을 보고했고, 논의를 통해 향후 진행 방향을 수정해나갔다. 3주 뒤 상사로부터 주요 시스템 구매 문제와 관련된 중대한 결정을 내리도록 압박을 받았지만 그는 자신이 정한 스케줄을 고수했다. 그리고 30일이 되는 날 그는 상사를 만족시킬 만한 좋은 계획서를 제출했다.

그로부터 한 달 뒤 마이클은 초기 승리를 거둔 결과를 보고했고, 케이츠에게 핵심 프로젝트 진행에 필요한 인력 지원을 요청했다. 그녀는 그에게 답변하기 쉽지 않은 질문을 퍼부었지만, 그는 자신의 일을 정확히 파악하고 있었다. 결국 그녀는 그의 요청을 수락했다. 하지만 그녀는 결과를 낼 시한을 못 박았다. 필요한 지원을 확보한 덕분에 마이클은 정기적으로 중간 목표를 달성할 수 있었다.

성공에 필요한 동력을 확보한 마이클은 다음에 상사를 만났을 때 업무 스타일 문제를 제기했다. 그는 이렇게 말했다. "우리는 스타일이 다릅니다. 하지만 나는 당신의 기대에 부응할 수 있습니다. 나를 일하는 방식이 아니라 결과로 판단해주기 바랍니다." 거의 일 년이 걸리긴 했지만 마이클은 케이츠와 생산적이고 견실한 협력관계를 구축했다.

마이클 첸처럼 새로운 상사와 생산적인 관계를 구축하기 위해서는 협상을 통해 앞으로의 진행 방향을 정하는 것이 바람직하다. 상사와의 관계는 상당한 시간을 투자해야 하는 중요한 관계다. 상사는 여러분을 평가할 기준을 세우고, 다른 조직원들에 대한 여러분의 조치를 해석하고, 여러분에게 필요한 자원을 공급해줄 권한을 갖고 있기 때문이다. 또한 상사는 여러분이 손익분기점에 도달하는 속도는 물론 궁극적으로 여러분의 성공과 실패에 큰 영향을 미치는 사람이다.

'성공 기준을 협상한다'는 것은 미리 상사와 협의해 게임의 규칙을 정하고, 목표 달성을 향한 투지를 발휘할 기회를 확보한다는 것이다. 새로운 보직을 맡은 많은 리더들이 주어진 상황을 변경할 수 없는 것으로 간주해서 실패한다. 그들은 정해진 규칙에 따라 게임을 한다. 하지만 여러분이 상사와 적극적으로 협상한다면 현실적인 목표를 정하고, 상황에 대한 합의를 이끌어내고, 활동에 필요한 자원을 공급받아 게임을 원하는 방향으로 끌고 갈 수 있다. 마이클은 상사인 본과의 효과적인 협상을 통해 성공의 발판을 마련했다.

상사와의 관계는 조직 내에서 여러분의 위치와 비즈니스 상황에 따라 달라진다. 직위가 높을수록 여러분은 더 많은 재량권을 행사할 수 있다. 상사와 근무 장소가 다를 때는 더욱 그렇다. 성공에 필요한 것들이 다 갖추어져 있는 상황이라면 상사의 느슨한 시선은 여러분에게 축복일 수 있다. 하지만 여러분이 자만에 빠져 있는 상황이라면 상사의 느슨한 시선은 저주일 수 있다.

여러분이 상사로부터 얻어낼 수 있는 도움도 스타스 상황에 따라 달라진다. 여러분이 시작 상황에 있다면 고위 관리자들의 간섭으로부터 보호해주고 필요한 자원을 지원해줄 상사가 필요할 것이다. 회생 상황에 있다면 지킬 수 있는 핵심 사업을 중심으로 신속하게 사업을 정리할 수 있도록 도와줄 상사가 필요할 것이다. 급속성장 상황에 있다면 적절한 투자를 확보해줄 상사가 필요할 것이다. 재조정 상황에 있다면 변화를 추진하는 데 도움을 줄 상사가 필요할 것이다. 성공지속 상황에 있다면 비즈니스 상황을 파악하고 핵심 자산을 위험에 빠뜨리는 실수를 저지르지 않도록 도와줄 상사가 필요할 것이다.

새로운 상사와 생산적인 협력관계를 구축하기 위해 여러분이 할 수 있는 일은 많다. 새로운 보직을 담당할 후보로 고려되고 있다는 것을 알자마자 곧바로 시작해야 한다. 여러분은 인터뷰를 한 다음 선임되고 공식적으로 부임하는 과정을 거친다는 것을 기억해야 한다.

이 장에서는 상사와의 적절한 대화 방식을 제시할 것이다. 보직은 바뀌었지만 상사는 바뀌지 않은 상황이어도 이 장을 읽어야 한다. 여러분과 상사의 관계가 달라지기 때문이다. 상사의 기대가 달라질 수도 있고, 상사로부터 많은 지원을 받아야 할 수도 있다. 많은 리더들이 상사가 바뀌지 않으면 역할이 달라져도 상사와의 관계가 달라지지 않는다고 생각한다. 이것은 잘못된 생각이다.

이 장에 제시된 아이디어들을 이용해 새로운 직속부하들과 신속하게 우호적인 관계를 구축할 방법도 생각해보기 바란다. 직속부하들이 손익분기점에 신속하게 도달하면 그만큼 여러분에게도 이익이기 때문이다.

기본적인 것에 집중하라

새로운 상사와 생산적인 관계를 구축하는 방법은 무엇일까? 기본적으로 해야 할 일과 하지 말아야 할 일이 몇 가지 있다. 먼저 하지 말아야 할 일부터 살펴보자.

- 거리를 두지 말 것. 상사가 여러분에게 다가오지 않거나 상사와의 소통이 원활하지 않다면 여러분이 먼저 상사에게 다가가야 한다. 그렇지 않으면 의사소통이 제대로 이루어지지 않는다. 재량권을 갖는 것은 좋은 일이지만, 상사와 협의 없이 멋대로 행동하는 일은 삼가야 한다. 상사의 일정을 정기적으로 확인하라. 여러분이 직면한 문제들을 상사가 알고 있는지 확인하고, 상사의 기대가 변하고 있는지, 만약 변하고 있다면 어떻게 변하고 있는지 파악하라.

- 상사를 당황하게 하지 말 것. 상사에게 나쁜 소식을 전하고 싶은 사람은 없을 것이다. 하지만 대부분의 상사들이 더욱 싫어하는 것은 문제가 있다는 사실을 진작 알리지 않은 것이다. 최악의 상황은 문제가 있다는 사실을 제3자로부터 듣는 것이다. 문제가 발생했다는 것을 파악하자마자 즉시 상사에게 보고하는 것이 좋다.

- 문제가 있을 때만 상사를 찾지 말 것. 상사에게 늘 문제만 던져 놓은 사람으로 찍히고 싶지는 않을 것이다. 여러분은 문제를 어떻게 해결할지 계획도 함께 제시해야 한다. 완벽한 해결책을 제시하라는 의미가 아니다. 완벽한 해결책을 제시하느라 너무 많은 시간과 노력을 투자하다가는 오히려 상사를 당황하게 만들 다른 문제들이 발

생할 것이다. 중요한 것은 문제에 어떤 식으로 대처할지(더 많은 정보를 수집한다든지), 여러분의 역할은 무엇이고 상사에게 어떤 도움을 받아야 할지 생각하는 것이다. (직속부하들을 이끌 때도 마찬가지다. '문제를 가져오지 말고 해결책을 가져와라'라고 말하는 것은 위험하다. 그보다는 '문제만 가져오지 말고, 우리가 이것을 어떻게 대처해야 할지 계획을 가져와라'라고 말하는 것이 좋다.)

- 자신의 과거 실적을 늘어놓지 말 것. 고위 리더들조차 상사와의 면담을 자신이 한 일들을 늘어놓을 기회로 삼으려는 경향이 있다. 효과가 있을 때도 있겠지만 상사는 그것을 듣고 싶지 않으며 필요하지도 않다. 상사는 여러분이 해야 하는 가장 중요한 것과 자신이 도울 수 있는 방법을 알고 싶다. 여러분은 상사와 공유해야 하고 행동이 필요하다고 생각하는 것을 세 가지 이상 제시해서는 안 된다.

- 상사를 변화시키려 하지 말 것. 여러분과 새로운 상사는 업무 스타일이 다를 것이다. 여러분은 상사와 다른 방식으로 소통하고, 다른 형태로 동기를 부여하고, 다른 방법으로 직속부하들을 관리할 것이다. 하지만 상사의 스타일에 맞추는 것은 전적으로 여러분의 책임이다. 여러분은 상사가 선호하는 업무 스타일에 적응해야 한다.

기본적으로 해야 할 것들도 있다. 이것을 잘 지키면 새로운 상사와 지내기가 수월하다.

- 부임 초기에 자주 서로의 기대를 명확히 할 것. 여러분이 새로운 보

직에 임명될 수 있다고 검토된 순간부터 기대를 관리해야 한다. 인터뷰 과정에서 기대에 집중하라. 조직에 심각한 구조적 문제가 있을 때 여러분이 그 문제를 즉시 해결하기를 상사가 기대한다면, 여러분은 어려운 상황에 처하게 된다. 나쁜 소식이 있을 때는 곧바로 상사에게 알려 상사의 비현실적인 기대를 조정해야 한다. 상사의 기대 변화에 주의를 기울이고 주기적으로 확인해야 한다. 여러분이 외부에서 새로 부임해 문화와 정치를 이해하지 못한 경우에는 기대를 재조정하는 것이 특히 중요하다.

- 협력관계 구축에 100퍼센트 책임질 것. '거리를 두지 말 것'과 같은 맥락이다. 상사가 여러분에게 손을 내밀기를 기대하지 말고, 여러분을 위해 시간과 자원을 제공해주기를 기대하지 말라. 상사와 협력관계를 구축할 책임은 전적으로 여러분에게 있으며 거기에 최선을 다해야 한다. 물론 상사가 여러분과 관계 구축이 노력을 기울여준다면 더 바랄 것이 없다.

- 상사와의 협의를 통해 진단과 계획 수립에 필요한 시간을 확보할 것. 준비가 덜된 상태에서 중대한 판단을 내리거나 문제 해결에 덤벼들어서는 안 된다. 새로운 조직을 진단하고 활동 계획을 수립할 시간을 확보하라. 몇 주 정도라도 좋다. 마이클이 상사인 본과 협의한 방식은 효과적이었으며, 여러분이 참고할 만한 좋은 사례다. 이 장 끝에서 살펴볼 90일 계획은 좋은 방법이다.

- 상사가 중요시하는 영역에서 초기 승리를 거둘 것. 여러분이 생각하는 최우선 과제가 무엇이든 간에 여러분은 상사가 큰 관심을 갖고 있는 것이 무엇인지 파악해야 한다. 상사의 최우선 순위와 목

표는 무엇이고, 여러분이 이것과 조화시킬 방법은 무엇인가? 이 질문에 대한 답을 알면 그 영역에서 초기 승리를 확보할 계획을 세울 수 있다. 상사가 중요하게 여기는 세 가지를 파악하고 상사를 만날 때마다 이것을 어떻게 진행하고 있는지를 논의하는 것이 좋다. 이렇게 하면 상사는 여러분이 성공했다고 생각할 것이다.

- 상사가 존중하는 사람들로부터 좋은 점수를 받도록 노력할 것. 새로운 상사는 한편으로는 여러분과의 직접적인 상호작용을 바탕으로, 다른 한편으로는 자신이 신뢰하는 다른 사람들이 내리는 평가를 토대로 여러분을 평가한다. 상사는 현재 여러분의 동료나 직속부하들인 사람들과 이미 우호적인 관계를 맺고 있을 수도 있다. 그렇다고 해서 상사가 신뢰하는 사람들의 비위를 맞출 필요는 없다. 다만 상사가 여러분과 성과에 대한 정보를 얻는 다양한 채널에 관심을 기울여야 한다는 것이다.

이런 기본 규칙들을 염두에 두고 여러분은 새로운 상사와 협력적인 관계를 구축할 계획을 세워야 한다.

상사와 꼭 해야 할 다섯 가지 대화

새로운 상사와의 관계는 지속적인 대화를 통해 형성된다. 상사와의 대화는 여러분이 새로운 보직에 부임하기 전부터 시작되어야 하고, 전환기는 물론 그 이후에도 계속되어야 한다. 이런 대화에서는 몇 가지 기본 주제가 중심을 이룬다. 90일 계획을 짤 때 아래에서 설명할 새로운 상사와의 다섯 가지 대화를 중요한 요소로 포함해야 한다. 이 다섯 가지 대화는 서로 얽혀 있기 때문에 따로 분리해서 살펴보기는 어렵고 함께 논의되어야 한다.

1. 상황 진단 대화. 이 대화에서 여러분은 새로운 상사가 스타스 포트폴리오를 어떻게 보고 있는지를 파악해야 한다. 시작 상황인가, 회생 상황인가, 급속성장 상황인가, 재조정 상황인가, 성공지속 상황인가? 어떻게 이런 상황에 이르게 되었는가? 이 상황을 도전 과제로 만든 요인들(소프트웨어 요인이든 하드웨어 요인이든)은 무엇인가? 여러분은 조직 내에서 어떤 자원을 동원할 수 있는가? 여러분의 시각과 상사의 시각은 다를 수 있다. 하지만 여기서 핵심은 상황을 바라보는 상사의 시각을 파악하는 것이다.

2. 기대 대화. 이 대화의 목표는 상사가 여러분에게 거는 기대를 파악하고, 협상을 통해 그 기대를 조정하는 것이다. 새로운 상사는 여러분이 단기적으로 무엇을 해내기를 기대하고, 중기적으로 무엇을 해내기를 기대하고 있는가? 성공의 구성요소들은 무엇인가? 여러분의 성과는 언제 어떻게 측정될 것인가? 상사의 기대가 비현실적이어서 현실에 맞게 조정해야 한다는 결론에 도달할 수도 있다. 또한 초기 승리를 확보하기 위한 노력의 일환으로 상사와 협상할 때 목표를 낮게 잡고 목표를 초과달성하는 편이 현명한 방법이다.

3. 자원 대화. 이 대화는 핵심 자원들에 관한 협상이다. 성공하기 위해 꼭 필요한 자원들은 무엇인가? 여러분은 상사가 무엇을 해주길 바라는가? 여기서 논의하는 자원은 자금과 인력만을 말하는 것이 아니다. 여러분이 재조정 상황에 있다면 구성원들에게 변화의 필요성을 설득하는 데 상사의 도움이 필요할 수도 있다. 핵심은 여러분의 상사가 자원의 투입량에 따른 성과를 따지는 비용편익에 주목한다는 것이다.

4. 스타일 대화. 이것은 현실적인 토대 위에서 상사와 상호작용하기 위한 최선의 방법에 관한 대화다. 상사는 어떤 대화 방식을 선호하는가? 일대일 면담인가, 전화나 이메일을 이용한 대화인가? 얼마나 자주 대화를 나누는가? 어떤 문제를 결정할 때 상사는 여러분이 자신과 상의해 주기를 바라는가? 여러분이 자율적으로 결정할 수 있는 사항들은 무엇인가? 여러분의 스타일과 상사의 스타일은 어떻게 다른가? 그런 스타일의 차이는 상사와의 상호작용에 어떤 영향을 미치는가?

5. 개인적 발전 대화. 여러분이 새로운 보직을 맡은 지 몇 개월이 지났다면 여러분이 어떻게 일하고 있으며 개인적 발전이 필요한 영역은 무엇인지 논의할 수 있다. 여러분이 잘 하는 분야는 무엇인가? 여러분은 어떤 영역을 개선하거나 바꾸어야 하는가? (주 업무에 지장을 주지 않는 범위에서) 여러분이 시도해볼 수 있는 프로젝트나 특별 임무는 없는가?

현실에서 이런 대화들은 서로 연결되어 있으며 시간이 흐르면서 진전된다. 상사를 만나는 자리에서 한꺼번에 이 다섯 가지 주제를 모두 이야기할 수도 있고, 간략히 서로의 의사를 확인하면서 한 가지 주제를 집중적으로 논의할 수도 있다. 마이클은 스타일과 기대 대화를 한꺼번에 한 다음 상황 진단 대화와 심도 있는 기대 대화를 계획했다.

하지만 대화하는 데도 순서가 있다. 초기 대화는 상황 진단, 기대, 스타일에 집중되어야 한다. 여러분이 더 많은 사실들을 알게 된 후에 자원 대화, 상황 재진단, 현실에 기반을 둔 기대 조정 등을 시도할 수 있다. 마지막으로 상사와 적절한 협력관계가 구축되었다는 느낌이 들때 비로소 개인적 발전에 관한 문제를 논의할 수 있다. 각 주제를 언제

표 4-1

다섯 가지 대화

대화	현재 상태	다음 30일 동안 우선순위
상황: 여러분의 상사는 스타스 포트폴리오를 어떻게 보고 있는가?		
기대: 여러분이 달성하기를 기대하는 목표는 무엇인가?		
자원: 여러분에게 필요한 자원은 무엇인가?		
스타일: 여러분은 어떤 업무 스타일을 원하는가?		
개인적 발전: 여러분이 잘하는 것은 무엇이고, 개선이 필요한 것은 무엇인가?		

어떤 순서로 이야기할지 계획을 세워라. 각각의 대화에서 여러분이 달성하려는 것을 상사에게 명확히 전달하라.

여러분의 현재 상태에 따라 각 대화의 내용과 다음 30일 동안 우선순위를 정하는 데 [표 4-1]을 활용하라. 만약 여러분이 새로운 보직을 앞두고서 인터뷰를 하고 있다면 학습해야 할 것과 대화의 핵심 지점을 파악하는 데 이 표를 사용할 수 있다.

이제 여러분의 새로운 상사와 이 다섯 가지 대화를 계획하는 데 다음의 상세한 지침들을 사용하라.

상황 대화 계획하기

상황 진단 대화에서 여러분이 확보해야 하는 것은 여러분이 처한 비즈니스 상황, 그로 인해 직면한 도전과 기회, 상사와 의견 일치를 이루어 내는 것이다. 상사와의 의견 일치는 앞으로 여러분이 하게 될 모든 활동의 굳건한 지지대가 된다. 여러분이 처한 상황에 대해 여러분과 상사의 시각이 다르다면 목표 달성에 필요한 자원을 제대로 지원받기 어렵다. 그러므로 상사와 대화할 때 여러분은 스타스 모델을 공용어로 삼아 여러분이 처한 상황을 명확히 설명하는 데 주력해야 한다.(뒤에 설명하겠지만 여러분의 팀과 대화할 때도 마찬가지다.)

상황에 맞는 지원을 요청하라.

상사로부터 받아야 할 지원은 스타스 포트폴리오(시작, 회생, 급속성장, 재조정, 성공지속, 또는 몇 가지 상황의 혼재)에 따라 달라진다. 상황을 바라보는 시각이 일치되었다면 상사가 어떤 역할을 해주길 바라는지, 상

표 4-2

상황에 맞는 지원

상황	상사의 전형적인 역할
시작	<ul><li>필요한 자원을 신속히 확보할 수 있도록 돕는다.</li><li>명확하고 측정 가능한 목표를 세운다.</li><li>전략적 휴지기에 안내자 역할을 한다.</li><li>집중력을 잃지 않도록 돕는다.</li></ul>
회생	**시작 상황에서의 역할에 다음 역할 추가**<ul><li>힘든 인사상의 결정과 실행을 지원한다.</li><li>조직 및 조직원들의 외부적 이미지 변화와 개선을 지원한다.</li><li>빨리 그리고 충분히 과거와 단절할 수 있도록 돕는다.</li></ul>
급속성장	**시작 상황에서의 역할에 다음 역할 추가**<ul><li>적절한 방식과 비중으로 성장 동력을 위한 투자를 지원한다.</li><li>새로운 시스템과 구조를 만들도록 돕는다.</li></ul>
재조정	**시작 상황에서의 역할에 다음 역할 추가**<ul><li>변화의 필요성 설득을 돕는다. 특히 여러분이 외부에서 영입된 경우에는 이러한 도움이 더욱 절실하다.</li></ul>
성공지속	**시작 상황에서의 역할에 다음 역할 추가**<ul><li>성공지속 상황인지 재조정 상황인지 지속적으로 확인한다.</li><li>핵심부문을 적절히 방어하고, 손실을 초래할 실수를 범하지 않도록 돕는다.</li><li>비즈니스를 한 단계 더 도약시킬 방법을 찾을 수 있도록 돕는다.</li></ul>

사에게 어떤 도움을 요청할지 신중히 생각해보기 바란다. 다섯 가지 상황 모두에서 여러분은 상사가 방향을 제시해주고, 필요한 도움을 주고, 업무수행의 재량권을 주기를 바랄 것이다. [표 4-2]는 각 스타스 상황에서 일반적으로 상사에게 기대하는 역할이 제시되어 있다.

기대 대화 계획하기

기대 대화에서 핵심은 여러분과 상사가 미래에 대한 기대를 명확하게 설정하는 것이다. 중단기 목표, 시점, 성과측정 방식 등에 대해 협상을 통해 의견 일치를 이루어야 한다. 어떤 요건이 충족되었을 때 성공으로 볼 것인가? 언제까지 결과가 나와야 하는가? 성과를 어떤 방법으로 측정할 것인가? 성공한다면 그 다음에 무엇을 할 것인가? 여러분이 현실에 맞게 기대를 조정하지 못한다면 기대가 여러분을 조정하게 될 것이다.

상황에 맞게 기대를 조정하라

상황에 대한 평가를 상사와 공유하고, 그것을 바탕으로 기대를 세밀히 조정하라. 회생 상황에서는 여러분이나 상사 모두 신속히 중대한 조치를 취해야 한다는 데 의견이 일치할 것이다. 비용절감을 위해 불필요한 부문에서 힘든 결정을 내린다든지, 수익성이 높은 제품 생산에 주력한다든지 하는 가까운 미래에 대한 명확한 기대가 있을 것이다. 이런 경우에는 비즈니스 전반의 재정 상태 개선이 성공의 기준이 된다.

상사가 중요시하는 영역에서 초기 승리를 거두어라

여러분의 최우선 과제가 무엇이든 간에 상사가 가장 관심이 있는 것이 무엇인지 찾아내서 그 영역에서 초기 승리를 확보해라. 성공하기 위해서는 상사의 지원이 필수적이다. 또한 여러분은 상사의 성공을 도와야 한다. 여러분이 상사의 중요한 문제에 관심을 기울일 때 상사도 여러분의 성공에 책임감을 느낀다. 가장 효과적이고 시너지가 큰 접근 방식은 초기 승리를 확보하는 여러분의 노력과 상사의 목표를 결합하는 것이다. 그것이 불가능하다면 차라리 상사의 최우선 과제만을 염두에 두고 몇 가지 초기 승리를 확보하도록 하라.

'손댈 수 없는 것'을 파악하라

제품이든 설비든 사람이든 조직 안에 상사의 전유물이 있다면 최대한 빨리 그것을 파악해야 한다. 여러분도 상사가 출시한 제품의 생산을 중단시켜 버리거나 상사의 충복인 직원을 해고하려고 들지는 않을 것이다. 그러므로 상사가 민감하게 여기는 부분을 미리 알고 있어야 한다. 상사의 이력을 파악하고, 사람들과 상사에 대한 이야기를 나누어보고, 상사의 표정, 목소리, 몸짓을 눈여겨보면 상사가 어디에서 민감한 반응을 보이는지 알 수 있다. 확신이 들지 않는 부분이 있으면 시험 삼아 어떤 생각을 슬쩍 흘려 놓고 상사의 반응을 살펴보는 것도 좋은 방법이다.

상사를 교육하라

당면한 과제 가운데 하나는 상사의 머릿속에 여러분이 무엇을 할 수 있고 무엇을 해내야 하는가에 대한 인식을 명확하게 심어놓는 것이다. 상사가 비현실적인 기대를 하고 있을 수도 있고, 해야 할 일과 하지 말아야 할 일에 대한 생각이 다를 수도 있다. 이럴 경우에는 상사와의 견해 차이를 좁히기 위해 노력해야 한다. 예를 들어, 재조정 상황에서 상사는 특정 부문이 가장 문제라고 생각하는데, 여러분은 다른 부문이 큰 문제라고 생각할 수 있다. 그러므로 여러분은 핵심 문제에 대한 자신의 생각을 상사에게 충분히 설명하고, 그에 맞게 상사의 기대도 조정해야 한다. 이때는 상당히 신중을 기해야 하는데, 특히 상사가 문제의 책임을 자신의 것으로 받아들이는 경우에는 더욱 그렇다.

적게 약속하고 넘치게 주라

여러분과 상사의 기대가 일치하든 일치하지 않든 적게 약속하고 약속한 것보다 높은 성과를 올리도록 노력하라. 이런 전략은 신뢰를 쌓는 데 효과적이다. 조직의 변화 능력이 여러분의 약속 이행 능력에 어떤 영향을 미칠지를 고려하라. 약속하는 데는 보수적인 태도를 취하라. 만약 여러분이 약속 이상의 성과를 거두면 상사는 기뻐할 것이다. 하지만 너무 많은 것을 약속했다가 지키지 못하면 신뢰에 금이 가게 될 것이다. 상당한 성과를 거두더라도 약속에 미치지 못하면 상사의 눈에 여러분은 실패자로 보일 것이다.

확인, 확인, 또 확인하라

상사의 기대를 파악했다고 해도 계속 재확인해서 상사가 기대하는 것을 늘 명확하게 알고 있어야 한다. 어떤 상사는 자신이 원하는 것을 알고는 있지만 제대로 표현하지 못한다. 이럴 때는 자칫 엉뚱한 길로 들어선 다음에야 뒤늦게 상사가 정말 원했던 것이 무엇이었는지를 깨닫게 된다. 그러므로 확신이 들 때까지 상사의 뜻을 묻고 또 물어야 한다. 같은 질문이라도 다른 표현을 사용하면 새로운 사실을 알아낼 수 있다. 행간의 뜻을 정확히 이해하도록 노력하라. 상사가 원하는 것을 합리적으로 추론해보라. 상사의 입장이 되어 상사라면 어떻게 평가할지 생각해보라. 여러분 자신을 큰 그림 안에 넣어보라. 중요한 현안을 애매모호한 상태로 남겨두지 않도록 하라. 상사의 목표와 기대를 명확히 이해하지 못하는 것은 위험한 일이다. 부임 초기에 상사와 협의했던 목표를 놓고 언쟁이 벌어졌다면 이기는 쪽은 여러분이 아니라 상사다.

자원 대화 계획하기

자원 대화는 주요 자원들과 관련해 새로운 상사와 벌이는 지속적인 협상이다. 이 대화를 시작하기 전에 여러분은 스타스 포트폴리오와 목표와 기대 등과 관련해 상사와 의견을 조율해야 한다. 그런 다음 여러분은 기대를 맞추는 데 필요한 자원을 확보해야 한다.

여러분에게 필요한 자원은 상황에 따라 달라질 수 있다.

- 시작 상황에서 우선적으로 필요한 것은 재원, 기술 지원, 적절한 전문 지식을 갖춘 인적 자원이다.
- 회생 상황에서는 어려운 결정을 내리고 부족한 재원과 인적 자원을 확보할 수 있는 권한이 필요하다. 이 권한을 정확히 행사하려면 정

치적 지지가 있어야 한다.

- 급속성장 상황에서는 성장을 지속할 수 있도록 투자를 확보해야 하고, 시스템과 구조를 적절하게 유지하는 지원이 필요하다.
- 재조정 상황에서는 공식적이고 일관성 있는 지지가 필요하다. 그래야 조직이 변화의 필요성을 외면하지 않고 정면으로 받아들이게 할 수 있다. 가장 이상적인 것은 상사와 여러분이 함께 변화를 부정하는 안일한 태도를 극복할 수 있도록 협조하는 것이다.
- 성공지속 상황에서는 핵심 사업을 지키면서 새로운 기회를 개척할 재원과 기술 자원이 필요하다. 또한 끊임없는 자극도 필요하다. 그래야 안일함에 빠지지 않고 지속적으로 목표를 상향 조정해나갈 수 있다.

첫 단계는 성공을 이루는 데 어떤 유형·무형의 자원이 필요한지를 판단하는 것이다. 당장 활용 가능한 자원들, 즉 경험이 풍부한 인적자원, 출시 준비가 완료된 신제품 등을 파악해보라. 그 다음엔 상사의 도움을 받아 얻어낼 수 있는 지원을 파악하라. "상사에게서 얻어내야 하는 것은 정확히 무엇인가?" 하고 자문해보라. 필요한 자원을 빨리 파악하면 할수록 빨리 상사에게 그 문제를 제기할 수 있다.

최대한 신속하게 최대한 많은 대안을 제시하는 것이 좋다. 자원을 투자하는 정도에 따라 비용과 수익이 어떻게 달라지는지를 일일이 열거하는 메뉴식 접근 방식을 이용해보라. 예를 들어, "내년에 7퍼센트 매출 성장을 목표로 잡는다면 X 달러를 투자해야 합니다. 10퍼센트 성장을 목표로 한다면 Y 달러를 투자해야 합니다." 하는 식으로 말하는 것이다. 너무 자주 '이게 필요하다', '저게 필요하다' 하는 식으로 요구하면 신뢰만 떨어뜨린다. 정해진 목표를 달성하는 데 필요한 자원들을 파악하는 데 시간이 더 필요하다면 미리 그 시간을 확보해야 한다. 마이클은 상사와의 협상을 통해 필요한 시간(이것도 중요한 자원이다)을 확보해서 반복적인 자원 요청으로 인해 신뢰를 떨어뜨리는 위험을 피했다.

기존의 규칙을 따를 것인가, 새로운 규칙을 만들 것인가?

기존의 규칙을 따르면서 원하는 목표를 이루어낼 수 있는 경우도 있다. 조직의 문화적·정치적 지침을 벗어나지 않는 범위에서 목표를 달성할 수 있다면 그렇게 하는 편이 낫다. 상사가 여러분에게 어떤 자원이 필요한지 예측할 수 있어서 여러분은 쉽게 필요한 자원을 얻을 수 있기 때문이다.

그렇지 않은 상황, 특히 재조정 상황과 회생 상황이라면 기존 업무 방식을 변화시켜야 한다. 경우에 따라서는 완전히 버려야 할 때도 있다. 이 경우에 여러분은 광범위한 자원이 필요하다. 또한 필요한 자원을 확보하지 못하는 경우에 입게 될 타격도 그만큼 크다. 그러므로 필요한 것을 얻어내기 위해 적극적인 태도로 협상해야 한다. 이런 환경에서는 비즈니스 상황, 기대, 자원이 어떤 식으로 연결되어 있는지에 대한 명확한 그림이 필요하다. 따라서 자원 문제를 거론하기 전에 여러분에게 필요한 것들을 명확히 정리해야 한다. 또한 여러분의 요구를 뒷받침해줄 공식적인 자료를 폭넓게 수집하고, 왜 특정 자원이 필요한지를 설득력 있게 설명할 준비를 해야 한다. 그런 다음 여러분의 입장을 고집스럽게 밀어붙여야 한다. 원만하게 받아들여지지 않는 경우에는 끊임없이 상기시키고, 도와줄 사람들을 알아보고, 조직 안팎에서 동맹자들을 찾아내야 한다. 이럴 때는 피 흘리며 천천히 죽어가는 것보다는 힘들더라도 여러분의 입장을 밀어붙이는 편이 낫다.

자원을 협상하라

자원 확보를 위해 노력할 때 다음과 같은 효과적인 협상 원칙들을 기억하기 바란다.

- 밑바탕의 이해관계에 주목하라. 상사가 어떤 목표를 갖고 있는지, 상사 이외에 여러분에게 자원을 지원해줄 수 있는 다른 사람들은 어떤 목표를 갖고 있는지 최대한 신중하게 찾아보라. 그들에게는 어떤 이익이 있는가?
- 상호이익을 교환하라. 상사의 목표를 뒷받침하면서 여러분의 목표도 진척시킬 자원을 찾아라. 여러분의 목표에 도움을 준 동료들을 위해 그들의 목표를 도울 방법을 찾아라.
- 자원을 결과와 연결시켜라. 여러분이 맡은 사업 단위에 많은 자원을 투입할 때 얻을 수 있는 실적상의 이익을 강조해라. 현재의 자원으로 이룰 수 있는 것들을 명확히 표현하고, 투자 규모를 늘릴 때 성과가 어떻게 달라질 수 있는지를 보여주는 메뉴를 제시하라.

스타일 대화 계획하기

사람들마다 스타일이 있고, 이런 스타일은 그 사람의 학습 방식, 대화 방식, 다른 사람에게 작용하는 방식, 의사결정 방식에 영향을 미친다. 스타일 대화에서 여러분의 목표는 여러분과 상사가 지속적으로 우호적인 협력관계를 맺을 수 있는 최선의 방법을 찾는 것이다. 이것은 마이클이 상사인 본과의 관계를 구축하면서 풀어야 했던 가장 중요한 숙제였다. 상사가 여러분의 친구나 멘토가 되지 못할지라도 생산적인 업무 관계를 맺도록 해야 한다.

상사의 스타일을 파악하라

첫 단계는 상사의 업무 스타일을 파악하고, 여러분의 업무 스타일과 상사의 업무 스타일을 조화시킬 방법을 찾는 것이다. 예를 들어, 급한 문제가 발생해 여러분이 상사에게 메시지를 남겼는데 곧바로 응답이 없다가 나중에 왜 곧바로 알리지 않았느냐고 상사로부터 야단맞았다면 이렇게 기억해두라. 내 상사는 의사소통에 이런 방식을 사용하지 않는다.

상사는 어떤 대화 방식을 좋아하는가? 얼마나 자주 하는가? 여러분이 어떤 결정을 내릴 때 자신과 상의하기를 바라는가? 어떤 때 자율적인 결정을 내릴 수 있는가? 일찍 출근하고 늦게 퇴근하는 스타일인가? 다른 직원들도 그렇게 하기를 바라는가?

여러분과 상사의 스타일이 어떻게 다른지, 그런 차이점이 여러분과 상사의 관계에 어떤 영향을 미치는지 파악하라. 여러분은 필요한 지식을 갖고 있는 사람들과 이야기를 나누면서 필요한 정보를 획득하는 쪽인 반면, 상사는 공식 자료를 읽고 분석하는 쪽을 선호한다고 하자. 이렇게 스타일이 다를 경우 어떤 오해나 문제가 발생할 수 있을까? 어떻게 하면 그런 사태를 피할 수 있을까? 상사는 미시적 관리를 좋아하는 반면 여러분은 자율적으로 일하기를 좋아한다고 하자. 여러분은 이로 인한 긴장을 완화시키기 위해 무엇을 할 수 있을까?

과거에 상사와 일한 적이 있는 사람들과 이야기를 나누어보는 것도 도움이 된다. 물론 이 과정에서 여러분은 현명하게 처신해야 한다. 상사의 관리 방식을 비판하는 것처럼 비치지 않도록 조심해야 한다. 상사의 대화 방식 같은 위험부담이 적은 문제들을 놓고 이야기하는 것이 좋다. 다른 사람들의 의견에 귀를 기울여라. 하지만 전략을 짤 때는 자신의 경험을 중심축으로 삼아야 한다.

상사가 다른 사람들을 대하는 방식도 관심 있게 보아야 한다. 일관성이 있는가? 일관성이 없다면 그 이유는 무엇인가? 상사가 좋아하는 것은 무엇인가? 특별히 미시적으로 관리하고 있는 현안들은 없는가? 성과가 좋지 않았다는 이유로 사람들에게 심한 행동을 한 적은 없는가?

재량권의 범위를 파악하라

상사가 의사결정에서 여러분에게 맡기는 영역이 있을 것이다. 이 경계를 여러분이 재량권을 행사할 수 있는 문제와 반드시 상사와 상의해야 하는 문제를 나누는 기준선으로 삼으면 된다. 여러분이 자유롭게 결정하되 그 결과만 보고해주길 바라는 것은 어떤 결정인가? 예를 들어, 여러분은 자율적으로 인사상의 결정을 할 수 있는가? 결정을 내리기 전에 상사가 반드시 자신과 상의하기를 원하는 문제는 어떤 것인가? 여러분의 결정이 포괄적인 관계와 관련이 있을 때인가? 누군가의 사직서를 받아들이느냐 마느냐를 결정할 때라든가, 여러분이 추진하고 있는 프로젝트가 조직 내 관계들과 관련이 있을 때라든가 하는 경우들이 그런 예일 것이다. 또한 상사가 직접 결정을 내리기를 원하는 문제들은 어떤 것인가?

처음에는 자율적으로 결정할 수 있는 문제들이 상대적으로 적을 수밖에 없다. 그러나 여러분에 대한 상사의 신뢰가 쌓이면 자율적으로 결정할 수 있는 영역도 자연히 넓어진다. 그렇지 않거나 재량권이 너무 협소해 업무능률이 떨어진다면 상사에게 솔직하게 이야기해야 한다.

상사의 스타일에 적응하라

새로운 상사와 긍정적인 관계를 구축할 책임은 전적으로 여러분에게 있다. 여러분이 상사의 스타일에 적응해야 한다. 상사가 음성메시지를 이용하지 않으면 여러분도 상사에게 음성메시지를 사용하지 말아야 한다. 상사가 진행 상황을 꼼꼼하게 챙기는 스타일이라면 상사와 자주 대화를 나누어야 한다. 성과를 높이기 위한 여러분의 노력에 역효과를 가져올 수 있는 일을 결코 하지 말라. 상사와의 관계를 향상시킬 기회를 적극적으로 찾아보라. 상사와 함께 일한 적이 있는 사람들로부터 상사에게 다가갈 수 있는 효과적인 방법을 물어보는 것도 좋다. 그럴 듯한 방법이 있으면 시험 삼아 시도해보라. 의심스러운 경우에는 상사에게 직접 물어보는 것도 좋은 방법이다.

최선의 방법은 솔직한 대화

업무 스타일에 심각한 차이가 있을 경우 최선의 방법은 솔직하게 이야기하는 것이다. 그렇지 않으면 상사는 스타일상의 차이를 무례함이나 무능함으로 받아들일 수도 있다. 스타일의 차이가 불화의 시작이 되기 전에 스타일 문제를 제기해야 한다. 여러분의 스타일과 상사의 스타일을 조화시킬 방법을 함께 논의해보라. 이런 대화는 여러분과 상사 모두에게 목표 달성에 도움이 된다. 마이클이 상사와 스타일을 논의하기 전에 먼저 신뢰를 구축했던 이유가 바로 이것이다

대화의 초점을 방법이나 과정이 아니라 목표와 결과에 두는 것은 효과가 입증된 확실한 방법이다. 상사에게 '당신과 나는 문제에 접근하는 방식이나 결정을 내리는 방식이 다릅니다. 그러나 우리 두 사람 모두가 원하는 결과를 얻어내기 위해 함께 노력했으면 좋겠습니다'라고 말할 수도 있다. 이렇게 이야기하고 나면 상사도 여러분의 업무 스타일이 자신과 다르다는 점에 대해 마음의 준비를 할 것이다. 이후에도 계속해서 기회가 있을 때마다 과정이 아니라 결과에 주목하도록 유도해야 한다.

상사가 신뢰하는 사람과 업무 스타일 문제를 조심스럽게 의논하는 것도 도움이 된다. 그 사람은 상사에게 직접 업무 스타일 문제를 제기했을 때 발생할 수 있는 문제점이나 그 문제를 해결할 방안을 이야기해줄지도 모른다. 적절한 조언자를 찾을 수 있다면 상사가 불쾌하게 여기지 않는 방식으로 대화를 풀어나갈 수 있도록 도와줄 수도 있다.

스타일 문제를 단번에 해결하려는 실수를 범해서는 안 되지만, 스타일 문제를 꺼내는 것 자체가 상사와의 관계를 개선할 수 있는 좋은

출발점이다. 상사와의 관계를 향상시키고 싶다면 상사의 스타일에 지속적으로 관심을 기울이고 적응하기 위해 노력해야 한다.

개인적 발전 대화 계획하기

상사와의 관계가 어느 정도 확립된 후(부임 후 90일이 지난 시기가 좋은 기준점이다) 어떻게 하면 그 자리가 여러분의 개인적 발전에 도움이 될지에 대한 논의를 시작하라. 공식적인 성과 평가가 필요하지는 않지만, 업무 진행에 관한 진솔한 대화가 필요하다. 어떤 일이 잘 진행되고 있고, 어떤 일이 개선되어야 하는가? 그 일을 더 잘하려면 어떤 능력을 발전시켜야 하는가? 앞으로 개선해야 할 관리능력 상의 약점은 없는가? 업무능력 강화를 위해 (기존 업무를 방해하지 않으면서) 참여하고 싶은 프로젝트나 해보고 싶은 일이 있는가?

새로 맡은 보직이 여러분의 경력에서 중요한 의미를 갖는다면 이 대화는 특히 중요하다. 만약 여러분이 하위 직급의 관리자라면 상사에게 관리능력 향상에 필요한 피드백과 도움을 청하는 습관을 들여라. 자신의 강점과 약점에 대해 상사에게 피드백을 구하는 성실한 자세, 피드백 받은 내용을 실천하는 능력은 그 자체로 강력한 인상을 준다.

여러분이 중간관리자든 실무책임자든 총괄책임자나 CEO든 기본 원칙은 똑같다. 직장생활의 어느 지점에 있든 간에 성공을 위해 아직은 서툰 기술이나 태도를 갖추어야 할 때 열린 마음으로 선배나 상사들로부터 필요한 것들을 배울 수 있도록 스스로를 단련해야 한다.

하드 스킬hard skill(전문 지식이나 직무와 관련된 스킬-옮긴이) 계발에만 매달리지 말아야 한다. 직위가 높아질수록 소프트 스킬soft skill(대인관계, 팀워크 등 행동 및 태도와 관련된 스킬-옮긴이)들이 중요하다. 공식적인 연수나 교육도 도움이 된다. 하지만 프로젝트팀, 조직의 새로운 사업부문, 새로운 업무, 새로운 근무지 등의 경험은 이런 핵심 역량을 기르는 데 필수적이다.

여러 명의 상사들과 일하기

상사가 둘 이상인 경우(직속상사이든 결재 라인에 있는 상사이든)에는 기대 관리가 매우 어렵다. 이런 경우에 기대 관리의 기본원칙은 동일하지만 주안점은 달라질 수 있다. 직속상사가 여러 명인 경우에는 상사들 각각이 생각하는 성공과 실패 사이에서 균형점을 찾도록 노력해야 한다. 만약 특정한 한 명의 상사가 압도적인 영향력을 행사하고 있는 상황이라면 부임 초기에 그의 지시에 큰 비중을 두는 것이 합리적이다. 물론 나중에는 그런 불균형을 바로잡아야 한다. 만약 상사들과의 일대일 대화에서 균형점을 찾아내지 못했다면 기본적으로는 다함께 모여서 현안들을 철저히 논의해 합의점을 찾아내야 한다. 그렇게 하지 않으면 훗날 여러분에게 여기저기서 비난의 화살이 날아오게 된다. 상사 각각에 대해 [표 4-1]을 사용해 그들의 상황, 기대, 자원에 관한 관점이 일치하는 지점과 차이가 있는 지점을 확인하라. 또한 상사들의 스타일을 구별하고 적절히 적응해야 한다.

멀리 떨어진 상사와 일하기

여러분이 상사와 멀리 떨어진 곳에서 일하는 경우에 또 다른 어려움에 부딪히게 된다. 이 경우에는 문제들을 파악하지 못해 실패할 위험이 훨씬 커진다. 상사와의 대화에 각별한 노력을 기울이고, 상사를 방문하거나 면담기회를 만드는 것은 전적으로 여러분의 몫이다. 또한 상사가 진행상황을 합리적으로 이해하고, 돌발 사태가 발생했을 때 거기에 효율적으로 대처할 수 있도록 명확하고도 포괄적인 행동기준을 마련해놓는 것도 중요하다.

가능하다면 부임 초기에 여러분의 상사와 개인적인 면담을 한두 번 하는 것이 좋다. 부임 초기의 일대일 면담은 신뢰를 구축하는 토대가 된다(여러분이 가상의 팀을 이끈다고 가정해도 마찬가지다). 만약 여러분이 자원을 확보해야 하는 상황이라면 지구 반 바퀴를 돌아서라도 일대일 면담을 해야 한다.

여러분의 상사를 만날 수 있는 시간을 확보하는 방법도 생각해야한다. 상사는 분명 바쁠 것이고 여러분보다 물리적으로 가까이 있는 사람들의 요구에 시달리고 있을 것이다. 상사와 단독으로 만날 수 있는 시간을 확보하라. 예를 들어, 상사가 여행을 떠나거나 돌아오는 시간에 여러분은 상사를 단독으로 만날 수 있다.

모든 것을 통합하기: 90일 계획 짜기

여러분이 어떤 상황에 놓여 있든 앞에서 살펴본 모든 것을 통합해 90일 계획을 세우고 상사로부터 확인을 받는 것이 중요하다. 보통 새로운 보직을 맡아 2주 정도가 지나면 조직에 적응해 연대감이 형성되기 시작하는데, 이때쯤 계획을 세우는 것이 좋다.

이 90일 계획은 간단한 요점만이라도 반드시 기록해 두어야 한다. 거기에는 목표와 시간표, 최우선 과제가 포함되어야 한다. 하지만 중요한 것은 주요 내용을 상사와 공유하고 계획에 대해 상사의 승인을 받는 것이다. 90일 계획은 상사와 여러분 사이에 체결된 일종의 계약서여야 한다. 앞으로 여러분의 시간을 어떻게 사용할지에 대한 계약서, 해야 할 것과 하지 말아야 할 것을 규정한 계약서 역할을 해야 한다.

우선 90일을 30일씩 세 구간으로 나누어라. 각 구간이 끝날 때마다 상사와 평가하는 자리를 마련하라. 첫 30일 동안에는 학습과 개인적 신뢰 구축에 힘써야 한다. 마이클이 그랬듯이 여러분도 상사와의 협상을 통해 부임 초기에 학습을 위한 시간을 확보하고, 상사에게 약속을 지키도록 요구해야 한다. 그런 다음 학습 목표를 정하고 학습 계획을 세운다. 매 주별로 학습 목표를 잡고, 주간 학습 계획을 짜고, 주간 학습 평가를 실시한다.

첫 30일이 끝났을 때 여러분이 내놓아야 하는 것은 상황 진단 결과, 최우선 과제, 다음 30일을 위한 계획이다. 이 계획은 초기 승리를 거둘 지점과 방법에 초점이 맞춰져야 한다. 상사와의 평가 자리에는 상황 진단 대화, 기대 대화에 집중하면서 상황에 대한 이해를 공유하고, 기대를 명확히 하고, 다음 30일 계획에 대한 상사의 승인을 받아야 한다. 이때도 주간 계획과 주간 평가는 계속되어야 한다.

두 번째 구간이 끝나는 60일 후에도 상사와 평가 자리를 마련하라. 이 자리에서는 지난 30일 동안 애초에 계획했던 것을 어느 정도 달성했는지 평가하고, 앞으로 30일 동안 해야 할 일들을 논의해야 한다. 조직이 처한 상황이나 여러분의 직급에 따라 주요 계획을 실행하는 데 필요한 자원 파악하기, 조직의 전략과 구조에 대한 부임 초기의 평가를 구체화하기, 자신이 맡은 팀을 평가하기 등도 이 시점의 목표에 포함되어야 한다.

다섯 가지 대화 계획 짜기

마지막으로 새로운 보직을 맡게 되면 새로운 상사가 생길 뿐만 아니라 여러분 자신도 부하직원들의 새로운 상사가 된다. 여러분이 새로운 상사와 생산적인 관계를 구축해야 하듯, 부하직원들도 여러분과 효율적인 관계를 구축해야 한다. 과거 여러분은 부하직원들이 전환기에 적절히 대처할 수 있도록 도움을 준 적이 있는가? 그때와 다르게 해야 하는 일이 있다면 무엇인가?

이 장에서 제시된 내용들을 직속부하들과의 관계 향상에 어떻게 활용할지를 생각해보라. 보직이동시의 황금률은 '여러분이 변하고 싶은 대로 다른 사람들을 변화시켜라'는 것이다(〈전환기의 황금률〉 참조). 다섯 가지 대화 방식은 직속부하들과의 생산적인 관계 구축에도 적용될 수 있다. 그들에게 다섯 가지 대화 방식을 설명하고 상황 진단 및 기대 조정 등을 위한 면담을 계획하라. 면담 전에 그들에게 사전준비를 하도록 요구하라. 이 책의 〈상황에 맞는 전략을 구사하라〉 장을 읽게 하는 것도 좋다. 그들이 얼마나 빨리 적응하는지 살펴보라.

전환기의 황금률

여러분은 새로운 상사가 여러분의 보직 장악을 위해 어떻게 도와주길 바라는가? 새로운 상사가 어떤 지원과 도움을 주는 것이 이상적인가? 이번에는 여러분이 새로운 직속부하들을 어떻게 대할지 생각해보라. 그들에게 어떤 도움과 지원을 줄 것인가?

이제 이 두 가지를 비교해보라. 여러분은 자신이 변하고 싶은 대로 다른 사람들을 변화시키고 있는가? 여러분이 새로운 직속부하로서 받고 싶은 대우와 새로운 직속부하들에게 행하는 대우 간에 큰 차이가 있다면 문제가 있다.

직속부하들이 신속하게 적응할 수 있도록 돕는 것은 훌륭한 관리자 역할을 하는 것, 다른 사람의 발전에 기여하는 것 이상의 의미다. 직속부하들이 신속하게 적응할수록 그들은 여러분이 목표를 달성하는 데 좋은 도움을 줄 수 있다.

[표 4-3]을 이용해 여러분의 직속부하들과 다섯 가지 대화를 어떻게 진행할지 계획하라.

표 4-3

다섯 가지 대화와 여러분의 팀

팀원 명단을 첫 번째 열에 기록하라. 각 팀원들과 다섯 가지 대화를 어떻게 진행할지 평가하라. 최우선 순위로 면담할 팀원을 결정하라.

팀원	상황	기대	자원	스타일	개인적 발전

1. 과거에 여러분은 새로운 상사와 얼마나 효율적인 관계를 구축했는가? 잘한 점은 무엇이고 개선해야 할 점은 무엇인가?

2. 상황 진단 대화를 계획하라. 이미 알고 있는 것을 토대로 판단할 때, 여러분은 이 대화에서 상사에게 어떤 문제들을 제기할 것인가? 가장 우선적으로 제기할 문제는 무엇인가? 어떤 순서로 문제들을 제기할 것인가?

3. 기대 대화를 계획하라. 여러분은 어떤 방법으로 상사의 기대를 파악할 것인가?

4. 업무 스타일 대화를 계획하라. 어떤 방법으로 상사가 선호하는 관계 방식을 알아낼 것인가? 상사는 어떤 대화 방식을 선호하는가? 얼마나 자주 상사와 접촉할 것인가? 상사에게 얼마나 상세하게 보고해야 하는가? 결정을 내리기 전에 반드시 상사와 협의해야 할 문제들은 어떤 부류의 문제들인가?

5. 자원 대화를 계획하라. 특정한 일을 추진하기 위해 절대적으로 필요한 자원은 무엇인가? 자원이 부족할 경우 어떤 일을 연기할 것인가? 자원을 더 많이 투입할 때 얻을 수 있는 추가 이익은 무엇인가? 비즈니스 사례를 구축하라.

6. 개인적 발전 대화를 계획하라. 여러분의 강점은 무엇인가? 개선할 점은 무엇인가? 어떤 업무나 프로젝트가 필요한 업무능력을 키우는 데 도움이 될 것인가?

7. 여러분은 팀을 신속하게 발전시키기 위해 다섯 가지 대화를 어떻게 활용할 수 있는가? 직속부하들과의 대화에서 여러분이 활용할 수 있는 것은 무엇인가?

05

초기 승리를 확보하라

엘레나 리Elena Lee는 유망한 소매업체의 고객서비스 센터의 총책임자로 승진했다. 그녀는 전임자의 권위적인 방식을 바꾸기로 결정했다. 새로운 보직을 맡기 전에 그녀는 같은 회사에서 최고 성과를 낸 콜센터를 관리했다. 그래서 그녀는 새로 맡은 부서가 서비스의 질에서 상당한 문제가 있다는 것을 알고 있었다. 그녀는 근로자들의 참여를 높여 성과를 극적으로 향상시킬 수 있다고 확신했다. 그녀는 문화적인 변화를 이루어내는 것이 가장 시급하다고 판단했다.

엘레나는 자신의 목표를 이전 동료들이자 현재 직속부하들인 콜센터 리더들에게 전달했다. 적극적으로 참여하는 문화, 문제 해결을 위해 노력하는 문화를 구축해 서비스 품질 향상과 비전을 소그룹 회의와 일대일 면담을 통해 전달했다. 그러나 직속부하들은 그녀의 비전에 회의적인 태도를 보였다.

다음 단계로 그녀는 콜센터의 성과를 검토하고 그것을 향상시킬 방법을 모색하기 위해 매주 관리자들과 회의를 했다. 엘레나는 '징계 문화는 과거의 유물'임을 강조하면서 관리자들이 근로자들을 잘 지도해주길 기대한다고 말했다. 그녀는 징계를 포함해 센터 내에서 벌어지는 사건들을 자신에게 즉시 보고하도록 요청했다.

시간이 지남에 따라 엘레나는 어떤 관리자가 새로운 정책에 잘 적응하는지, 어떤 관리자가 여전히 징계 중심의 방식을 고집하는지 알 수 있었다. 그녀는 공식적으로 업무성과를 검토하고서 가장 강하게 반발한 관리자 두 명에게 성과 향상 계획을 제출하도록 요구했다. 그중 한 명이 즉시 회사를 그만두자, 그녀는 예전에 자신이 운영하던 센터에서 잠재력이 큰 관리자였던 사람을 임명했다. 나머지 한 명도 시간이 걸리긴 했지만 만족할 만한 성과를 냈다.

한편 엘레나는 비즈니스의 중대한 측면인 고객만족도 평가와 서비스 품질 평가에 집중했다. 그녀는 유능한 관리자 한 명과 일선에서 일하는 유능한 직원들을 뽑아 새로운 평가 기준을 도입하고 성과 피드백과 프로세스 개선을 지원할 계획을 세우도록 했다. 또한 그녀는 컨설턴트를 고용해 관리자들이 이 프로젝트를 진행하는 방식에 관해 조언을 받도록 했다. 그런 다음 정기적으로 진행 상황을 확인했다. 컨설턴트팀이 권고안을 제시하자, 그녀는 회사를 그만둔 관리자가 감독했던 부서에 시범적으로 적용했다.

부임 1년 뒤 엘레나는 새로운 방식을 조직 전체에 확대 실행했다. 고객서비스가 크게 향상되었고, 근무 환경 조사 결과 근로자들의 사기와 만족도가 놀랄 정도로 향상된 것으로 나타났다.

엘레나는 초기 승리를 통해 신속히 추진력을 확보하고 신뢰를 확보하는 데 성공했다.[1] 부임 후 첫 몇 달이 지난 후에 여러분은 상사, 동료, 부하직원들이 새롭고 긍정적인 일들이 일어나고 있음을 느끼길 원할 것이다. 초기 승리는 사람들에게 흥분과 활력을 불어넣고 신뢰를 구축하는 데 중요한 역할을 한다. 정당한 방법으로 초기 승리를 확보할 경우 여러분은 신속하게 새로운 조직에서 가치를 창출할 수 있으며 신속하게 손익분기점에 도달할 수 있다.

변화의 물결을 일으켜라

보직이동을 경험한 신임 리더에 대한 연구에 따르면 [그림 5-1]에서 보듯이 리더들은 독특한 물결 모양의 변화를 계획하고 실행했다.[2] 그들은 처음에 학습에 집중한 다음 변화의 물결을 일으키기 시작했다. 그런 다음 조직을 깊이 이해하고, 성장 기반을 공고히 하고, 직원들에게 숨고를 시간을 주기 위해 변화의 속도를 늦췄다. 그런 다음 예리한 통찰력으로 무장한 신임 리더는 더 깊은 변화의 물결을 일으켰다. 변화의 파고가 그리 세지 않은 마지막 물결 때는 성과를 극대화하기 위해 미세조정에 주력했다. 그리고 이 시기가 되면 그들 가운데 상당수는 다시 자리를 옮길 준비를 했다.

이 연구는 전환기 관리와 관련해 놀라운 사실을 알려준다. 이 연구는 결과를 마음속에 명확히 그려 놓은 상태에서 초기 승리를 확보할 계획을 세워야 한다는 점을 강조한다. 보직이동 시기는 몇 달에 불과

그림 5-1

변화의 물결

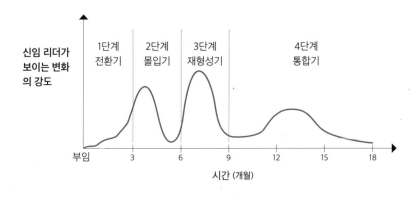

하지만 여러분은 같은 자리에 2~4년간 머물게 된다. 부임 초기의 승리는 여러분이 장기적인 목표를 달성하는 데 큰 힘이 되어주는 것이어야 한다.

변화의 물결 계획하기

전환기와 그 이후를 계획할 때 연속적인 변화의 물결을 위한 계획을 세워야 한다. 각 물결은 연속된 단계들, 즉 학습, 변화 계획, 지지기반 구축, 변화 실행, 결과 관찰로 이루어져야 한다. 이 계획에 따르면 여러분은 처음에는 학습하고 준비하는 데 시간을 투자하고, 그 다음에는 통합·정리하고 다음 물결을 준비하는 데 시간을 투자할 것이다. 연속적으로 변화를 일으킨다면 여러분은 무엇이 효과가 있고 무엇이 효과가 없는지 알 수 없을 것이다. 또한 쉬지 않고 계속 변화를 추구한다면 여러분과 함께 일하는 사람들은 지칠 것이다.

첫 번째 변화 물결의 목표는 초기 승리를 확보하는 것이다. 신임 리더는 신뢰를 쌓고 핵심 인물과의 관계를 만들고, 쉽게 얻을 수 있는 과일, 즉 단기간에 성과를 이루어낼 가능성이 큰 부분들을 찾아내 성공하는 데 힘써야 한다. 첫 번째 변화 물결에서 긍정적인 성과를 거둔다면 신임 리더는 성공에 필요한 동력을 확보하고 조직을 깊이 이해할 수 있게 된다.

두 번째 변화 물결에서는 조직을 혁신하기 위해 전략, 구조, 시스템, 업무능력과 관련된 근본 문제들을 다루게 된다. 이때는 조직의 성과에서 실질적인 수확이 이루어지는 시기다. 하지만 첫 번째 변화 물결에서 초기 승리를 확보하지 못한다면 이 단계에 이를 수 없다.

목표를 가지고 시작하라

보직이동 시기의 리더들은 조직을 신속하게 변화시킬 수 있기를 바란다. 그래서 리더들은 쉽고 빠르게 해결할 수 있는 문제에 집중하는 경향이 있다. 낮은 곳에 있는 과일처럼 쉽게 얻을 수 있는 결과에 집중하는 함정low-hanging fruit trap에 빠지지 않도록 주의하라. 이 함정에 빠지면 리더들은 비즈니스의 장기 목표에 중요하지 않는 영역에서 초기 승리를 확보하려고 한다. 이는 로켓을 발사하는 것에만 집중하면서, 이후에 더 중요한 로켓의 궤도를 놓치는 것과 같다. 초기 추진력이 사라진 다음에는 추락할 가능성이 크다. 결국 여러분은 쉽게 얻을 수 있는 목표에만 집중하지 말고, 조직의 장기 목표에도 기여할 수 있는 영역에서 초기 승리를 확보해야 한다.

여러분이 추진력을 얻으려면 초기 승리는 두 가지 요건이 충족되어야 한다. 초기 승리는 단기적으로 추진력을 확보하는 데 도움이 되어야 하고, 장기적인 비즈니스 목표를 달성하기 위한 기반이 되어야 한다. 따라서 초기 승리를 확보하기 위한 계획은 (1) 상사 및 핵심 관계자와 합의한 목표와 일치해야 하고, (2) 여러분의 목표를 달성하는 데 필요한 새로운 행동을 조직에 도입하는 데 도움이 되어야 한다.

비즈니스의 우선순위에 집중하라

여러분은 수치화 할 수 있는 비즈니스상의 목적지를 상사 및 핵심 관계자와 합의해야 한다. 이 목적지는 순이익의 두 자릿수 성장일 수도 있고, 불량률 및 재작업률의 획기적 감소일 수도 있고, 정해진 마감일까지 핵심 프로젝트를 완료하는 것일 수도 있다. 엘레나가 최우선으로 해결할 과제로 설정한 것은 고객만족도를 크게 향상시키는 것이었다. 중요한 것은 마음속에 종착지를 명확히 그려놓은 상태에서 전진할 수 있도록 여러분의 목표를 정해놓는 것이다.

행동 변화를 파악하고 지지하라

여러분의 목표가 목적지라면 조직 구성원들의 행동은 여러분이 어떻게 해야 (또는 하지 말아야) 그곳에 도달할 수 있는지를 알려주는 핵심이다. 여러분이 재임 기간 안에 목표를 달성하려면 걸림돌이 될 행동 유형들을 없애야 한다.

표 5-1

문제 행동 유형

문제 행동	징후
집중력 부족	• 최우선 과제를 명확히 정의하지 못하거나, 너무 많은 것들을 최우선 과제로 설정한다. • 너무 많은 영역에 자원이 분산 투자되어 자주 고비가 찾아온다. 따라서 불끄기에 급급하다. 근본적인 해결책을 제시하는 능력이 아니라 불을 끄는 능력(일시적 위기 모면)으로 사람들을 평가한다.
훈련 부족	• 직원들의 성과에 편차가 심하다. • 직원들이 일관성 부재가 초래할 부정적인 결과를 이해하지 못한다. • 책임을 다하지 못했을 때 변명한다.
혁신 부족	• 성과를 측정할 때 내부에서 기준을 찾는다. • 제품 및 프로세스 개선이 느리고 점진적이다. • 성과 향상이 아니라, 성과를 안정적으로 유지했다는 이유로 직원들에게 인센티브를 준다.
팀워크 부족	• 팀원들이 서로 경쟁한다. 집단의 목표를 달성하기 위해 협력하기보다 자기 영역을 지키는 데 관심이 많다. • 자기 영역을 굳게 지키는 직원에게 인센티브를 준다.
절박감 부족	• 팀원들이 내부, 외부 고객의 요구를 무시한다. • 안일한 태도가 만연해 있다. "우린 최고야. 우린 항상 최고였어." 그리고 "곧바로 대응하느냐 마느냐는 중요하지 않아. 그로 인해 달라질 것은 없으니까" 하는 식의 믿음에서 안일함이 노출된다.

먼저 조직 내에서 바람직하지 않은 행동들을 찾아내라. 예를 들어, 엘레나는 조직에 만연한 징계에 대한 두려움과 재량권 억압을 없애고자 했다. 그 다음에는 재임 기간 동안에 구성원들의 행동이 어떻게 달라지길 바라는지에 대한 명확한 비전을 제시해야 한다. 초기 승리를 확

보하기 위한 조치들이 직원들의 행동에 긍정적인 변화를 일으킬 방법을 찾아야 한다. 직원들의 행동 가운데 성과 향상을 방해하는 것은 무엇인가? [표 5-1]에는 사람들의 행동들 가운데 문제가 되는 유형들이 제시되어 있다. 표를 살펴본 다음 여러분들은 어떤 행동들을 변화시키고 싶은지 생각해보라.

기본 원칙을 결정하라

초기 승리를 확보하는 것이 중요하기는 하지만 적절한 방식으로 얻어야 한다. 물론 여러분은 초기 실패를 피하고 싶을 것이다. 초기에 실패하면 여러분을 방해하는 쪽으로 흐름이 형성되기 때문이다. 이를 위해 고려해야 할 몇 가지 원칙들은 다음과 같다.

- 유망한 몇 개의 기회에 집중하라. 보직이동 시기에 너무 많은 일을 맡으면 결과가 나쁠 가능성이 크다. 여러분은 이 시기에 한두 영역에서만 좋은 결과를 얻을 수 있다고 생각해야 한다. 따라서 가장 유망한 기회를 파악해 거기에서 승리를 얻는 것이 중요하다. 리스크 관리 측면을 고려해라. 중요한 결과를 신속하게 얻을 수 있는 영역에 집중하라. 너무 많은 영역을 목표로 삼는다면 여러분의 노력은 분산된다.
- 여러분의 상사에게 중요한 영역에서 승리를 확보하라. 직속부하와 다른 직원들에게 에너지를 불어 넣어줄 수 있는 초기 승리를 확보

하는 것이 중요하다. 하지만 여러분의 성과에 관한 상사의 생각도 중요하다. 여러분이 상사의 우선순위를 충분히 고려하지 않았다면 지금이라도 상사의 우선순위와 초기 승리를 확보할 영역을 일치시켜라. 상사가 관심 있는 문제에 집중하면 신뢰를 구축하고 자원을 쉽게 확보할 수 있다.

- 올바른 방식으로 승리를 확보하라. 여러분이 인위적이거나, 정당하지 못하거나, 문화와 어긋난 방식으로 결과를 얻으려 한다면 분명 문제가 발생한다. 만약 엘레나가 처벌하는 방식으로 초기 승리를 확보하려 했다면 성공 영역이 훨씬 줄어들었을 것이다. 여러분이 조직에 심어주려는 방식으로 초기 승리를 확보한다면 일석이조의 효과를 얻을 수 있다.

- 스타스 포트폴리오를 고려하라. 초기 승리는 스타스 상황에 따라 다르다. 재조정 상황에서는 직원들과 조직에 대해 이야기하는 것만으로도 큰 성과다. 하지만 회생 상황에서 이것은 시간 낭비다. 포트폴리오에 따라 추진력을 어떻게 확보할 것인지 신중하게 생각하라. 기꺼이 경청하거나 학습하는 상황인가? 비즈니스에 신속하고도 중요한 결정이 필요한 상황인가?

- 문화에 적응하라. 어떤 조직은 가시적이고 개인적인 결과를 승리로 간주한다. 하지만 다른 조직은 좋은 결과를 얻었더라도 개인적인 노력이 팀워크를 해친다고 간주한다. 팀을 우선시하는 조직에서 여러분은 신제품 아이디어를 개발하는 팀을 이끌거나, 팀의 견실한 기여자가 되거나, 폭넓은 주제를 다루는 팀원이 되는 방식으로 초기 승리를 확보할 수 있다. 승리로 간주되는 것과 그렇지 않은 것을

파악하라. 특히 여러분이 새로운 조직에 부임하는 경우라면 더욱 철저하게 파악해야 한다.

초기 승리를 확보하라

목표와 바꾸어야 할 행동을 이해했다면, 어디에서 초기 승리를 거둘 수 있는지 파악해야 한다. 여러분은 다음 두 단계를 통해 해야 할 일을 생각해보기 바란다. 첫째는 첫 30일 이내에 신뢰를 구축하기, 둘째는 그 이후에 성과를 향상시키기 위해 착수해야 할 프로젝트를 결정하기다. (물론 실제 적용 시기는 상황에 따르다.)

신뢰 이해하기

여러분이 부임했을 때 사람들은 즉시 여러분의 역량을 평가하기 시작한다. 이 평가는 부분적으로 사람들이 여러분에 대해 이미 알고 있는 것을 가지고 이루어진다. 여러분은 과거에 여러분과 함께 일했던 사람들에게 말해야 한다. 직원들이 여러분을 좋아하든 그렇지 않든 여러분은 좋은 평판 또는 나쁜 평판을 얻은 채 일을 시작하게 된다. 여러분의 평판이 사실이 될 수도 있다. 사람들은 자신의 생각과 일치하는 정보만 받아들이고 그렇지 않은 정보를 받아들이지 않는 확증편향confirmation bias이 있기 때문이다.[3] 여러분은 사람들이 여러분에게 무엇을 바라는지를 파악해야 한다. 그리고 나서 여러분은 사람들의 기대에 충족하거나 어긋나는 결정을 명확하게 내려야 한다.

이전 동료들을 이끌어야 하는 엘레나의 상황은 특별한 사례다. 직원들이 그녀를 알고 있기는 하지만, 하급직을 담당한 것으로 알고 있기 때문이다. 따라서 사람들이 그녀가 이전과 동일한 임무를 할 것이라고 기대하는 것이 그녀의 위험이었다. 그래서 사람들이 인식하는 방식을 바꾸는 것이 엘레나의 핵심 과제였다. 이전 동료들을 이끌어야 할 때 해결해야 할 도전 과제들은 아래 〈이전 동료들을 이끌기〉에 요약되어 있다.

이전 동료들을 이끌기

동료에서 상사로 승진하는 경우에 여러분은 다음과 같은 원칙을 받아들여야 한다.

- 관계가 변해야 한다는 사실을 인정하라. 승진해서 아쉬운 점은 이전 동료들과 더 이상 개인적으로 친해질 수 없다는 것이다. 개인적으로 친밀해지면 효율적으로 직원들을 이끌기 어려워진다.
- 초기의 통과의례에 집중하라. 부임 첫날은 실체라기보다는 상징에 가깝다. 여러분이 새로운 임무를 맡도록 결정하는 통과의례에 집중해라. 통과의례에서는 여러분의 새로운 상사가 여러분이 맡을 팀을 소개하고 임무를 넘겨주게 된다.
- (우호적이었던) 이전 동료들과의 관계를 다시 설정하라. 승진한 리더에게는 그 자리를 원했지만 차지하지 못한 야심에 찬 직원이 있기 마련이다. 조정 단계를 통해 낙담한 경쟁자를 파악하라. 여러분을 위해 일하는 사람과

그렇지 않은 사람을 확인해라.

- 신속하게 권위를 확보하라. 여러분은 과도한 확신 또는 전혀 확신 없음 사이에서 칼날 위를 걷고 있다. 여러분은 핵심 의제를 처리할 때 자문 후 결정 방식을 취하는 것이 좋다. 여러분이 모르는 상태에서 결정하지 않도록 이전 동료들에게 정보를 요청해라.

- 비즈니스에 적합한 것에 집중하라. 승진이 발표된 순간부터 이전 동료들 중 일부는 여러분이 우호적인지 아니면 희생을 치르더라도 정치적 의제를 밀고 나갈 것인지를 유심히 관찰한다. 이에 대한 해결책은 비즈니스에 적합한 행동에 집중하면서 원칙을 엄격하게 지키는 것이다.

신뢰를 구축하라

새로운 보직을 맡은 지 단 몇 주 만에 가시적인 성과가 있기를 바랄 수는 없다. 하지만 작은 승리를 통해 변화가 일어나고 있다는 신호를 보여줄 수는 있다. 초기 단계에서 여러분이 확보할 수 있는 것을 생각하라. 초기 승리는 신뢰를 쌓는 것이다.

다음 질문들에 대한 대답은 그들이 여러분에게 부여하는 신뢰 수준을 알려준다.

- 어려운 결단을 내릴 수 있는 통찰력과 고집을 가지고 있는가?
- 사람들이 존중하고 본받을 만한 가치 있는 뭔가를 가지고 있는가?
- 적절한 에너지를 가지고 있는가?
- 자신과 다른 사람들에게 높은 수준의 성과를 요구하는가?

좋든 싫든 그들은 적은 정보로 여러분들을 평가한다. 좋은 행동이든 나쁜 행동이든 여러분의 초기 행동은 여러분에 대한 인식을 심어준다. 어떤 식으로든 여러분에 대한 인식이 굳어지면 그것을 바꾸기가 어렵다. 그런 인식은 빠르게 자리 잡는다.

그렇다면 여러분은 어떤 방법으로 신뢰를 향상시킬 것인가? 이것은 자신을 효과적으로 마케팅하는 문제다. 여러분은 사람들이 매력적인 태도와 가치관, 뛰어난 업무능력을 떠올리길 원한다. 그렇게 할 수 있는 확실한 방법은 없다. 하지만 신임 리더들이 다음과 같이 행동할 때 사람들은 그를 신뢰할 만한 인물로 인식한다.

- 명확히 요구하되 만족할 줄 안다. 유능한 리더들은 사람들이 지킬 수 있는 약속을 하고 그것을 지키기를 요구한다. 그러나 아무리 노력해도 상사가 만족하지 않는다면 그들은 의욕을 잃게 된다. 성공을 축하할 때와 더 요구할 때를 알아라.
- 쉽게 다가갈 수 있지만 지나치게 친하지 않다. 쉽게 다가갈 수 있어야 한다는 것이 아무 때나 막 대할 수 있다는 것을 의미하지는 않는다. 사람들이 쉽게 다가올 수 있어야 하지만 늘 권위를 유지해야 한다.
- 결단력 있지만 신중하다. 신임 리더는 준비되지 않은 상태에서 성급한 판단을 내리는 실수를 하지 않으면서 주도권을 발휘하는 지도력을 보여야 한다. 부임 초기에 여러분은 결단력 있는 태도를 보이고 싶을 것이다. 그러나 중요한 결단은 필요한 정보를 충분히 확보할 때까지 유보해야 한다.

- 집중하지만 유연하다. 문제 해결을 위해 다각도로 방법을 찾지 않는 고지식한 사람이라는 인상을 주어 다른 사람들과 멀어지는 일을 삼가야 한다. 또한 악순환의 고리가 형성되지 않도록 주의해야 한다. 유능한 리더는 주요 현안에 집중하면서도 다른 사람들에게 조언을 구하고 피드백을 주어 권위를 세운다. 또한 리더는 직원들이 자신의 방식대로 결과를 성취할 수 있도록 유연하게 판단할 때를 알아야 한다.

- 적극적이지만 분란을 일으키지 않는다. 성공에 필요한 동력을 확보해야 한다는 조급한 마음에 팀원들을 지나치게 몰아세워서는 안 된다. 발전을 추구하되 심신이 괴로울 만큼 팀원들을 몰아붙이지는 말라. 스트레스 수준을 관찰하면서 여러분과 직원들의 페이스를 조절하라.

- 기꺼이 어려운 결정을 내리지만 인간미를 잃지 않는다. 여러분은 부임하자마자 어려운 결정을 내려야 할 수도 있다. 예를 들어, 실적이 부진한 사람들을 정리해고 해야 할 수도 있다. 유능한 신임 리더는 해야 할 일을 하지만, 상대의 인격을 손상시키지 않고 다른 사람들이 공평하다고 여길 수 있는 방법으로 한다. 직원들은 여러분이 무엇을 어떻게 하고 있는지 관찰하고 있다는 것을 유념해라.

시작 계획을 세워라

여러분의 초기 행동은 직원들이 여러분을 인식하는 방식에 중요한 영향을 주기 때문에, 부임 후 첫 며칠 동안 새로운 조직과 자신을 어떻게 연결할 것인지 숙고해야 한다. 여러분이 누구이고 어떤 리더가 되려고

하는지를 어떤 메시지로 전달할 것인가? 이런 메시지를 가장 잘 전달할 수 있는 방법은 무엇인가? 핵심 청중(직속부하, 직원들, 조직 외부의 핵심 관계자)을 파악하고 각 청중을 향한 메시지를 세심하게 다듬어라. 여러분이 어떤 계획을 갖고 있는지를 밝힐 필요는 없다. 이런 메시지는 너무 성급하다. 대신 여러분은 어떤 사람이고, 가치와 목표, 스타일, 비즈니스에 관한 생각을 메시지에 담으면 된다.

시작 방식도 고민해야 한다. 여러분을 어떻게 소개할 것인가? 직속부하들과의 첫 회의를 일대일 면담으로 할 것인가 아니면 팀 단위로 할 것인가? 이 회의는 비공식적인 첫 인사 형식인가 아니면 비즈니스의 주제와 평가에 집중하는 공식적인 형식인가? 이메일이나 영상메시지 같은 다른 형태의 채널로 여러분을 더 많은 직원들에게 소개할 것인가? 조직 내 시설이 아닌 다른 장소에서 첫 회의를 열 것인가?

조직과 관계를 만들어가는 도중에 사소하지만 지속적인 자극 요인들을 신속하게 파악하고 제거해야 한다. 나빠진 외부와의 관계에 집중하면서 고쳐나가라. 불필요한 회의를 없애고, 과도하게 길어진 회의 시간을 줄이며, 물리적인 작업 공간과 관련된 문제들을 해결하라. 이를 통해 여러분은 초기에 신뢰를 구축할 수 있다.

끝으로 효과적으로 학습하면 여러분은 신뢰를 확보할 수 있다. 새로운 조직을 이해하려고 진심으로 노력하는 모습은 매우 중요하다. 이렇게 하면 여러분이 이미 조직의 문제점을 파악하고 답도 가지고 있다는 선입견을 없애는 데 도움이 된다. 여러분은 독자적인 역사와 운영 방식이 있는 조직을 학습하고 있다는 신호를 초기에 가시적으로 보여주어야 한다. 미국 대통령의 말처럼 '캔자스처럼 평평한' 학습 곡선이 아닌 신속한 학습을 하는 것도 중요하다.[4] 학습에서 결정과 행동으로 강조점을 이동할 시기를 파악하는 것도 중요하다.

자신만의 스토리를 만들어라

부임 후 처음 몇 주 동안 여러분의 행동은 커다란 반응을 일으킨다. 행동은 실제적이면서도 상징적이기 때문이다. 초기 행동은 스토리로 만들어져 여러분을 영웅으로 만들 수도 있고 악당으로 만들 수도 있다. 여러분은 우호적인 직원들에게만 자신을 소개할 비공식적인 자리를 마련하는가, 아니면 모든 상사, 동료, 직속부하들에게 고루 관심을 기울이는가? 이 같은 사소한 행동이 여러분을 사귀기 쉬운 사람으로 만들 수도 있고 가까이 하기에 어려운 사람으로 만들 수도 있다. 여러분이 자신을 조직에 소개하는 방식, 우호적인 직원들을 대하는 방식, 사소한 문제를 처리하는 방식 등 초기 행동들이 회사 전체에 떠도는 소문의 근원이 될 수 있다.

이런 소문이 긍정적인 쪽으로 형성되기를 원한다면 적당한 기회를 활용하라. 자신이 어떤 사람인지를 명확하게 보여주는 행동들이 그런 기회다. 엘레나가 반항적인 관리자들에게 취했던 조처도 좋은 사례다. 그런 행동들은 여러분이 장려하고 싶은 행동의 모델이 될 수 있다. 그 행동들이 반드시 드라마틱할 필요는 없다. 다만 사람들이 문제의 핵심을 정확히 이해하기 위해 던지는 예리한 질문처럼 간단명료하지만 견실한 행동이면 된다.

초기 승리를 확보할 프로젝트를 시작하라

신뢰를 쌓고 주요 인물들과 우호적인 관계를 구축하는 것은 즉각적인 승리를 거두는 데 큰 도움이 된다. 하지만 여러분은 일에서 가시적인 결과를 거둘 기회를 재빨리 찾아내야 한다. 적은 비용으로 신속히 해결할 수 있는 문제, 조업이나 재정 측면에서 가시적인 이익을 얻을 수 있는 문제들은 그런 기회를 찾아내기에 가장 좋은 지점이다. 생산성을 저해하는 문제점이나 마찰을 일으켜 성과를 떨어뜨리는 인센티브 제도도 그렇다.

신속한 성과를 낼 수 있는 서너 가지 핵심 문제를 찾아내라. 잠재력을 평가하는 데 [표 5-2]를 사용해 초기 승리를 평가하라. 하지만 처음부터 너무 많은 문제에 달려들 경우 중심을 잃을 위험이 있다. 리스크 관리를 생각하라. 한 가지 영역에서 큰 승리를 거두어 다른 영역에서 실패를 만회할 수 있도록 확실한 포트폴리오를 짜라. 그런 다음 성과를 올리는 데 총력을 기울여라.

초기 승리를 확보할 무대를 마련하기 위해서는 학습 주제를 정할 때 성과를 올릴 기회를 찾아낼 방법을 감안해서 구체적인 계획을 세워야 한다. 목표를 토대로 초기 승리를 확보할 구체적인 계획을 세울 때 다음 지침들을 준수하기 바란다.

- 장기 목표에 유념할 것. 초기 승리를 확보하기 위한 행동들은 최우선 과제와 행동 변화를 위한 장기 목표와 조화되어야 한다.
- 몇 가지 유망한 구심점을 찾아낼 것. 구심점이란 (엘레나 경우의 고객서비스 프로세스처럼) 기업의 전반적인 성과 또는 재무 실적을 획

표 5-2

초기 승리 평가 방법

이 방법은 초기 승리를 확보하기 위한 구심점을 찾는 데 유용하다. 초기 승리 후보 별로 표를 하나씩 만들어 각 질문에 신중하게 답하라. 그 다음 점수를 합산해서 잠재력을 평가하라.

초기 승리 후보: _____

각 질문별로 잠재력을 가장 잘 나타내는 항목에 체크하라.

	매우 그렇지 않다	그렇지 않다	보통	그렇다	매우 그렇다
구심점은 여러분이 많은 사업 단위의 성과를 크게 향상시킬 수 있는 기회인가?	0	1	2	3	4
이것은 주어진 자원을 가지고 짧은 시간에 달성할 수 있는가?	0	1	2	3	4
이 성공은 비즈니스상 최우선 목표를 달성하는 데 기준이 되는가?	0	1	2	3	4
초기 승리를 확보하는 데 적용한 프로세스는 조직의 변화를 이끌어내는 데 도움이 되는가?	0	1	2	3	4

체크한 항목의 점수를 더해서 이곳에 적어라: _____

최종 결과는 0부터 16 사이의 숫자로 표시된다. 이것은 초기 승리 후보를 평가하는 데 사용할 수 있다. 상식적으로 이 숫자를 해석하라. 첫 질문에 대해 0을 체크했다면, 다른 모든 질문이 4에 해당하더라도 걱정하지 마라.

기적으로 개선시킬 수 있는 영역 또는 프로세스를 의미한다. 몇 가지 구심점에 집중하면 가시적인 성과를 얻는 데 시간과 에너지를 절약할 수 있다. 가장 유망한 구심점에서 초기에 가시적인 성과를 올리면 폭넓은 변화를 도모할 수 있는 공간과 재량권을 확보할 수 있다.

- 시범 프로젝트에 착수할 것. 여러분이 선택한 구심점을 겨냥하여 시범 프로젝트를 기획하라. 이것은 엘레나가 고객서비스를 향상시키기 위해 처음 팀에 적용한 방법이다.

- 변화를 주도할 인물들을 승진시킬 것. 직급을 막론하고 여러분의 의제를 진척시켜 나갈 통찰력, 추진력, 동기를 갖춘 사람들을 파악하라. 엘레나처럼 이들을 승진시켜 핵심 프로젝트를 이끌도록 하라.

- 시범 프로젝트를 조직에 새로운 행동을 전파하는 발판으로 삼을 것. 여러분은 시범 프로젝트를 통해 앞으로 조직, 사업 단위, 집단이 어떤 역할을 원하는지를 보여주어야 한다. 엘레나는 프로젝트를 잘 진행할 수 있는 방법을 찾도록 컨설턴트를 고용할 때 이것을 이해하고 있었다.

[표 5-3]은 시범 프로젝트의 효과를 극대화하는 데 큰 도움이 될 것이다.

표 5-3

포그램프 프로젝트 체크리스트

포그램프FOGLAMP는 집중focus, 감독oversight, 목표goal, 리더십leadership, 역량ability, 수단means, 프로세스process의 약자다. 이 표는 여러분이 핵심 프로젝트를 명확하게 파악하고 계획하는 데 유용하다. 여러분이 정한 초기 승리 프로젝트마다 각각 이 표를 만들어라.

프로젝트 명: _____

질문	답변
집중: 이 프로젝트의 구심점은 무엇인가? 달성하려는 목표 또는 초기 승리는 무엇인가?	
감독: 이 프로젝트를 어떻게 감독할 것인가? 목표를 달성하도록 여러분을 도와줄 사람은 누구인가?	
목표: 달성해야 할 목표, 중요한 중간 시점, 시간 계획은 무엇인가?	
리더십: 누가 이 프로젝트를 이끌 것인가? 프로젝트를 성공하기 위해 필요한 훈련은 무엇인가?	
역량: 프로젝트에 필요한 역량은 무엇이고 대표자는 누구인가? 역량과 관련해 이 프로젝트에 참여해야 하는 사람은 누구인가? 그들은 핵심 관계자를 대변하고 있는가?	
수단: 팀이 성공하는 데 필요한 추가 자원은 무엇인가?	
프로세스: 팀이 사용할 수 있는 변화 모델이나 구조적 프로세스가 있는가? 만약 있다면 팀원들은 이것들을 얼마나 알고 있는가?	

변화를 주도하라

어디서 초기 승리를 확보할지를 정할 때 여러분은 어떻게 조직의 변화를 이루어낼지를 생각해야 한다. 변화를 이루는 가장 좋은 방법이란 없다. 상황에 따라 다르게 접근하는 것이 좋다. 예를 들어, 변화가 시급한 회생 상황에서는 잘 작동했던 방식이, 직원들이 변화를 거부하는 재조정 상황에서는 실패할 수도 있다. 따라서 여러분의 스타스 포트폴리오에 따라 변화를 이루는 방식이 다를 수 있다는 가능성을 열어두어야 한다.

계획 대 학습

여러분이 처리해야 할 중요한 문제나 현안이 무엇인지를 파악했다면, 그 다음에는 계획 후 실행과 집단 학습 가운데 한 가지 전략을 선택해야 한다.[5]

다음 다섯 가지 조건이 갖춰진 경우에는 계획 후 실행 방식이 바람직하다.

- 인식. 주요 인물들이 변화의 필요성을 깨닫고 있다.
- 진단. 무엇을 변화시켜야 하고 그 이유가 무엇인지 여러분이 알고 있다.
- 비전. 여러분이 호소력 있는 비전과 견실한 전략을 갖추고 있다.
- 계획. 여러분이 세부 계획을 통합할 수 있는 전문 지식을 갖추고 있다.

- 지지. 계획 실행에 필요한 지지기반을 충분히 구축하고 있다.

예를 들어, 회생 상황에서는 계획 후 실행 방식이 효과적이다. 회생 상황에서는 사람들이 조직에 문제가 있다는 사실을 이미 알고 있고, 문화적·정치적 문제보다는 기술적 문제가 더 많고, 직원들이 해결책을 기다리고 있기 때문이다.

하지만 이런 다섯 가지 조건들 가운데 하나라도 갖추어져 있지 않은 상황에서 이 방식은 여러분을 곤란한 상황에 빠뜨릴 수 있다. 여러분이 재조정 상황에 있고 직원들이 변화의 필요성을 느끼지 않고 있다면 그들은 여러분의 계획에 동조하지 않을 것이다. 따라서 여러분은 직원들이 변화의 필요성을 느끼도록 설득하고, 신중하게 문제를 진단하고, 호소력 있는 비전과 전략을 제시하고, 종합적인 실행 계획을 세우고, 변화를 지지할 기반을 구축해야 한다.

이를 위해서는 변화를 계획하고 실행하기보다 집단 학습 프로세스를 마련해야 한다. 대다수 직원들이 문제를 깨닫지 못하고 있다면 여러분은 그들의 눈을 가리고 있는 것부터 걷어내야 한다. 여러분은 조직의 방어심리를 정면 공격하지 말고 서서히 저항을 무력화시키면서 변화의 필요성을 일깨우는 게릴라 전술을 사용해야 한다.

핵심 인물들을 새로운 조업 방식이나 사고방식에 노출시키는 것도 좋은 방법이다. 고객만족도나 경쟁 제품에 대한 새로운 자료를 보여주는 것도 좋다. 회사 차원에서 뛰어난 경쟁사의 업무방식을 분석해 일류 기업을 벤치마킹할 수도 있다. 핵심 현안이나 프로세스 개선 등에 관한 자유토론을 마련해 직원들 스스로 업무처리 방식의 개선을 도모하도록 유도할 수도 있다.

중요한 것은 전체 변화 과정 가운데 어떤 부분에서 변화 후 실행 방식이 효과적이고, 어느 부분에서 집단 학습이 더 효과적인지를 파악하는 것이다. 여러분이 원하는 변화가 어떤 것인지 생각하라. 그런 다음 [그림 5-2]의 진단 순서도를 이용해 집단 학습 프로세스가 필요한 부

그림 5-2

변화 관리를 위한 진단 순서도

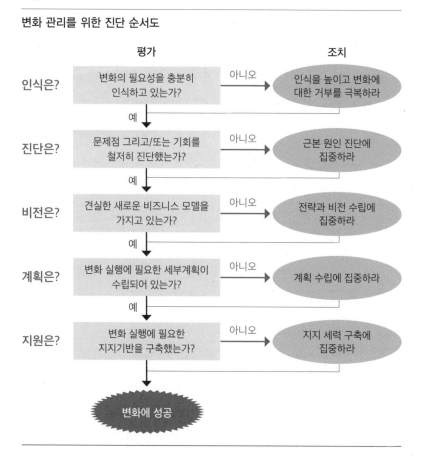

분이 어디인지 찾아보라.

행동 변화를 추구하라

초기 승리를 계획할 때 명심해야 할 것은 결과 못지않게 수단이 중요하다는 사실이다. 초기 승리를 위한 계획은 새로운 행동 모델을 제시하는 이중의 임무를 수행해야 한다. 엘레나는 자신이 맡은 프로젝트 팀의 일원으로 팀원들에게 필요한 조언을 제공했고 팀원들의 제안을 신속히 실행했다.

조직을 변화시키기 위해서는 조직의 문화를 변화시켜야 한다. 이것은 매우 어려운 일이다. 여러분이 없애고 싶은 나쁜 습관들이 조직에 깊이 뿌리 박혀 있을 수 있다. 혼자 힘으로 습관화된 행동을 바꾸기란 쉽지 않다. 따라서 직원들이 집단적으로 반발하지 않도록 해야 한다.

무작정 기존 문화를 없애고 모든 것을 새롭게 시작하는 것은 좋지 않다. 사람이나 조직이나 한 번에 수용할 수 있는 변화의 양은 한정되어 있다. 한 조직의 문화에는 약점만이 아니라 강점도 있기 마련이다. 조직문화의 강점은 조직원들이 갖고 있는 자부심의 바탕이다. 기존 조직이나 문화에 좋은 점이 하나도 없다는 듯이 말한다면 변화의 시기를 맞은 사람들에게서 안정의 기반을 빼앗는 셈이다. 또한 성공에 필요한 잠재적 에너지도 확보할 수 없다.

따라서 여러분은 기존 문화가 갖고 있는 강점과 약점을 모두 찾아야 한다. 그리고 약점을 변화시키기 위해 노력하면서, 동시에 강점을 강화하고 장려하기 위한 노력도 함께 기울여야 한다. 친숙한 문화의 순기능은 사람들을 과거에서 미래로 연결해주는 다리다.

상황에 맞는 전략을 구사하라

여러분은 조직의 구조, 프로세스, 업무능력, 상황에 맞는 행동 변화 전략을 구사해야 한다. 회생 상황과 재조정 상황에서 행동 변화 촉진에 어떤 차이가 있는지 생각해보자. 회생 상황에서는 시간이 촉박하다. 방어할 수 있는 핵심 부문을 신속히 찾아내야 한다. 따라서 회생 상황에서는 외부에서 새로운 인물을 영입하거나 프로젝트팀을 구성해 실적 개선을 추진하는 전략이 적합하다. 하지만 재조정 상황에서는 이런 전략이 좋지 않다. 재조정 상황에서는 신중하게 행동 변화에 착수하는 것이 바람직하다. 성과측정 기준을 바꾸고 벤치마킹을 통해 비즈니스 재조정을 위한 집단 학습의 기회를 마련하는 것이 좋다.

예측 가능한 돌발사태에 대비하라

사전에 시한폭탄을 찾아내서 적절한 예방조치를 취하지 않으면 초기 승리를 확보하기 위한 여러분의 모든 노력이 일거에 무너질 수도 있다. 폭탄이 터지면 여러분은 불을 끄느라 정신이 없게 되고 체계적으로 성공 기반을 구축하고 추진력을 확보하고자 했던 여러분의 희망은 사라진다.

종종 마른하늘에서 날벼락이 치는 경우도 있다. 이런 경우 여러분이 할 수 있는 일은 최선을 다해 돌발적인 위기에 대처하는 것이다. 하지만 신임 리더들이 실패하는 것은 마른하늘에 날벼락 같은 돌발사태 때문이 아니라 예측 가능한 돌발사태 때문이다. 예측 가능한 돌발사태

란 문제를 미리 찾아내 필요한 조치를 취하기 위해 필요한 정보를 갖고
있으면서도 그렇게 하지 않아서 실패하는 사건을 말한다.[6]

예측 가능한 돌발사태가 발생하는 원인은 신임 리더가 문제를 제기
했어야 할 부분에서 문제를 제기하지 않았거나, 분석하고 넘어가야 할
부분을 간과한 데 있다. 앞에서 살펴보았듯이 사람마다 선호하는 문제
가 있고 부담스러운 문제가 있다. 즐거운 마음으로 붙들고 씨름하는 문
제가 있고, 못 본 척하고 싶거나 부담을 느끼는 문제가 있다. 여러분은
부담스러운 영역에도 관심을 기울여야 하며, 그런 업무를 진행할 수 있
을 만큼 전문지식을 갖춘 믿을 만한 사람을 영입해야 한다. 이를 위해
서는 자기 통제가 필요하다.

예측 가능한 돌발사태가 발생하는 또 다른 이유는 조직 내의 부서
나 사업 단위가 저마다 퍼즐 조각들을 나누어 가진 채 아무도 그 조각
들을 한데 모아 완성시키지 않기 때문이다. 모든 조직은 정보 탱크를
갖고 있다. 중요한 정보를 수집하고 통합하는 프로세스가 제대로 작동
하고 있는지를 지속적으로 확인하지 않는다면, 여러분은 예측 가능했
던 돌발사태에 발목이 잡히거나 당황하게 될 것이다.

다음 질문들은 문제가 숨어 있을 만한 곳을 파악하는 데 도움이
된다.

- 외부 환경. 여러분이 맡은 사업 단위에 중대한 문제가 발생할 가능
  성이 있음을 미리 알려주는 여론, 정부 정책, 경제 상황은 없는가?
  경쟁사에 유리하게 작용하거나 자사 제품의 가격 또는 비용에 불리
  하게 작용할 정부 정책의 변화, 제품 사용자의 건강이나 안전과 관

련된 여론 추이, 신흥국의 경제 위기 등이 그런 예들이다.

- 고객, 시장, 경쟁사, 전략. 조직이 속한 업계의 경쟁 상황에서 조직에 심각한 부담을 줄 수 있는 변화는 없는가? 자사 제품이 경쟁 제품에 뒤처진다는 연구 결과, 더 저렴한 대체품을 공급하는 새로운 경쟁사의 출현, 가격 경쟁 등이 그런 예들이다.

- 내부 역량. 여러분이 맡은 사업 단위의 프로세스, 업무능력, 기술 등의 측면에서 위기를 초래할 수 있는 잠재적 문제는 없는가? 예상하지 못한 핵심 인력의 손실, 핵심 시설에서 발생한 중대한 품질 결함, 제품 리콜 등이 그런 예들이다.

- 조직의 정치적 측면. 정치적 측면에서 뜻하지 않게 지뢰를 밟을 위험은 없는가? 여러분이 맡고 있는 사업 단위 안에 '손을 댈 수 없는' 인물이 있는데 당신이 모르고 있다든가, 핵심 동료가 여러분을 음해하고 있는데 아직 눈치 채지 못하고 있다든가 하는 것이 그런 예들이다.

여러분의 궁극적이 목표는 바람직한 행동을 강화하고 최우선 과제를 달성하는 데 큰 힘이 될 선순환 고리를 만드는 것이다. 근본적인 변화를 이루어내기 위해서는 작더라도 중요한 초기 승리를 확보하는 것이 중요하다.

1. 이미 합의된 비즈니스 목표가 있을 때, 목표 달성을 위한 추진력을 확보하기 위해 여러분은 무엇을 해야 하는가?

2. 목표를 달성하기 위해 직원들의 행동은 어떻게 변해야 하는가? 장려해야 할 행동과 금지해야 할 행동을 구체적으로 설명해보라.

3. 새로운 회사에 적응하기 위해 어떤 계획이 필요한가? 핵심 청자는 누구이고, 그들에게 어떤 메시지를 전달해야 하는가? 그들과 어울릴 수 있는 가장 좋은 방법은 무엇인가?

4. 초기의 성과를 올리고 직원들의 행동을 변화시키기 위한 프로세스로 가장 유망한 지점은 어디인가?

5. 여러분이 시작해야 하는 프로젝트는 무엇이고, 누가 그 프로젝트를 이끌어야 하는가?

6. 여러분에게 실패를 안겨줄 수 있는 예측할 수 있는 돌발 상황은 무엇인가?

06

재조정하라

인사관리 컨설턴트였던 한나 재피Hanna Jaffey는 과거에 고객이었던 기업의 인사담당 부사장으로 영입되었다. 그 업체는 심한 내부 갈등을 겪고 있어서 일부 고위 리더들은 서로 말도 하지 않을 정도였다. 한나의 임무는 사장을 도와 인사 개편을 단행해 이 상황을 개선하는 것이었다.

한나는 회사의 구조와 인센티브 제도를 철저히 분석할 필요가 있다는 것을 깨달았다. 1년 전 회사가 급격히 성장하면서 경영진은 신상품들을 몇 개의 사업 단위에 나누어 관리하고 있었다. 그러나 최근 시장 상황의 변화로 일부 사업 단위의 고객 기반이 중복되고 있는데도 사업 단위들 간의 협력을 촉진할 인센티브 제도가 없었다. 그 결과 어느 사업 단위가 주요 고객들을 관리할 것인가를 놓고 사업 단위들 간에 충돌하면서 고객들은 혼란에 빠졌다. 혼란은 재정적 측면에서 가시화되었고, 성장이 멈추면서 사장은 이사회와 투자자로부터 심한 압박을 받았다.

한나는 구조조정이 필요하다고 확신했다. 그녀는 상사인 사장에게 자신의 생각을 말했다. 그러나 사장은 사람이 문제라고 확신했다. 그는 한나에게 이 구조에서 문제가 발생한 적이 없었으며, 적재적소에 사람들을 배치하기만 하면 모든 것이 정상화될 것이라고 말했다.

고위 리더들의 약한 팀워크가 중요한 문제였다. 하지만 한나는 구조조정이 단행되기 전에는 사람 문제를 다룰 수 없다는 것을 알았다. 그래서 그녀는 상사를 다시 만났다. 그녀는 인센티브 제도가 상황에 맞지 않아 불필요한 충돌이 벌어지고 있음을 상기시켰다. 또한 다른 기업들이 유사한 문제를 처리한 방식을 강조했다.

시간이 걸리긴 했지만, 한나는 회사를 복합적 구조로 조정하도록 사장을 설득했다. 회사는 마케팅 조직과 영업 조직의 구심점을 상품에서 고객으로 이동하고, 생산 라인에 따라 운영 조직과 연구개발 조직을 개편하고, 서비스 공유 조직은 재정, 인사, IT, 공급 네트워크 조직을 지원하도록 했다. 그런 구조조정은 효과를 거두었다. 1년이 지나자 회사는 원활하게 돌아갔고, 고객들은 훨씬 만족했으며, 성장도 견실해졌다. 또한 고위 리더들도 교체되어야 한다는 점이 분명해졌다.

회사에서 직급이 올라갈수록 조직 건설자로서의 역할이 중요하다. 여러분은 조직 시스템의 핵심 요소를 만들고 정렬해야 한다. 여러분은 전략, 구조, 핵심 프로세스, 업무능력을 정렬해서 다른 사람들이 좋은 성과를 거둘 수 있도록 환경을 만들어야 한다. 여러분이 뛰어난 리더라고 하더라도 조직이 제대로 정렬되어 있지 않으면 좋은 성과를 거둘 수 없다. 매일 비탈길에서 바위를 밀어 올리는 시시포스가 된 느낌일 것이다.

새로운 보직이 조직의 전략, 구조, 프로세스, 업무능력에 영향을 줄 수 있는 자리라면, 여러분은 조직의 아키텍처architecture를 분석하고 그 요소들이 얼마나 잘 정렬되어 있는지를 평가해야 한다. 처음 몇 달 동안은 확실한 진단과 재조정의 필요성을 제기하기 시작하는 것 이상은 할 수 없다. 하지만 초기 승리를 확보하기 위한 프로젝트와 큰 변화를 위한 기반을 마련하기 위해서는 이런 과정이 반드시 포함되어야 한다.

한나처럼 여러분이 새로 맡은 조직을 독자적으로 변화시킬 힘을 갖고 있지 않더라도 조직 정렬을 평가하는 데 집중해야 한다. 퍼즐 조각을 큰 그림의 어디에 끼워 넣어야 할지 또는 빼내야 할지를 파악해라. 상사든 동료든 영향력을 행사할 수 있는 직원에게 부적절한 구조가 조직의 성과를 떨어뜨리고 있다는 점을 설득해라. 조직을 철저하게 파악하면 회사의 고위 리더들로부터 신뢰를 확보할 수 있으며, 여러분이 더 높은 자리를 맡을 잠재력을 가지고 있음을 보여줄 수 있다.

흔히 빠지는 함정들을 피하라

많은 리더들이 복잡한 구조조정 문제를 극히 간단한 방법으로 해결하려 든다. 그로 인해 리더들은 실패하게 된다. 다음과 같은 함정들을 조심하라.

- 변화를 위한 변화를 추구한다. 신임 리더는 전략과 구조가 적절한지를 파악하기도 전에 성급하고 가시적으로 변화시키려 한다. 어

떤 경우에 리더들은 비즈니스 상황을 이해하기도 전에 조직을 변화시켜야 한다는 강박적인 압박을 받기도 한다. 이런 리더들은 준비하기도 전에 시작하려고 든다. 행동 강박증은 실패로 가는 지름길이다.

- 스타스 상황에 맞추지 않는다. 변화를 이끄는 가장 좋은 방식이 하나만 있는 것은 아니다. 회생 상황(신속하고 과감한 변화가 적절하다)에서 조직을 조정하는 방식은 급속성장 상황이나 재조정 상황(세밀하면서도 점진적인 변화가 적절하다)에서 취해야 하는 방식과 다르다. 따라서 특정한 방식을 모든 상황에 적용하지 말아야 한다. 스타스 상황 별로 가장 좋은 방식을 찾아야 한다.

- 근본적인 해결책이 필요한 문제들을 구조조정만으로 해결하려한다. 시련기에 조직의 프로세스, 업무 기반, 문화를 바꾸려고 시도하는 것은 침몰하는 타이타닉호 갑판 위에서 휴대용 의자를 펴고 앉는 것과 같다. 구조조정을 통해 문제의 근본적인 원인을 바로잡을 수 있다는 확실한 판단이 설 때까지는 구조조정을 유보해야 한다. 그렇지 않으면 또 하나의 새로운 불균형을 초래하게 된다. 그 결과 구조조정을 철회하게 되면 조직은 혼돈에 빠지고, 생산성은 떨어지고, 신뢰도 추락할 것이다.

- 너무 복잡한 구조를 만든다. 이것은 몇 가지가 결합된 함정이다. 한나의 상황에서 매트릭스 형태의 구조를 만드는 것은 합리적이었다. 이런 구조가 잘 운용된다면 직원들이 책임을 공유하면서 창의적인 노력을 발휘할 수 있다. 하지만 적절한 균형을 유지해야 하고, 의사 결정이 명확해야 하며, 조직이 마비되지 않게 해야 한다. 책임

의 한계를 명확히 하는 것이 좋다. 구조를 단순화해서 구조 때문에 핵심 목표가 손상되지 않도록 하라.

- 조직의 변화 수용 역량을 과대평가한다. 야심찬 새로운 전략을 제시하기는 쉽다. 하지만 대대적인 전략 변화에 대한 직원들의 반응을 바꾸는 것은 매우 어렵다. 특히 최근에 계속 변화했다면 더욱 그렇다. 회생 상황처럼 신속한 변화가 필요하다면 그렇게 하라. 하지만 재조정이나 성공지속 상황에서는 점진적으로 변화를 모색하라.

조직의 아키텍처 설계하기

스스로를 자신이 맡은 사업 단위 또는 조직의 건축가로 생각하는 것에서 출발하라. 이것은 여러분에게 익숙한 역할일 수도 있고 그렇지 않을 수도 있다. 조직 설계를 위한 체계적인 훈련을 받은 관리자는 극히 드물다. 직장생활 초기에는 조직의 아키텍처에 손을 댈 수 있는 권한이 없기 때문에 배울 기회도 거의 없다. 하위직 리더들이 부적절한 구조를 불평하면서 저 위의 '바보'들이 제 기능을 못하는 구조를 왜 방치하는지 모르겠다며 한탄하는 것은 흔한 일이다. 그러나 그 사람들도 중간관리자가 되면 이 '바보'들의 대열에 합류해 있을지 모른다. 그러므로 지금부터 조직을 평가하고 설계하는 방법을 배워야 한다.

조직을 설계 또는 재설계하기 위해서는 먼저 열린 시스템으로 조직을 바라보아야 한다. [그림 6-1]은 비즈니스의 전체 모습을 보여준다. 여러분은 자신이 속한 부분에 집중해야 한다. 열린 부분이라는 것은 실제로 조직이 어떤 부분에 열려 있는지(조직이 영향을 주고받는 부분)를 의미한다. 실제 상황은 (1) 외부 환경의 핵심 관계자, 즉 고객, 유통업체, 공급업체, 경쟁업체, 정부, 시민단체, 투자자, 언론과 (2) 내부 환경, 즉 분위기, 의욕, 문화로 구성된다. 따라서 리더가 조직의 아키텍처를 구성하기 위해서는 조직 내외의 환경에 집중해야 한다.

시스템은 전략, 구조, 핵심 프로세스, 업무기반처럼 조직의 아키텍처상 분리되어 있으면서 상호작용하는 요소다. 즉, 여러분은 전략을 바꾸고, 구조를 조정하고, 프로세스를 개선하고, 유능한 인재를 채용하는 것처럼 개별적으로 할 수도 있지만, 여기에 다른 요소들의 영향력이 반

그림 6-1

조직의 아키텍처를 구성하는 요소들

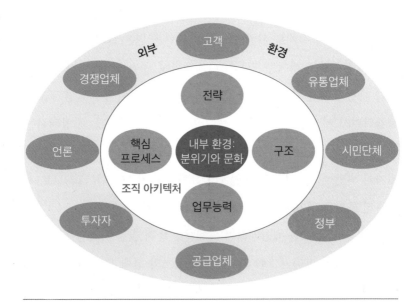

90일 안에 장악하라

드시 개입한다. 특히 조직의 아키텍처를 구성하는 다음 네 가지 요소가
모두 조화를 이루어야 한다.[1]

- 전략. 조직의 임무, 비전, 전략
- 구조. 사업 단위 안에서 사람들을 배치하는 방식, 그들의 업무를 통합하고, 측정하고, 인센티브를 주는 방식
- 핵심 프로세스. 정보와 자료를 처리하는 과정에서 가치를 부가시키기 위해 사용되는 시스템
- 업무능력. 조직 핵심 그룹의 능력

효율적으로 전진하기 위해서는 집중된 전략이 필요하다. 하지만 이
네 가지 요소들이 제대로 정렬되어 있지 않으면 아무리 좋은 전략도 쓸
모없다. 전략은 다른 요소들을 자극하고, 다른 요소들은 전략에 영향을
준다. 여러분이 조직의 전략을 바꾸기로 결정했다면 잘 정렬된 구조를
만들기 위해 구조, 프로세스, 업무능력을 바꾸어야 한다.

구조 정렬 진단하기

조직은 여러 방식으로 잘못 정렬되어 있을 수 있다. 첫 90일 동안 여러
분의 목표는 불균형 지점을 찾아내고 그것을 바로잡을 계획을 세우는
것이다. 다음은 흔히 볼 수 있는 불균형의 유형들이다.

- 전략과 업무능력 사이의 불균형. 여러분이 연구개발팀을 맡고 있고, 팀의 신제품 아이디어를 늘리는 것이 여러분의 목표라고 하자. 그런데 팀원들이 빠르고 많은 양을 소화할 수 있는 최신 기술을 이해하지 못하고 있다. 이 경우에 여러분이 맡은 팀의 업무능력으로는 임무를 제대로 뒷받침할 수 없다.

- 전략과 핵심 프로세스 사이의 불균형. 여러분이 마케팅팀을 이끌고 있고, 이 팀의 전략은 새로운 고객층에게 초점을 맞추고 있다고 하자. 그런데 팀에서 고객정보를 수집하고 분석할 수 있는 효과적인 방법을 갖추고 있지 않다면, 이 팀의 시스템으로서는 팀의 전략을 제대로 뒷받침할 수 없다. 이런 불일치가 전략과 핵심 프로세스 사이의 불균형이다.

- 구조와 프로세스 사이의 불균형. 여러분이 제품개발팀을 관리하고 있고, 제품군별로 팀원들이 편성되어 있다고 하자. 이런 구조에서 핵심은 특정 제품에 대한 기술적인 전문 지식이다. 하지만 이런 구조는 결함을 지니고 있다. 서로 다른 제품을 맡고 있는 팀원들 사이의 중복되는 전문 지식들을 하나로 통합하여 효율적으로 활용할 수 있는 시스템이 없는 것이다. 구조와 프로세스가 이처럼 불균형을 이루고 있는 상태에서는 사업 단위 전체가 최고의 성과를 내기가 어렵다.

- 구조와 업무능력 사이의 불균형. 최근 회사가 기능별 조직에서 제품에 따라 기능별 의사결정을 조정하는 조직으로 구조조정을 했다고 하자. 팀원들은 권위에 따르고 기능별 보고 체계에 익숙해져 있다. 하지만 이제 팀원들은 영향력과 갈등 관리 업무능력을 발휘해

야 한다. 구조 변화에 따라 필요한 업무능력이 달라져 불균형이 발생할 수 있다.

구조 정렬 작업에 착수하기

조직을 정렬하는 일은 긴 항해를 준비하는 것과 같다. 먼저 도달하려는 목적지(임무와 목표)와 항로(전략)를 정한다. 그런 다음 어떤 배(구조)가 필요한지, 어떤 장비(프로세스)가 필요한지, 어떤 선원(업무능력)이 필요한지 파악한다. 항해 중에는 항해 지도상에 표시되어 있지 않은 암초에 걸려 배가 침몰하는 경우가 없도록 각별히 주의해야 한다.

조직을 정렬하는 데도 순서가 있다. 전략이 정확한지를 파악하기 전에 구조부터 변경한다면 문제가 발생할 수 있다. 항해를 시작할 수 있다고 확신하더라도 여러분이 목적지, 항로, 배를 직접 지휘하기 전에는 선원들의 업무능력을 평가하기도 어렵다. 아래에 좋은 방법이 있다.

1. 전략에서 시작하라. 먼저 상위 조직의 목표 및 최우선 과제와 관련해 사업 단위의 포지션을 심도있게 살펴보라. 여러분의 임무, 비전, 전략이 논리적으로 결합되어 있는지를 확인하라.
2. 구조, 프로세스, 업무능력을 잘 지지하는지 보라. 기존의 구조, 프로세스, 업무능력이 여러분이 계획한 전략(바꾸지 않기로 했다면 기존의 것이거나 여러분이 생각한 것)을 지지하는지 살펴보라. 이 요소들 사이의 관계를 명확히 파악하라. 그중 하나라도 여러분이 계획

하고 있는 전략과 조화를 이루지 못한다면, 전략을 채택하거나 필요한 능력을 확보할 수 있는 방법을 모색하라.

3. 새로운 전략을 언제 어떻게 채택할지를 결정하라. 팀의 현재 역량을 명확히 파악한 다음 전략 변화가 필요하다고 판단되면 변화를 위한 로드맵을 작성하라. (시장, 고객, 공급업체들의) 포지셔닝 변화와 전략을 뒷받침할 역량 변화의 윤곽을 파악하라. 그런 다음 변화를 실현하는 데 걸릴 시간을 현실적으로 생각하라.

4. 올바른 순서로 생각하라. 상황이 다르면 조직을 조정하는 방식도 달라야 한다. 회생 상황에서는 전략(부적절한 경우가 많다)을 수정한 다음, 전략에 맞게 구조조정을 하고, 지원 프로세스와 업무능력에 집중해야 한다. 반면 재조정 상황에서는 전략과 구조는 문제의 실제적 원인이 아니다. 조직의 프로세스와 업무능력에 문제가 있으며 이것들을 변화시키는 데 집중해야 한다.

5. 순환고리를 닫아라. 팀의 구조, 프로세스, 업무능력을 명확히 파악할수록 팀과 팀 문화의 변화 수용 능력에 관한 통찰을 얻을 수 있다. 그러면 전략상 어떤 변화가 가능하고 시간이 얼마나 걸릴지도 명확히 파악할 수 있다.

전략 정의하기

- 고객. 기존 (외부 또는 내부) 고객들 가운데 어떤 고객에게 집중할 것인가? 추구해야 할 가치는 무엇인가? 어떤 시장을 정리할 것인

가? 어떤 시장에 새로 진입할 것인가? 그 시기는 언제인가?

- 자본. 지속할 사업 가운데 어떤 사업에 집중 투자하고, 어떤 사업에서 현금을 조달할 것인가? 필요한 추가 자본은 무엇이고, 언제 투입할 것인가? 어디서 조달할 것인가?

- 역량. 팀은 어디에 능숙하고 어디에 서툰가? 기존 조직의 역량들 가운데 어떤 부분(예를 들어, 견실한 신제품 개발 조직)을 지렛대로 삼을 수 있는가? 어떤 부분을 발전시켜야 하는가? 어떤 부분을 보충해야 하는가?

- 약속. 어떤 중요한 자원 약속을 결정할 것인가? 그 시기는 언제인가? 부담을 지고 가거나 풀도록 노력해야 할 번복하기 어려운 과거의 약속에는 어떤 것들이 있는가?

전략에 대한 더 심도 있는 논의는 이 책의 범위를 벗어나지만, 이 책에는 이런 질문들에 답하는 데 도움이 될 만한 좋은 참고자료들이 실려있다. 여기서는 일관성, 적합성, 실행을 기준으로 현재 전략을 평가하는 데 초점을 맞춘다.

일관성 평가

전략을 구성하는 고객, 제품, 기술, 계획, 자원 약속에 일관된 논리가 있는가? 전략의 구성요소들이 조화를 이루고 있는지를 평가하기 위해서는 그 바탕에 있는 논리를 살펴보고 전략이 타당한지 확인해야 한다. 전략을 만든 사람들이 파급효과와 실행 가능성을 충분히 검토했는가?

전략의 바탕에 있는 논리를 어떻게 평가할 수 있을까? 가장 먼저 할 일은 조직의 임무, 비전, 전략을 규정한 서류들을 살펴보는 것이다. 그 다음에 전략을 구성요소들, 즉 시장, 제품, 기술, 실무계획, 목표 등으로 분석한다. 다음 질문들에 대답해보는 것도 좋은 방법이다. 전략을 구성 하는 여러 차원들이 서로를 지지하고 있는가? 여러 요소들이 일관된 논리로 연결되어 있는가? 시장분석 결과와 팀의 목표가 명확하게 연결 되어 있는가? 신제품 개발 예산과 전략 실행 부분에 투입된 자본이 균 형을 이루고 있는가? 영업사원들에게 생산중인 신제품에 대해 교육시 킬 계획이 있는가?

조직의 전략이 전반적으로 타당하다면 요소들 간의 관련성을 쉽게 찾을 수 있다.

적합성 평가

그 전략은 앞으로 2, 3년 안에 팀이 해야 할 일들을 충분히 반영하고 있 는가? 그 전략은 상위 조직의 목표 달성을 지원하는 데 도움이 되는가? 여러분이 맡은 조직은 잘 정리되고 논리적인 전략을 가지고 있을 것이 다. 그런데 이 전략이 적절한가? 앞으로 2, 3년 안에 팀이 성공하는 데 필요한 일들과 상위 조직을 지원하는 것이 여러분이 맡은 조직을 강하 게 만드는가?

다음 세 가지 방법으로 적합성을 평가하라.

- 적합성 평가를 위한 질문을 던져 본다. 여러분의 상사는 이 전략 이 팀의 노력에 대응하는 보상을 얻을 것이라고 믿고 있는가? 전략 수행에 필요한 자원을 확보, 개발, 유지하기 위한 계획이 마련되어

있는가? 조직이 지속적인 노력을 기울일 만큼 이윤을 비롯한 목표를 야심차게 설정했는가? 필요한 투자 자금은 충분히 확보되었는가? 연구 자금은 충분한가?

- 잘 알려진 SWOT 방법을 활용한다. 아래 〈SWOT에서 TOWS로〉를 참고하라.
- 전략 개발 과정의 역사를 살펴본다. 누가 전략 개발 과정을 주도했는지 확인하라. 전략 개발이 성급하게 이루어졌는가? 그랬다면 전략이 초래할 효과를 충분히 검토하지 못했을 것이다. 전략 개발에 오랜 시간이 걸렸는가? 그랬다면 정치적 대립 끝에 각 팀의 주장에서 공통점만을 취합한 비효율적인 타협안일 수 있다. 전략 개발 과정에서 빚어진 실책은 전략의 적합성을 훼손한다.

SWOT에서 TOWS로

SWOT는 전략을 분석하는 데 매우 유용하지만 오해하기도 쉽다. 이 체계는 개발 과정과 이름이 붙여진 이유를 알아야만 정확히 이해할 수 있다. SWOT는 강점Strength, 약점Weakness, 기회Opportunity, 위협Threat의 약자다. 원래 이 체계는 1960년대 후반 스탠퍼드연구소Stanford Research Institute, SRI 소속 팀이 개발했다.[2] 그 팀은 내부 역량 분석(강점과 약점)과 외부 환경을 고려한 역량 개발(위협과 기회)을 동시에 진행하는 체계를 만들었다. 이를 통해 전략의 우선순위를 파악하고 전략을 실행할 계획을 세울 수 있다.

하지만 개발자들이 SWOT라고 명명한 것처럼 분석은 순서에 따르기 마련이다. 먼저 내부 강점과 약점을 분석하고, 그 이후에 외부의 기회와 위협을 파악한다. 이런 위계 방식은 전략을 개발하는 방법론으로 이 체계를 사용하려는 사람들에게 해결책을 알려주지 않는다. 논의의 시작점이 없는 상태에서 조직의 강점과 약점을 분석하는 것은 추상적 수준에 그쳐 방향을 잃기 쉽다. 그 결과 해당 팀은 조직의 강점과 약점을 파악하지 못하고 좌절하게 되며, 외부 환경을 고려한 역량 개발로 책임을 떠넘기게 된다.

적절한 방식은 환경을 먼저 파악하고 그 이후에 조직을 분석하는 것이다. 먼저 조직의 외부 환경을 평가해 다가오는 위협과 잠재적인 기회를 파악하라. 이처럼 환경 평가를 하고나면 자연스럽게 조직의 현재 상황과 환경에 관한 지식으로 관심이 모이게 된다.

잠재적 위협과 기회를 파악한 다음에는 조직 역량을 평가해야 한다. 이 조직은 특정 위협에 취약한 약점을 가지고 있는가? 이 조직은 특정 기회를 추구할 수 있는 강점을 가지고 있는가?

마지막으로 평가 결과를 전략적 우선순위 설정, 위협 완화, 유망한 기회 추구로 바꾸어야 한다. 이 결과는 전략적 계획 수립 프로세스의 시작점이 된다.

SWOT라는 용어 때문에 혼동된다면 아예 용어의 순서를 바꿔라. TOWS라고 불러라. 그러면 사람들이 프로세스를 올바른 순서대로 실행할 수 있다.

실행 평가

조직의 임무, 비전, 전략을 열정적으로 실행했는가? 그렇지 않다면 그 이유는 무엇인가? 그런 다음 현재 팀의 전략이 어떻게 실행되고 있는지를 관찰하라. 팀원들의 말이 아니라 행동을 보아야 한다. 이를 통해 문제의 근본 원인이 잘못된 전략에 있는지, 잘못된 전략 실행에 있는지를 알 수 있다. 다음과 같은 질문들을 던져 보라.

- 전략이 전반적인 의사결정과 일관되는가? 조직이 실제로 추구하는 목표는 무엇인가?
- 전략에 포함된 성과측정 기준이 일상적인 결정 과정에 활용되고 있는가?
- 실행에 팀워크와 여러 부서들 간의 협력이 필요한 경우, 사람들은 부서를 넘어 팀의 일원으로 협력하는가?
- 실행에 직원들의 업무능력을 새로 개발해야 하는 경우, 그런 업무능력을 배양하기 위한 교육 및 개발 인프라가 마련되어 있는가?

이 질문들에 대한 대답에 따라 여러분은 전략의 변화를 적극적으로 도모해야 할지, 전략 실행을 변화시켜야 할지 결정할 수 있다.

전략 수정

부임 초기에 기존 임무, 비전, 전략에 심각한 결함이 있음을 발견했다고 하자. 그렇다고 해서 즉시 급진적인 전략 수정이나 실행 방식을 수정할 수 있을까? 그것은 두 가지 요인에 달려 있다. 하나는 여러분이 처한 스타스 상황이고, 다른 하나는 다른 사람들을 설득해 그들의 지지를 이끌어내는 능력이다.

조직이 잘못된 길로 가고 있다고 판단했다면 여러분은 기존 전략에 의문을 제기하고 상사와 다른 사람들에게 전략을 재검토하도록 설득해야 한다. 기존 전략이 조직을 진전시키고 있지만 속도가 느리다고 판단된다면 가장 현명한 조치는 전략을 미세 조정하고서 수정 폭을 확대하기 위한 계획을 세우는 것이다. 예를 들어, 처음에는 매출 목표를 약간 높이거나, 기존 전략보다 조금 앞당겨 투자를 집행하는 것이다. 더 근본적인 수정은 조직을 명확히 파악하고 지지세력을 충분히 확보할 때까지 미룬다.

구조 개편

여러분이 조직의 전략을 수정하기로 결정했는지에 따라 구조의 적합성을 평가해야 한다. 구조가 기존 전략 또는 새로 계획된 전략을 뒷받침하지 않는다면 조직의 에너지는 적절하게 운용되지 않는다.

여기서 주의할 점이 있다. 조직이 가진 힘의 대부분은 구조를 통해 할당된다. 구조에 따라 권위를 가진 사람과 결정권이 규정되기 때문이다. 그래서 분명하게 필요한 경우, 예를 들어 회생 상황이나 급속성장 상황이 아니라면 구조 개편을 추진하지 마라. 재조정 상황에서는 구조 개편을 서두를 경우에 큰 위험에 빠질 수 있다. 이 상황에서는 변화 프로세스를 추진하기 위한 플랫폼을 없애서는 안 된다.

구조란 무엇인가? 구조란 임무, 비전, 전략을 지지하기 위해 사람과 기술을 조직하는 방식이다. 구조는 다음과 같은 요소들로 구성된다.

● 사업 단위. 직속부하들을 조직하는 방식. 기능별 편성, 제품별 편

성, 지역별 편성 등이 있다.

- 보고 체계 및 통합 메커니즘. 조정 노력에 따른 보고 및 책임 관계 설정 방식. 사업 단위 사이에 통합된 업무 방식.
- 결정권과 규정. 결정권을 갖고 있는 사람과 결정권의 종류. 전략에 따라 결정을 조정할 수 있는 규정
- 성과측정 및 인센티브 시스템. 적절한 성과측정 기준과 인센티브 제도

구조에 대한 평가

여러분이 맡은 조직의 구조 조정에 대한 아이디어를 내놓기 전에 여러분은 구조를 구성하는 네 가지 요소들이 어떻게 상호작용하고 있는지부터 파악해야 한다. 네 가지 요소들이 조화를 이루고 있는가? 다음 질문들에 대답해보라.

- 구성원들의 조직 방식이 임무를 완수하고 전략을 실행하는 데 도움이 되는가? 조직의 핵심 목표를 향해 나아가도록 구성원들이 적절히 배치되어 있는가?
- 보고 체계가 개편을 지지하는가? 누가 무엇을 책임지는지 명확한가? 다른 사업 단위들과 효과적으로 통합되어 있는가?
- 전략을 지지하는 의사결정을 하도록 결정권이 할당되어 있는가? 집중화와 탈집중화가 적절히 균형을 이루고 있는가? 표준화와 특수화가 적절히 균형을 이루고 있는가?
- 전략적 목표를 달성하는 데 중요한 성과들을 측정하고 보상하고

있는가? 고정 보상과 성과 기반 보상이 적절히 균형을 이루고 있는가? 개별 인센티브와 집단 인센티브가 적절히 균형을 이루고 있는가?

만약 시작 상황이고 새로운 사업 단위를 조직하는 과정이라면 여러분은 평가해야 할 기존 구조가 없다. 여러분은 구조를 구성하는 요소들이 어떤 식으로 작동하기를 원하는지 생각해야 한다.

트레이드오프가 있는 선택

완벽한 조직은 없다. 모든 것에는 트레이드오프trade-off가 있다. 그러므로 여러분의 당면과제는 상황에 맞게 적절한 균형점을 찾아내는 것이다. 팀의 구조를 변화시키고자 할 때 흔히 발생하는 다음 문제들에 유념하라.

- 조직의 강점이 사일로silo에 갇혀 있다. 유사한 경험과 역량을 갖고 있는 사람들을 같은 팀으로 편성할 경우에 그 팀은 전문성을 확보할 수 있다. 반면 그 팀은 고립되고 구획화될 수 있다. 결국 통합하는 방식에 주의해야 한다. 이는 기능들을 연결하는 사람을 찾는 것이며, 적절한 통합 메커니즘을 파악하는 것이다. 예를 들어, 교차기능별 팀을 구성하거나 집단 인센티브를 도입할 수 있다. ('사일로'는 회사 안에 성이나 담을 쌓고 외부와 소통을 하지 않는 부서를 가리키는 말이다.-옮긴이)
- 직원의 의사결정 재량권이 너무 좁거나 너무 넓다. 가장 풍부한

지식을 가진 사람이 의사결정을 내리는 것이 가장 바람직하다. 의사결정자가 조직에 가장 이익이 되는 결정을 내리도록 인센티브 제도가 마련되어 있어야 한다. 팀의 의사결정 과정이 집중되면, 결정의 속도가 빠른 강점이 있지만, 폭넓은 지식을 지닌 사람들에게 조언을 얻을 기회를 놓칠 수 있다. 이런 구조에서는 잘못된 정보를 토대로 결정을 내리거나, 결정을 내린 사람이 모든 결과를 책임져야 하는 상황이 벌어질 수 있다. 반대로 의사결정 재량권이 너무 넓으면 하위직 직원들이 자신의 결정이 거시적인 차원에서 어떤 의미를 갖는지 모르는 상태에서 결정을 내릴 수 있기 때문에 엉뚱한 결정을 내릴 수 있다.

● 직원들에게 적절한 인센티브가 주어지지 않고 있다. 사람들이 무엇을 할 것인지를 가장 잘 알려주는 지표는 그들에게 주어진 인센티브다. 유능한 관리자는 의사결정권자의 이해와 조직 전체의 이해를 일치시킨다. 이것이 일부 기업에서 팀 단위 보상제도가 효과를 거두는 이유다. 팀 단위 보상제도에서는 모든 팀원들이 협력하여 더 좋은 성과를 거두는 데 주력한다. 성과측정 및 보상제도가 직원 개개인이나 팀의 노력에 상응하는 보상을 제공하지 못할 경우에는 문제가 생긴다. 또한 직원 개개인이나 조직의 목표보다 자신의 이익을 앞세우도록 보상제도가 만들어져 있는 경우에도 문제가 생긴다. 개인들이 동일한 고객집단에게 서비스를 제공하고 있을 때 그들에게 협력해야 할 인센티브가 제공되지 않으면 불화가 생기게 마련이다. 이 장 앞부분에서 예로 들었던 한나가 직면했던 문제도 이와 유사한 것이었다.

- 보고 체계가 구획화나 책임분산을 초래한다. 보고 체계는 여러분이 팀원들의 활동을 관찰하고, 통제하고, 책임을 명확히 하고, 직원들을 격려하는 데 큰 도움이 된다. 수직적 보고 체계는 이런 활동을 수월하게 만들지만 구획화나 정보 공유의 경직을 초래할 수 있다. 반면 수평·수직 보고 체계와 같은 복잡한 보고 체계는 정보 공유를 확대시키고 구획화의 위험을 줄일 수 있지만 책임 분산을 초래할 위험이 있다.

핵심 프로세스 정렬

팀이 정보, 원자재, 지식을 상업화할 수 있는 물건이나 서비스, 혹은 상위조직에서 중요하게 여기는 새로운 지식이나 아이디어, 생산적인 관계 등 뭔가 가치 있는 어떤 것으로 변환할 수 있게 만들어 내는 것이 핵심 프로세스(시스템이라고 부르기도 한다)이다. 구조와 마찬가지로 먼저 기존 프로세스가 임무, 비전, 전략을 잘 뒷받침해주고 있는지 파악해야 한다.

권리 트레이드오프 만들기

여러분에게 필요한 프로세스는 여러분이 만들어야 할 트레이드오프에 달려 있다. 예를 들어, 여러분의 일차 목표가 오류 없는 실행 또는 혁신 추진이라고 하자.[3] 여러분은 목적과 수단(방법, 기술, 도구)을 규정하는 개발 프로세스에 집중해야만 고품질, 좋은 내구성, 저비용으로 실행할 수 있다. 좋은 사례가 제조 공장 조직과 배달서비스 조직이다. 두 조직의 동일한 프로세스가 혁신을 가로막고 있다고 하자. 목표가 혁신을 추진하는 것이라면 여러분은 목표를 규정하고, 핵심 지점에 도달했는지를 확인하고, 목표를 달성하는 데 필요한 도구를 통제하는 프로세스를 개발해야 한다.

프로세스 분석

[표 6-1]은 한 신용카드 회사에서 핵심 프로세스들을 조사한 결과다. 회사에서는 직원들이 일관성 있게 행동할 수 있도록 적절한 성과측정 기준을 개발하고 인센티브를 수정하는 등 각 프로세스들을 개선했다. 또한 그들은 성장을 가로막는 장애물들을 찾아내는 데 많은 관심을 기울였다. 중요한 업무들임에도 불구하고 적절한 통제가 이루어지지 않고 있는 부분들에 대해서는 업무처리 프로세스를 개선하고, 그것을 지지할 수 있는 새로운 도구들을 도입했다. 그 결과 고객만족도와 생산성이 획기적으로 개선되었다.

여러분이 맡고 있는 사업 단위나 조직도 이 회사처럼 여러 프로세스를 갖고 있을 것이다. 여러분의 첫 번째 과제는 그런 프로세스들을 파악하는 것이다. 그 다음 그것들 가운데 어떤 프로세스가 여러분의 전략에 가장 중요한지를 판단해야 한다. 여러분이 맡은 팀의 전략에서 상품 개발보다 고객만족이 더 중요하다고 하자. 그렇다면 여러분은 상품이나 서비스의 배달에 관계된 프로세스들이 목표를 확실하게 지지해 주기를 바랄 것이다.

표 6-1

프로세스 분석 사례

제작/서비스 배달 프로세스	지원/서비스 프로세스	비즈니스 프로세스
신청서 처리	수집	품질관리
신용 심사	고객 문의	재무관리
신용카드 제작	고객 관리	인사관리
유효기간 관리	정보 및 기술 관리	
거래 처리		
청구서 처리		
결제 처리		

구조에 맞게 프로세스 정렬

팀의 핵심 프로세스가 팀의 전략을 제대로 지지하려면 팀의 구조(사람과 업무의 조직 방식)와 조화를 이루어야 한다. 인체도 마찬가지다. 골격, 근육조직, 피부조직 등을 비롯한 인체의 해부학적 구조는 몸이 정상적으로 기능하기 위한 구조다. 혈액순환, 호흡, 소화 같은 생리현상들은 몸의 다양한 조직들이 협력하기 위한 시스템(또는 프로세스)들이다. 조직에서도 구조와 프로세스가 모두 건강해야 상승작용을 일으킬수 있다.

각 핵심 프로세스들의 효율성과 실효성을 평가하기 위해 다음 네 가지 측면을 확인하라.

● 생산성. 프로세스가 지식, 원자재, 노동을 가치 있는 것으로 효율적

으로 변화시키는가?

- 적시성. 프로세스가 적시에 원하는 가치를 생산하는가?
- 신뢰성. 프로세스가 충분히 신뢰할 만한가, 종종 작동하지 않는가?
- 품질. 프로세스가 생산하는 가치가 품질 기준을 일관되게 충족시키고 있는가?

프로세스와 구조가 조화를 이루면 서로를 강화시키고 전략도 강화시켜 준다. 예를 들어, 세분화된 고객집단 별로 편성된 고객서비스 조직은 팀들 간에 정보를 공유할 수 있고, 모든 고객집단들에게 영향을 미치는 이슈들에 효율적으로 대처할 수 있다.

프로세스와 구조가 조화를 이루지 못하면 두 요소는 서로를 무력화시키고 전략을 손상시킨다. 팀들 간에 서로 다른 프로세스를 이용해 동일한 고객집단을 놓고 경쟁한다면 이런 사태가 벌어진다.

핵심 프로세스 개선

핵심 프로세스를 어떻게 개선할 것인가? 프로세스 맵을 작성하는 것에서 시작하라. 이것은 특정한 프로세스를 구성하는 구체적인 일들이 거기에 관여하는 개인들 및 집단들 사이에서 어떻게 흘러가는지를 보여주는 다이어그램이다. [그림 6-2]는 주문처리 과정을 보여주는 간단한 프로세스 맵이다.

프로세스의 각 단계 책임자들에게 업무처리 프로세스를 처음부터 끝까지 도표화해 달라고 요청하라. 그 프로세스를 책임지는 팀에게 관련 업무를 맡은 개인들 사이에 어떤 영역에서 문제가 발생하는지 파악

그림 6-2

프로세스 맵

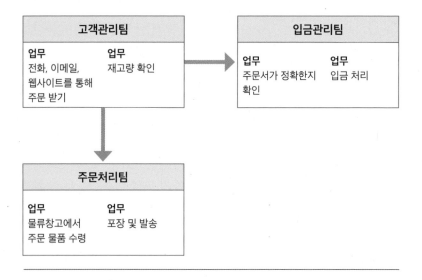

고객관리팀	
업무	**업무**
전화, 이메일, 웹사이트를 통해 주문 받기	재고량 확인

입금관리팀	
업무	**업무**
주문서가 정확한지 확인	입금 처리

주문처리팀	
업무	**업무**
물류창고에서 주문 물품 수령	포장 및 발송

하도록 요청하라. 예를 들어, 고객관리팀의 누군가가 주문처리팀에 어떤 주문을 특별 처리해줄 것을 요청하는 과정에서 착오가 발생할 수 있다. 고객 주문을 전달하는 과정에서 프로세스가 제대로 작동하지 않는 경우에 흔히 있는 일이다. 팀원들과 협력하여 프로세스를 개선할 기회를 만들어라.

프로세스 분석을 통해 직원들을 집단 학습으로 유도할 수 있다. 특정 프로세스에서 팀 내 개인들이나 각 팀들이 무슨 일을 하는지를 팀 전체가 정확히 이해하게 되기 때문이다. 프로세스 맵이나 업무진행 맵을 만들어 보면 문제가 발생하는 과정을 직접 확인할 수 있다. 그러면 여러분, 상사, 팀원들이 함께 최선의 프로세스 개선 방안(예를 들어, 간

소화 또는 자동화)을 찾아낼 수 있다.

여기서 주의해야 할 점이 있다. 여러분은 많은 프로세스를 관리하고 있을 것이다. 그렇다면 그것들을 나누어 한 번에 몇 개의 프로세스만을 개선해야 한다. 팀원들의 소화 능력을 감안해야 한다.

집단 업무능력 강화

여러분의 직속부하들은 팀의 핵심 프로세스를 효율적으로 처리하고 전략을 지지하기 위한 업무능력과 지식을 충분히 갖추고 있는가? 그렇지 않다면 팀의 아키텍처가 붕괴될 수 있다. 업무능력은 다음 네 가지 유형의 지식으로 구성된다.

- 개별 전문 지식. 연수, 교육, 경험을 통해 습득된다.
- 관계 지식. 정해진 목표를 달성하기 위해 개별 전문 지식을 통합하는 방향으로 협력하는 방법을 아는 것.
- 기반 지식. 고객 데이터베이스나 연구개발 기술처럼 집단의 성과를 좌우하는 핵심 기술.
- 메타 지식. 핵심 정보를 얻을 수 있는 장소를 파악하고 있는 것. 연구소나 기술 제휴 파트너 등 외부 협력기관들을 통해 중요한 정보를 얻을 수 있다.

간극과 자원에 대한 파악

집단의 역량을 평가하는 핵심 목적은 (1) 필요한 업무능력 및 지식과 현재의 업무능력 및 지식 사이의 간극을 파악하고, (2) 부분적으로만 활용되는 기술이나 낭비되고 있는 전문 지식을 충분히 활용되고 있지 못한 자원들을 찾아내는 것이다. 이 간극을 메우고 미활용 자원들의 활용도를 끌어올린다면 실적과 생산성에서 큰 성과를 낼 수 있다.

업무능력 및 지식을 파악하기 위해서는 이미 확인한 전략과 핵심 프로세스로 다시 되돌아가야 한다. 팀의 핵심 프로세스를 지지하기 위해서는 앞에서 언급한 네 가지 유형의 지식들이 어떻게 조합되어야 할까? 이상적인 조합을 마음속으로 그려보기 바란다. 그런 다음 현재 팀이 가지고 있는 업무능력, 지식, 기술들을 평가해보라. 그 사이에 어떤 간극이 존재하는가? 그중 신속하게 간극을 좁힐 수 있는 부분은 어디이고, 시간이 필요한 부분은 어디인가?

제대로 활용되지 못하고 있는 자원들을 찾아내기 위해서는 다른 사람들보다 우수한 성과를 내고 있는 팀원, 혹은 다른 팀보다 우수한 성과를 내는 팀을 확인하라. 무엇 때문에 그들은 우수한 성과를 낼 수 있었는가? 그들이 누린 자원들(기술, 방법, 원재료, 핵심 인물의 지지 등)을 다른 팀원이나 다른 팀들도 누리게 할 수는 없는가? 관심 부족이나 투자 부족으로 인해 서랍 속에 방치되어 있는 좋은 아이디어들은 없는가? 이미 생산된 자원을 새로운 고객에게 제공할 수는 없는가?

아키텍처를 바꾸어 문화를 바꾸기

문화는 여러분이 직접 바꿀 수 없다. 문화는 리더의 행동과 조직의 아키텍처를 구성하는 네 가지 요소에 영향을 받는다. 여러분은 문화를 바꾸기 위해 적절한 리더십을 발휘해 목표를 분명히 하면서 조직의 아키텍처를 바꾸어야 한다.

　예를 들어, 여러분이 성공을 판단하는 기준을 바꾸고, 직원들의 목표와 인센티브를 새로운 방식으로 정렬한다고 생각해보자. 개별 인센티브와 팀별 인센티브의 균형을 바꾼다고 가정하자. 신상품 개발팀처럼 직원들은 성공하기 위해 다른 사람들과 긴밀하게 협력해야 하는가? 만약 그렇다면 팀별 인센티브에 더 무게를 두어야 한다. 영업조직처럼 각 팀원이 독립적으로 일하는가? 만약 그렇다면 개인별 성과를 측정해야 하고 개별 인센티브를 더 강조해야 한다.

정렬하기

이번 장에서 논의한 모든 분석을 토대로 조직을 정렬할 계획을 세워라. 사람들을 생산적인 활동으로 이끄는 과정에서 이미 몇 차례 좌절을 겪었다면, 일단 한 걸음 뒤로 물러나 조직의 불균형이 문제의 근원이 아닌지 확인해보라.

1. 전략, 구조, 시스템, 업무능력 사이의 불일치와 관련해 여러분이 관찰해야 할 것은 무엇인가? 여러분의 인상을 확인하고 수정하기 위해 좀 더 깊이 파악해야 부분은 무엇인가?

2. 고객, 자본, 역량, 약속과 관련해 여러분은 어떤 결정을 내려야 하는가? 그러한 결정을 내릴 방법과 시점은?

3. 현재 여러분은 조직의 전략의 일관성에 대해 어떻게 평가하고 있는가? 전략의 적합성에 대해서는? 전략에 변화를 가하는 것에 대한 지금 여러분의 생각은 어떤가?

4. 현 조직 구조의 강점은 무엇이고 약점은 무엇인가? 구조 변경에 대해 여러분은 어떤 생각을 하고 있는가?

5. 조직의 핵심 프로세스는 무엇인가? 핵심 프로세스들이 제대로 돌아가고 있는가? 핵심 프로세스에서 우선적으로 개선해야 할 점은 무엇인가?

6. 업무능력 간극과 미활용 자원을 파악했는가? 업무능력을 강화시키기 위해 우선적으로 취해야 할 조치는 무엇인가?

07

자신의 팀을 건설하라

업무 자동화 회사에서 일하는 리엄 게펜Liam Geffen은 문제가 많은 사업 단위의 책임자로 임명되었다. 그는 어려운 상황에 처했다는 것을 알았다. 새로 맡은 팀의 전년도 성과평가서를 보니 상황이 얼마나 심각한지 확실해졌다. 팀원들은 아주 뛰어나거나 형편없거나 둘 중 하나였다. 중간인 사람이 없었다. 전임자가 자기 마음에 드는 사람들만 채용했던 것이 분명했다.

부하직원들과 이야기를 나누면서 리엄은 성과측정이 공정하지 못했을 것이라는 자신의 짐작이 옳았음을 확인했다. 특히 마케팅 책임자는 능력은 있지만 책임자로서는 부적합한 인물이었다. 그는 자신의 능력을 과신하고 있었다. 리엄은 영업 책임자의 좋은 성과에 놀랐는데, 그는 오판을 했다는 이유로 전임자로부터 문책을 당한 적이 있었다. 전임자의 편애 때문에 마케팅 부서와 영업 부서의 관계가 긴장되어 있었다.

07 자신의 팀을 건설하라   195

리엄은 두 사람 가운데 한 명이 그만두든가 아니면 두 사람 모두 그만둘 수밖에 없다고 생각했다. 그는 두 사람을 각각 만나 그들이 받은 평가에 대한 생각을 솔직하게 말했다. 그런 다음 두 사람에게 앞으로 60일 동안 그들이 해야 할 일을 적은 상세한 계획을 내밀었다. 한편 그는 인사부에 마케팅을 책임질 후임자 물색을 은밀히 요청했다. 리엄은 영업 부서의 중간관리자들과의 면담을 통해서 그들의 능력을 파악하는 한편 적합한 영업 책임자감이 있는지 살펴보았다.

부임 3개월 무렵 리엄은 마케팅 책임자에게 성과가 별로라는 신호를 보냈고, 그는 곧 회사를 그만두었다. 반면 영업 책임자는 리엄이 제시한 과제를 잘 해결했다. 영업 책임자에게 더 많은 기회를 주자 결과도 훨씬 좋아졌다. 결국 리엄은 영업 책임자에게 영업과 마케팅 총괄책임을 맡겨도 좋겠다는 확신이 들었다.

리엄 게펜은 부적합한 사람들을 모두 안고 갈 여유가 없다는 것을 알았다. 이처럼 기존에 있던 팀을 물려받을 경우에 여러분도 성과 향상에 필요한 인재들로 구성된 자신의 팀을 만들어야 한다. 새로운 보직을 맡고 첫 90일 동안 여러분이 내려야 할 중요한 결정은 인사에 관한 결정이다. 유능한 팀을 만드는 데 성공한다면 탁월한 성공을 거둘 수 있는 반면, 실패한다면 심각한 어려움에 처할 수밖에 없다. 아무리 훌륭한 리더도 혼자서는 능력을 발휘할 수 없다.

좋은 인재를 찾아내는 것은 중요한 일이지만 그것만으로는 부족하다. 기존 팀원들에 대한 엄밀한 평가를 통해서 누가 남아야 하고 누가 그만두어야 하는지를 판단해야 한다. 그런 다음 필요한 사람을 영입하고, 남은 팀원들을 적절히 배치할 계획을 세워야 한다. 이런 인사 결정이 단기성과에 영향을 주어서는 안 된다. 또한 이것만으로도 부족하다. 여러분은 팀원들이 바람직한 방향으로 나아갈 수 있도록 성과측정 기준과 인센티브를 고치고, 목표를 다시 설정해야 한다. 마지막 단계는 팀워크를 향상시킬 새로운 프로세스를 확립하는 것이다.

흔히 빠지는 함정들을 피하라

많은 신임 리더들이 팀 건설 문제에서 헤맨다. 그 결과는 너무 느린 손익분기점 도달 혹은 낙오다. 다음은 신임 리더들이 흔히 빠지는 함정들이다.

- 전임자의 리더십을 비난한다. 여러분이 부임하기 전에 조직을 이끌었던 사람을 비난해봤자 여러분이 얻을 것은 하나도 없다. 다만 여러분이 과거의 나쁜 성과를 용납하거나 문제를 부각시키지 못한다는 의미는 아니다. 물론 여러분은 전임 리더의 영향력을 평가해야 한다. 하지만 다른 사람의 실수를 지적하는 것을 넘어서야 한다. 여러분은 현재 행동과 결과를 평가하고 성과를 높이는 데 필요한 변화를 일으키는 데 집중해야 한다.
- 기존 팀을 오래 그대로 안고 간다. 시작 상황이 아니라면 여러분은 팀을 처음으로 건설하지 않는다. 여러분은 팀을 물려받으며, 여러분이 중요하게 여기는 목표를 달성하기 위해 팀을 다시 만들어야 한다. 어떤 리더들은 성급하게 팀을 변화시킨다. 하지만 일반적으

로는 팀원들을 오랫동안 그대로 가져가는 것이 문제다. 지나친 자신감 때문이든 ("지금까지 이들이 좋은 성과를 내지 못한 것은 나 같은 유능한 리더가 없었기 때문이야.") 부담스러운 인사 결정을 피하고 싶기 때문이든, 많은 리더들이 기대에 미치지 못하는 팀원들을 그대로 안고 간다. 그 짐은 고스란히 그들과 성과가 뛰어난 팀원들이 지게 된다. 여러분이 직면한 스타스 상황에 따라 팀 개혁에 걸리는 시간과 범위가 달라진다. 회생 상황에서는 시간이 짧아지고, 재조정 상황에서는 시간이 오래 걸릴 것이다. 또한 팀을 변화시키기 위한 여러분의 능력에 제한이 가해질 수 있다. 여러분은 물려받은 팀원 중에서 가장 먼저 내보내야 할 사람을 확인하고 그 결정을 받아들여야 한다. 중요한 점은 팀에 대한 평가 완료 시점과 그것을 토대로 한 인사조치 시점에 대해 90일 계획을 세우고 지키는 것이다.

- 안정과 변화 사이에서 균형을 잡지 못한다. 기존에 있던 팀을 이어받아 팀을 건설한다는 것은 바다 한가운데서 물이 새는 선박을 수리하는 것과 같다. 수리가 필요한 부분을 방치한다면 여러분은 목적지에 도달하지 못할 것이다. 또한 너무 급하게 변화를 시도하다가 선박이 가라앉게 만들어서도 안 된다. 안정과 변화 사이에서 적절한 균형을 잡는 것이 핵심이다. 가장 중요하면서도 먼저 처리해야 하는 일은 우선순위가 높은 인사상의 변화에만 집중하는 것이다. 직급이 낮은 사람들 가운데서 일을 맡길 만한 사람이 있다면 그렇게 하라.

- 조직 정렬과 팀 건설을 동시에 추진하지 않는다. 목적지, 항로, 선박의 종류를 모르는 상태에서 선장이 선원에 대해 올바른 판단을

내릴 수는 없다. 마찬가지로 전략, 구조, 프로세스, 업무능력에 어떤 변화를 도모할지에 대한 명확한 그림이 없는 상태에서 팀을 건설할 수는 없다. [그림 7-1]에서 보듯이 조직을 평가해 최적의 상태로 정렬하는 작업과 팀원들을 평가해 필요한 인사 결정을 단행하는 작업은 동시에 진행되어야 한다.

- 유능한 인재를 붙잡지 않는다. 경험 많은 한 관리자는 유능한 인재를 놓칠 위험이 있다는 것을 깨닫고서 이렇게 말했다. "나무를 흔들 때는 유능한 사람들도 나무에서 떨어질 수 있다." 누가 팀에 남을지 누가 떠날지를 명확히 하지 않으면 유능한 인재까지 팀을 떠날 수 있다. 물론 이런 이야기를 노골적으로 꺼내는 데는 현실적으로 제약이 있다. 하지만 꼭 필요한 인재들에게는 여러분이 자신들의 능력을 인정하고 있다는 사실을 알려야 한다. 약간의 언질도 큰 효과가 있다.

- 팀의 핵심이 자리를 잡기도 전에 전면적인 팀 건설에 착수한다. 여러분은 팀 건설에 곧바로 착수하고 싶은 유혹을 느끼기 마련이다 하지만 이런 접근 방식은 위험하다. 왜냐하면 이런 작업은 팀원들 간의 유대를 강화시키기 때문이다. 그 가운데 일부는 팀을 떠나야 할지도 모르는 데 말이다. 그러므로 여러분이 원하는 팀이 구성될 때까지 팀워크 강화를 위한 활동들은 삼가는 것이 좋다. 집단 면담까지 하지 말아야 한다는 의미는 아니다. 업무에 집중해야 한다.

- 실행이 필요한 결정을 너무 일찍 내린다. 성공적인 실행을 위해 팀원들의 조언이 필요한 문제에 대해 핵심 멤버들이 자리를 잡을 때까지 결정을 유보해야 한다. 지체할 여유가 없는 결정도 있을 것

이다. 하지만 너무 일찍 결정을 내려 새로 영입된 사람이 자신이 결정하지 않은 일을 수행해야 한다면 어려움이 따른다. 그러므로 어떤 계획을 신속히 수행해서 얻을 수 있는 이익과 그 일을 맡을 사람으로부터 조언을 구하지 않고 결정을 내려서 입게 될 손실을 신중히 따져보아야 한다.

- 이 모든 일을 혼자 다 하려고 한다. 팀을 리스트럭처링 하는 일에는 감정적·법적·정치적 문제가 복잡하게 얽혀 있다. 그러니 혼자 이 문제를 다 처리하려고 하지 말라. 조언을 줄 수 있는 사람, 계획을 세우는 데 도움을 줄 수 있는 사람을 찾아보라. 특히 인사관리 능력이 뛰어난 사람의 도움은 필수적이다.

이러한 함정을 피한다고 가정하면 여러분은 팀을 건설하기 위해 무엇을 해야 하는가? 여러분이 물려받은 사람들을 엄격하게 평가하는 것

그림 7-1

아키텍처 정렬과 팀 리스트럭처링 병행하기

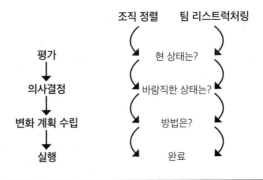

부터 시작하라. 그리고 여러분이 필요한 방식으로 팀을 진화시킬 계획을 세워라. 이것들을 동시에 진행하면서 전략 및 초기 승리를 확보할 수 있도록 팀을 정렬하라. 그리고 여러분이 효과적으로 팀을 이끌 수 있도록 성과 관리 및 의사결정 프로세스를 확립하라.

팀을 평가하라

여러분이 이어받은 사람들 가운데는 실적이 뛰어난 사람들도 있고(A급 선수), 보통인 사람들도 있고(B급 선수), 그 일에 적절하지 않는 사람들(C급 선수)도 있을 것이다. 조직 내부에는 나름의 역학관계와 정치적 관계도 있을 것이다. 여러분이 앉은 그 자리를 노렸던 사람도 있을지 모른다. 부임 후 첫 30일부터 60일 사이에(당신이 처한 스타스 상황에 따라 다르다), 각 구성원들의 사람됨과 역할, 그 조직의 과거 업무방식들을 완전하게 파악해야 한다.

자신의 기준을 확립하라

팀원들과 만나는 순간부터 여러분들의 머릿속에는 팀 구성원들에 대한 인상이 자리 잡을 것이다. 이것은 자연스러운 반응이며 억제할 필요도 없다. 다만 첫인상에 영향 받지 않고 엄밀한 평가를 내리도록 노력해야 한다.

우선 부하들을 평가할 때 명시적 또는 암묵적으로 사용할 기준을 정해야 한다. 다음 여섯 가지 항목을 염두에 두기 바란다.

- 자격. 이 사람은 맡은 일을 효율적으로 수행할 경쟁력과 경험을 갖고 있는가?
- 판단력. 이 사람은 정확한 판단을 내릴 수 있는가? 심한 압박을 받거나 대를 위해 소를 희생해야 하는 상황에서도 흔들림 없는 판단을 내릴 수 있는가?
- 활동력. 이 사람은 맡은 업무에 적합한 활동력을 지니고 있는가? 너무 의욕적이거나 너무 소극적이지는 않은가?
- 집중력. 이 사람은 일의 우선순위를 정하고 그대로 실행할 수 있는가, 아니면 수습하지 못한 채 일을 벌려놓는가?
- 대인관계. 이 사람은 팀원들과 잘 지내고, 협의 후에 내린 결정을 지지하는가, 아니면 함께 일하기 힘든가?
- 신뢰성. 이 사람은 자신이 말한 것을 지키고 약속을 충실히 이행하는가?

여러분의 평가 기준을 확인하고 싶으면 [표 7-1]의 빈칸을 채워 보기 바란다. 상대적 비중은 여섯 가지 항목 가운데 어디에 어느 정도의 비중을 두는지를 알아보기 위한 것이다. 각 항목들마다 점수를 가운데 열에 적되 합산한 점수가 100점이 되도록 하라. 여섯 가지 항목 가운데 커트라인을 정해놓은 것이 있으면 별 표시를 하라. 커트라인이란 이 항목에서 일정 점수에 미달되면 다른 항목들에서 아무리 높은 점수를 받아도 탈락시키는 최소한의 점수를 말한다.

표 7-1

평가기준에 대한 평가

평가 항목	상대적 비중(합산점이 100점이 되도록 하라)	커트라인 유무[별(*) 표시를 하라]
자격		
판단력		
활동력		
집중력		
대인관계		
신뢰성		

완성되었으면 이제 한 발 물러나서 살펴보라. 이 분석은 부하직원들을 평가할 때 적용하는 가치들을 명확히 보여주고 있는가? 그렇다면 이 분석은 여러분이 부하직원들을 평가하는 방식의 맹점도 명확히 보여주고 있는가? 여러분이 정한 커트라인에 대해서도 신중히 생각해야 한다. 그렇게 하면 여러분은 엄밀하고 체계적인 평가를 할 수 있다.

가정을 확인하라

여러분이 내린 평가는 직원들을 변화시킬 수 있을지 없을지에 관한 가정을 반영한다. 예를 들어, 관계 점수가 낮고 판단 점수가 높으면 여러분은 팀 내 관계에 영향력을 행사할 수 있지만, 판단에는 그렇게 할 수 없다. 많은 리더들처럼 여러분도 신뢰성을 커트라인으로 정할 수 있다. 여러분이 직원들을 신뢰할 수 있어야 하고, 신뢰성이야말로 변하지 않는 성격이기 때문이다. 여러분이 이렇게 가정하는 것을 옳지만, 이 추론 과정도 알고 있어야 한다.

업무의 전문성을 고려하라

만약 여러분이 다양한 전문성(마케팅, 재무, 운영, 연구개발)을 지닌 사람들로 구성된 팀을 이끈다면 각 분야마다 그들의 전문성을 잘 파악해야 한다. 이 업무는 신임 리더에게 특히 어렵다. 여러분이 내부에서 승진했다면 팀원들의 전문성을 잘 알고 있는 사람들에게 조언을 구해라. (이 상황에 대한 더 자세한 내용은 2012년 6월《하버드 비즈니스 리뷰》에 실린 필자의 글 〈관리자는 어떻게 리더가 되는가〉를 참고하라.)

여러분이 사업의 리더 역할을 맡았다면 마케팅, 영업, 재무, 운영 같은 직원들의 업무 역량을 평가하기 위한 틀을 만들어라. 좋은 틀은 업무별로 핵심역량지수Key Performance Indicator, KPI를 포함하고 있어야 한다. 핵심역량지수에는 보여주어야 할 것과 보여주지 말아야 할 것, 그리고 핵심 질문과 경고 신호가 있어야 한다. 업무별 틀을 만들기 위해 여러분의 업무를 잘 알고 있는 경험 있는 리더들에게 조언을 구해라.

팀워크의 범위를 고려하라

여러분이 설정한 평가 가중치는 직속부하들의 업무에 따라 달라져야 한다. 예를 들어, 여러분이 지역적으로 분산된 영업 지사장들을 관리하는 영업 담당 부사장으로 부임했다고 가정하자. 예전에 신제품 개발 프로젝트를 이끌었을 때 적용했던 기준과 이번 그룹을 이끄는 상황에서 평가 기준은 어떻게 달라져야 하는가?

이 작업은 여러분의 직속부하가 독립적으로 업무를 진행하는 범위에 따라 다르다. 만약 여러분의 직속부하가 독립적으로 일한다면 제품 개발을 위해 긴밀하게 협력하던 방식에 비해 함께 일하는 역량이 그다지 중요하지 않다. 이런 상황에서는 팀을 실제로 이끌기보다는 성과가 좋은 직원들을 이끈다고 간주하는 것이 좋다.

혼재된 스타스 상황을 고려하라

여러분이 적용해야 할 평가 기준은 스타스 상황에 따라 다르다. 여러분이 처한 상황은 시작, 회생, 급속성장, 재조정, 성공지속 중 하나일 수도 있고 혼합된 형태일 수도 있다. 성공지속 상황에서 여러분은 한두 명의 뛰어난 팀원을 골라 경력 개발을 도와야 한다. 만약 팀원들의 성과가 평범하더라도 여러분이 유능한 직원으로 만들 수 있다면 그들을 도울 수 있다.[1] 반면 회생 상황에서는 유능한 직원이 여러분에게 반드시 필요하다.

또한 여러분은 스타스 상황에 따른 경험과 역량을 기준으로 평가할 수도 있다. 예를 들어, 여러분이 과거에 성공적이었지만, 지금은 성과가 떨어지고 있으며 재조정에도 실패한 사업을 맡았다고 가정해보자. 이 상황에서 여러분은 조직의 회생을 이끌어야 한다. 성공지속과 재조정 상황에서 유능했던 팀원이 회생 상황에서도 유능한 것은 아니다.

직위의 중요성을 고려하라

마지막으로 팀원들의 평가는 그들의 직위와 밀접하게 관련되어 있다. 각 팀원들은 자신들의 업무와 직위를 동시에 갖고 있다는 점을 기억해라.[2] 여러분의 직속부하 또는 동료들의 직위가 여러분의 성공에 어느 정도로 중요한지를 평가해라. 만약 상당히 중요하다면 직위를 나열하고 10점 척도로 중요도를 평가해라. 여러분이 물려받은 팀원들을 평가할 때 이 중요도를 활용해라.

팀을 변화시키는 데는 많은 에너지가 들기 때문에 이 평가가 중요하다. 중요도가 낮은 리스트에 성과가 낮은 팀원이 있는 것은 용인할 수 있다. 하지만 중요도가 높은 리스트에 그런 팀원이 있어서는 안 된다.

사람들을 평가하라

여러분이 개발한 평가 기준과 직위의 중요도를 활용해 팀원들을 평가할 때 가장 먼저 최소기준을 만족하는지를 확인해라. 그 기준에 미달하는 팀원들이 있다면 교체할 계획을 세워라. 최소기준을 만족했다고 해서 팀에 그대로 두어서도 안 된다. 다음 단계의 평가를 진행하라. 팀원들의 강점과 약점을 파악하고 여러분이 설정한 기준별로 상대적인 가치를 평가하라. 누가 좋은 평가를 받았고, 누가 나쁜 평가를 받았는가?

가능한 한 신속하게 팀원들을 일대일 면담하는 것이 좋다. 여러분의 스타일에 따라 초기 면담은 비공식적인 논의, 공식적인 검토, 이 둘의 조합이 될 수 있다. 하지만 여러분은 다음 사항들에 집중해서 면담을 준비해야 한다.

1. 면담을 따로 준비하라. 팀원들의 이력, 성과 자료, 수상 기록들을 살펴보라. 팀에서 제대로 역할하고 있는지를 평가할 수 있도록 각 팀원의 기술 능력과 직무 능력을 파악한다.
2. 각 팀원들에게 같은 질문을 던져서 대답이 얼마나 다른지를 확

인하라. 다음과 같은 질문을 던져본다.

- 팀의 기존 전략에서 강점과 약점은 무엇인가?
- 단기적으로 팀이 직면한 가장 큰 도전은 무엇이고, 가장 큰 기회는 무엇인가? 또 중기적으로는 어떠한가?
- 더 효과적으로 활용할 수 있는 자원은 무엇인가?
- 어떻게 하면 팀워크를 향상시킬 수 있는가?
- 당신이 내 입장이라면 어디에 가장 많은 관심을 기울이겠는가?

3. 언어적·비언어적 단서를 찾아라. 어휘, 몸짓, 쟁점에 주목하라.

- 상대방이 말하지 않는 것을 포착하라. 그는 자발적으로 정보를 제공하는가, 아니면 여러분이 정보를 이끌어내야 하는가? 그는 자신이 맡은 영역에서 발생한 문제에 책임감을 느끼는가, 변명을 하는가, 다른 사람을 탓하는가?
- 표정과 몸짓이 말과 일치하는가?
- 강한 감정적 반응을 보이는 쟁점은 무엇인가? 이것은 그의 동기가 무엇인지, 어떤 변화에서 에너지를 공급받는지를 말해주는 단서다.
- 일대일 면담 자리가 아닌 곳에서 그와 다른 팀원들과의 관계가 어떤지 살펴보라. 다른 팀원들과 생산적이고 친밀한 관계를 맺고 있는가? 긴장되고 경쟁적인 관계는 아닌가? 비판적이거나 서먹서먹하지 않은가?

판단력을 시험하라

평가 대상이 기술 능력이나 기초지식이 아니라 판단력임을 유의해야 한다. 매우 영리하지만 판단력은 형편없는 사람이 있는가 하면, 능력은 보통인데도 판단력이 뛰어난 사람도 있다. 여러분에게 필요한 사람이 어느 정도의 지식에 어느 정도의 판단력을 지닌 인물인지를 명확히 파악하는 것이 중요하다.

판단력을 평가하는 하나의 방법은 상당 기간 동안 함께 일을 하면서 그 사람이 (1) 정확한 예측을 하는지, (2) 문제를 사전에 예방하기 위한 적절한 전략을 세우는지를 지켜보는 것이다. 이 두 가지 능력의 토대를 이루는 것은 심리적 모델, 즉 상황의 본질과 역학을 파악하고, 거기서 얻은 통찰을 행동으로 옮기는 방식이다. 문제는 그 사람의 판단이나 대처가 얼마나 정확했는지를 확인하기까지 오랜 시간이 걸리는데, 여러분에게는 그때까지 기다릴 시간이 없다는 점이다. 다행히 이 과정을 신속하게 할 수 있는 방법이 있다.

한 가지 방법은 그 사람의 예측 능력을 신속하게 파악할 수 있는 질문을 던져보는 것이다. 다음과 같은 방법으로 실험해보라. 일 이외에 그 사람이 관심을 가지고 있는 주제를 알아본 다음 그와 관련된 질문을 던진다. 질문의 주제는 정치든 요리든 야구든 상관없다. 중요한 것은 그 주제와 관련해 그가 예측을 하게 유도하는 것이다. "토론에서 누가 더 잘 할 것 같습니까?", "완벽한 수플레(soufflé: 달걀의 흰자를 거품이 일게 하여 구운 것)를 만들기 위해서는 무엇이 있어야 하나요?", "오늘 경기에서 어느 팀이 이길 것 같습니까?" 입장을 분명히 할 것을 요구한다. 분명한 대답을 꺼린다면 그 자체가 판단력이 부족하다는 증거다. 그런 다음 그렇게 생각한 근거를 물어보라. 그들이 제시한 근거가 타당한지 판단하고, 실제로 상황이 그가 예측한 대로 전개되는지 지켜본다.

여러분이 시험하려는 것은 특정 영역에서 전문적 판단력을 발휘하는 능력이다. 개인적으로 관심이 있는 영역에서 전문적인 판단력을 보이는 사람은 자신의 업무에서도 전문적 판단력을 발휘할 가능성이 크다. 중요한 것은 결과를 낼 때까지 무작정 기다릴 것이 아니라 전문적 면모를 확인해볼 방법을 찾아보는 것이다.

팀 전체를 평가하라

팀원들에 대한 개별 평가와 별도로 팀 전체가 일하는 방식을 평가하라. 아래는 팀 전체의 역학에 있을 수 있는 문제점들을 파악하기 위한 기법이다.

- 자료를 눈여겨볼 것. 각종 보고서들과 팀 회의록을 읽어 보라. 회사에서 개별 사업 단위들을 대상으로 근무 환경이나 근무 의욕을 설문조사한 자료가 있다면 꼼꼼히 살펴보라.

- 체계적으로 질문을 던질 것. 팀원들과의 개별면담에서 각 팀원들이 동일한 질문에 어떤 반응을 보이는지에 주의를 기울여라. 그들의 대답이 지나치게 일치하지는 않는가? 그렇다면 팀의 정책이 팀원들의 의견수렴을 통해 결정되고 있다고 해석할 수도 있고, 모두가 현 상황에 대해 동일한 시각을 갖고 있다고 해석할 수도 있다. 어느 쪽으로 판단할지는 여러분 몫이다. 팀원들의 대답이 제각각인가? 그렇다면 팀의 결집력이 부족한 것이다.

- 집단 내 역학관계를 파악할 것. 부임 초기의 면담 자리에서 팀원

들 간의 상호관계를 잘 관찰하라. 팀원들 간에 파벌이 형성되어 있지는 않은가? 팀원들이 특정 태도를 보이지는 않는가? 리더 역할을 하는 사람은 누구인가? 특정 주제와 관련해 누가 누구에게 미루지는 않는가? 누군가가 이야기할 때 다른 사람들이 눈동자를 굴리거나 찡그리거나 화난 표정을 짓는 경우는 없는가? 팀원들 간의 협력 혹은 갈등 관계를 파악하려면 이런 신호에 주의를 기울여야 한다.

팀을 진화시켜라

개별 팀원들의 역량을 평가하고, 기능적 전문성·팀워크 필요성·스타스 포트폴리오·직위의 중요성을 고려한 다음에는, 그들을 어떻게 처리하는 것이 최선인지를 파악해야 한다. 부임 후 첫 30일이 끝나갈 무렵 여러분은 다음 범주 가운데 하나에 사람들을 할당할 수 있어야 한다.

- 붙잡아야 할 사람. 현재 자신이 맡은 역할을 제대로 소화해내고 있는 사람.
- 붙잡되 발전이 필요한 사람. 개인적 발전이 필요하지만 여러분이 그들에게 발전을 위한 시간과 에너지를 주어야 할 사람.
- 다른 자리로 옮겨야 할 사람. 좋은 성과를 내고 있지만 자신의 직무 능력이나 특성을 최대로 살리지 못하는 자리에 있는 사람.
- 교체해야 할 사람(낮은 순위). 교체해야 하지만 교체가 시급하지는

않은 사람.

- 교체해야 할 사람(높은 순위). 최대한 신속하게 교체해야 할 사람.
- 당분간 관찰해야 할 사람. 더 지켜볼 필요가 있고 발전을 위한 계획이 필요한 사람.

이 평가를 절대적이어서 되돌릴 수 없는 것은 아니지만, 여러분은 90퍼센트 이상 이 평가를 신뢰해야 한다. 여러분이 누군가를 어떤 범주에 할당할지 알 수 없다면 '당분간 관찰해야 할 사람' 범주에 할당하라. 시간이 지나 당신이 더 학습한 다음에 이 평가를 수정할 수 있다.

대안을 생각하라

높은 순위로 교체하기로 결정한 사람들을 당장 해고하고 싶은 유혹을 느낄지도 모른다. 하지만 무작정 해고하기에 앞서 대안을 생각해보라. 직원을 해고한다는 것은 매우 힘든 결정이며 상당한 시간도 소요된다. 해고의 근거가 될 만한 실적 자료가 갖춰진 경우에도 실제로 해고가 이루어지기까지 몇 달이 소요될 수 있다. 실적 부진을 보여주는 문서가 없는 경우에는 문서를 준비하는 데도 상당한 시간이 걸린다.

또한 해고할 수 있는 여러분의 능력은 법적 보호, 문화적 규범, 정치적 협력관계를 포함한 여러 요인들에 영향을 받는다. 성과가 좋지 않더라도 해고할 수 없는 경우도 있다. 이런 경우에는 해당 직원을 잘 다룰 수 있는 방법을 찾아야 한다.

다행히 해고 조치를 대신할 수 있는 대안들이 있다. 본인에게 실적 부진을 분명하게 전달하면 당사자 스스로 자리 이동을 원하는 경우가 많다. 그런 경우에는 인사 담당자와 협의해 다음과 같은 방법으로 적합한 자리로 이동시킬 수 있다.

- 직무 전환. 팀 내에서 당사자의 직무능력에 적합한 자리로 이동해 배치한다. 이것은 완전한 해결책이 될 수는 없지만 적임자를 찾을 때까지 업무가 마비되는 불상사를 예방하는 데 도움이 된다.
- 한직閑職으로 이동. 해당 직원의 성과가 나쁘거나 팀에 부정적인 영향을 준다면 부정적인 영향을 주도록 놓아두는 것보다는 아무 일도 하지 않도록 하는 것이 좋다. 당사자의 업무를 크게 줄여라. 그리고 당사자에게 팀에 부정적인 영향을 주고 있다는 사실을 알려라. 이동한 곳에서 좋은 성과를 보인다면 도와줄 수 있다는 것도 알려라.
- 회사 내의 다른 팀으로 이동. 회사 규모가 크다면 해당 직원을 적합한 팀으로 이동시킬 수 있다. 적절하게 이동이 이루어진다면 여러분에게 도움이 될 뿐만 아니라 당사자와 회사에도 도움이 된다. 하지만 당사자가 새로운 상황에서 좋은 성과를 낼 것이라고 확신이 들지 않는다면 이 방법은 좋지 않다. 성과가 나쁜 직원을 다른 사람에게 떠넘기는 것은 여러분의 평판을 떨어뜨린다.

후임자를 물색하라

장기적인 전망 아래 최상의 팀을 구성하는 동안에도 팀이 굴러가기 위해서는 실적이 저조한 팀원이라도 후임자를 구할 때까지 최선을 다해서 맡은 일을 하도록 해야 한다. 누군가가 적임자가 아니라는 확신이 들면 곧바로 후임자를 찾기 시작하라. 팀원 혹은 회사 내 다른 부서의 팀원 가운데 승진시켜서 쓸 만한 사람이 있는지 눈여겨보라. 그럴 만한 사람과 면담을 해도 좋고 정기적으로 보고 받는 자리에서 역량을 평가해도 좋다. 인사 담당자에게 적임자를 찾아달라고 요청하는 것도 방법이다.

사람들을 존중하라

팀 진화 과정에도 사람들을 존중하라. 팀원들이 특정인을 교체해야 한다는 데 의견이 일치한다고 해도 여러분의 조치가 공정하지 못했다고 판단한다면 평판이 나빠진다. 팀원들의 역량과 특정 업무에 대한 적합성을 여러분이 신중하게 평가하고 있다는 점을 팀원들에게 보여주어야 한다. 여러분이 일을 처리하는 방식은 직속부하들의 머릿속에 오랫동안 인상을 남긴다.

팀을 정렬하라

적합한 팀원을 뽑는 것은 중요한 일이다. 하지만 그것만으로는 부족하다. 최우선 과제를 완수하고 초기 승리를 확보하기 위해서는 각 팀원이 목표 달성을 어떤 식으로 지원할 것인지를 정해야 한다. 이 과정에서 여러분은 큰 목표를 몇 가지 요소로 세분화하고, 팀원들과의 협의를 통해 각 요소들을 팀원들에게 적절히 배분해야 한다. 팀원들에게 각자가 맡은 업무를 완수하도록 요구해야 한다. 어떻게 하면 팀원들이 책임감을 가지고 일하도록 할 수 있을까?

[그림 7-2]에서 보듯이 푸시push 방법과 풀pull 방법을 적절히 섞는 것이 팀을 정렬하고 동기를 부여하는 좋은 방법이다. 목표, 성과측정 시스템, 인센티브 같은 푸시 방법은 권위, 충성심, 두려움, 보상에 대한 기대심리를 통해 직원들을 가동시킨다. 호소력 있는 비전 같은 풀 방법은 미래에 대한 긍정적이고 흥미진진한 이미지를 불러일으켜 직원들의 의욕을 고취시킨다.

풀 방법과 푸시 방법을 어떻게 배합할지는 팀원들이 어떤 식의 동기부여를 선호하느냐에 따라 달라질 것이다. 직극적인 활동가 타입의 사람들은 풀 방법에 더 적극적으로 반응하며, 조직적으로 접근하고 리스크를 싫어하는 사람들에게는 푸시 방법이 더 효과적이다.

여러분은 스타스 상황에 따라 적절하게 배합해야 한다. 회생 상황에서는 푸시 방법이 많이 사용된다. 문제는 직원들에게 특정한 변화가 필요하다는 것을 알리는 것이다. 하지만 재조정 상황에서는 위급한 상황임을 알게 하는 것이 중요한 과제다. 이 상황에서는 풀 방법에 더 집중해야 한다. 예를 들어, 회사가 어떻게 나아가야 할지에 관한 호소력

그림 7-2

푸시 및 풀 방법을 이용한 동기부여

푸시 방법
인센티브
보고 시스템
기획 프로세스
절차
임무 지시

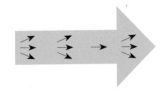

풀 방법
비전 공유
팀워크

있는 비전을 정해야 한다.

목표와 성과측정 기준을 정하라

푸시 방법에서 분명하고 명시적인 성과측정 기준을 마련하고 그것을 일관되게 지키는 것은 사람들이 책임감을 갖게 만드는 최선의 방법이다. 팀원의 목표 달성 여부를 명확하게 판단할 수 있는 성과측정 기준을 마련해야 한다.

'매출 향상' 또는 '신제품 개발기간 단축' 같이 모호한 목표를 내세우지 말고 정량적 측정이 가능한 목표를 세워라. 예를 들어, '올해 4/4분기 동안 X제품의 매출을 15~30퍼센트 증가시킨다.' 또는 '앞으로 2년 이내에 Y 제품군의 개발기간을 현재 12개월에서 6개월 이내로 단축시킨다' 같이 목표를 정확히 수치로 표현해야 한다.

인센티브를 정렬하라

목표를 달성한 팀원들에게 보상하는 방법은 중요한 질문이다. 금전적 보상과 비금전적 보상을 어떻게 조합할 것인가?

개별성과를 기준으로 보상할 것인가, 아니면 집단성과를 기준으로 보상할 것인가도 중요하다. 이 결정은 여러분이 강한 팀워크를 필요한지에 달려 있다. 그렇다면 집단 보상이 적절하다. 좋은 성과를 내고 있다면 개별성과에 집중해야 한다.

여기에서는 적절한 균형을 유지하는 것이 중요하다. 직속부하들이 독자적으로 일하고, 조직의 성공이 개인의 성과에 따른다면 굳이 팀워크 향상에 매달릴 필요 없이 개별 인센티브를 마련하면 된다. 그러나 팀원들 간의 협력과 전문 지식의 통합에 성패가 달려 있다면 팀워크가 중요하다. 이런 경우에는 집단의 목표를 설정하고 협력을 유도하는 인센티브가 필요하다.

여러분은 개별 실적(부하직원이 독립적인 업무를 맡고 있을 때)과 팀의 실적(그들이 상호의존적인 임무를 맡고 있을 때) 모두에 적절한 보상을 줄 수 있는 인센티브를 만들고 싶을 것이다. 개별 보상과 집단 보상 간의 적절한 비율은 여러분이 맡은 사업 단위의 성패가 독자적 활동과 상호의존적 활동에 어느 정도로 의존하느냐에 따라 달라진다(〈인센티브 방정식〉 참조)

인센티브 방정식

인센티브 방정식은 원하는 성과를 얻기 위해 사람들에게 동기부여를 할 때 다양한 인센티브를 어떤 비율로 조합할지를 결정하기 위한 공식이다. 기본 공식은 다음과 같다.

총 보상=비금전적 보상+금전적 보상

금전적 보상과 비금전적 보상의 비중은 승진이 표창과 같은 비금전적 보상의 유효성과 보상 대상자가 그러한 보상에 부여하는 중요도에 따라 달라진다.

금전적 보상=고정급여+성과급

고정급여와 성과급의 상대적 규모는 정확한 개인 기여도의 측정 가능성, 임무 수행 시점과 결과 산출 시점 사이의 시차에 따라 달라진다. 개인의 기여도를 정확히 측정하기가 어렵고, 임무 수행 시점과 그 결과가 나타나는 시점 사이가 멀면 고정급여에 많은 비중을 둘 수밖에 없다.

성과급=개별 성과급+집단 성과급

개별 성과급과 집단 성과급의 상대적 비중은 상호협력이 성과에 미치는 영향에 따라 달라진다. (영업팀의 경우처럼) 개인이 독자적인 노력을 통해 탁월한 성과를 거두었다면 개별 보상이 바람직하다. 또한 (신제품 개발팀의 경우처럼) 구성원들 간의 협력과 조화가 성과에 큰 영향을 미친다면 집단 보상에 큰 비중을 두어야 한다. 집단 보상에도 몇 가지 수준이 있는데, 팀별 인센티브, 사업 단위별 인센티브, 회사 전체 인센티브 등이다.

인센티브 제도를 설계하는 것은 중요한 과제이지만, 불합리한 인센티브 때문에 큰 위험에 빠질 수도 있다. 개별적으로 일하든 협력해서 일하든 여러분에게는 여러분을 위해 일할 직속부하가 필요하다. 팀워크가 중요할 때 개인의 목표만 추구하는 사람에게는 인센티브를 줄 이유가 없다. 반대 경우도 마찬가지다.

비전을 명확히 하라

팀을 조정할 때 여러분은 조직의 비전을 잊지 말아야 한다. 비전은 여러분과 팀원들이 매일 일하는 핵심 이유이기 때문이다.

다음은 직원들에게 호소력 있는 비전이 갖추어야 할 것들이다.

- 비전은 영감의 원천이다. 이는 팀워크나 사회 기여처럼 동기를 부여하는 기초다. 예를 들어, 정형외과에 필요한 재활 장비를 개발하는 회사는 '움직이는 즐거움을 회복하기'라는 비전을 만들 수 있다. 이 비전은 부상당한 운동선수가 다시 경기에 나갈 수 있도록 돕고, 할머니가 손자를 안을 수 있도록 도와준다는 이야기를 담고 있다.
- 비전은 사람들이 강력한 이야기의 일부분을 담당한다는 생각을 심어준다. 가장 좋은 비전은 사람들이 거대한 서사 속을 들어간다는 느낌을 주는 것으로 과거의 영광을 회복해야 한다는 것이 좋은 예다.
- 비전은 감동적인 언어를 포함하고 있어야 한다. 비전은 조직이 달성해야 할 목표와 그것을 이루었을 때 직원들이 느끼는 감정을 함축적인 언어로 표현되어야 한다. 존 F. 케네디 대통령이 제시한 비전은 10년 동안 12개의 로켓을 쏘아올리고, 10년 뒤에는 달에 인간을 보내고 무사귀환을 달성하겠다는 것이었다.

[표 7-2]에 제시된 통찰들을 활용해 비전을 만들어라. 이 비전으로 직원들이 조직에서 규정한 목표를 달성할 수 있도록 영감을 받는지를 자신에게 물어보라.

표 7-2

비전 제시를 위한 통찰

몰입했는가?	탁월한 성과를 올렸는가?
● 이상을 향한 몰입 ● 이상에 도달하기 위한 희생	● 탁월함, 품질, 지속적인 개선 추구 ● 도전할 기회 제공
기여했는가? ● 고객과 공급업체에 대한 서비스 ● 더 나은 사회와 세계 구현	팀의 일원이 되었는가? ● 팀워크와 좋은 팀이 되도록 지속적인 관심 ● 팀 내에서도 개별 보상을 강조하는 분위기
개인적으로 성장했는가? ● 오류를 없애고 실천을 장려한 개인을 향한 존경 ● 사람들이 그 상태에 도달할 수 있도록 수단 지원	자신의 운명을 통제했는가? ● 지배력 추구와 통제 ● 개별적이면서도 조직에 도움이 되는 보상, 인식, 지위
신뢰와 포용을 갖추었는가? ● 윤리적이고 정직한 행동 ● 공정함	

비전을 만들고 공유하는 작업을 하는 동안 다음 원칙들에 유념해라.

● 헌신을 이끌어내기 위한 자문을 하라. 비전의 요소들을 협상할 수는 없지만, 다른 사람들의 아이디어를 고려해 비전에 넣거나 공유할 수 있도록 유연해야 한다. 이렇게 해야 직원들이 비전을 자신의 것으로 여긴다. 오프사이트 회의는 잘 운영된다면 비전을 만들고 공유하는 좋은 방법이다(〈오프사이트 회의 계획 체크리스트〉 참조).

● 비전을 소통할 수 있는 스토리와 비유를 개발하라. 스토리와 비유는 비전의 핵심을 소통하는 강력한 방식이다. 스토리에는 강력한

설득력이 있다. 이런 이야기들에서 핵심 교훈을 도출해서 행동 모
델로 만들어야 한다.

- 비전을 반복해서 공유하라. 설득력 있는 소통에 관한 연구 결과에
  따르면 반복이 강력한 도구다. 비전이 직원들 마음속에 깊이 새겨
  질 수 있도록 여러 차례 반복해서 전달해라. 직원들이 메시지를 이
  해했다고 하더라도 멈추지 마라. 직원들이 비전에 깊이 헌신할 수
  있도록 독려해라.
- 비전을 소통할 수 있는 채널을 개발하라. 여러분은 직원들과 개별
  적으로 비전을 소통할 수 없다. 고위 관리자들의 소규모 그룹에서
  비전을 공유하면서 넓게 퍼져나갈 수 있도록 하는 것이 효과적이
  다. 결국 비전을 조직 전체로 전달하는 채널을 확보해야 한다.

마지막으로 여러분도 비전을 달성하기 위해 노력해야 한다. 여러분
또는 팀원들이 비전과 일치하게 행동하지 않는다면, 오히려 비전이 없
는 것보다 더 나쁘다. 말한 대로 행동해라.

오프사이트 회의 계획 체크리스트

새로 맡은 팀과 오프사이트 회의를 계획하고 있다면 왜 하려고 하는지 이유를
명확히 해라. 이 회의의 목적은 무엇인가? 다음은 오프사이트 회의를 준비하는
데 유념해야 할 여섯 가지 원칙이다.

- 비즈니스에 관한 이해 공유 (진단에 집중)

- 비전과 전략 결정 (전략에 집중)

- 팀워크 변경 (팀 프로세스에 집중)

- 그룹 내 관계 구축 또는 변경 (관계에 집중)

- 계획 수립과 노력 (계획에 집중)

- 갈등 조정과 동의 (갈등 해결에 집중)

세부내용 확인하기

만약 여러분이 오프사이트 회의를 필요하다고 결정했다면 다음 질문들에 답하면서 구체적인 세부사항들을 확인해라.

- 언제 어디에서 회의를 열어야 하는가?

- 어떤 이슈를 어떤 순서로 논의해야 하는가?

- 조정자 역할은 누가 해야 하는가?

의견 조정을 위한 질문들을 무시하지 마라. 여러분이 유능한 조정자이고 팀원들이 여러분을 존중하면서 갈등에 휘말리지 않는다면, 여러분 자신이 리더이자 조정자일 수 있다. 그렇지 않다면 여러분은 외부에서 경험 많은 조정자를 영입해서 자문을 구해야 한다. 그런 조정자는 여러분이 논의하려는 주제를 잘 알고 있거나 팀 프로세스에 경험이 많은 전문가여야 한다.

함정 피하기

한 번의 오프사이트 회의에서 너무 많은 것들을 해결하려고 해서는 안 된다.

하루 또는 이틀 동안 논의할 주제가 두 개를 초과해서는 안 된다. 한두 개의 목표만을 정하고 그것에 집중해라.

말 앞에 수레를 놓는 것처럼 논의 순서를 바꾸지 말아야 한다. 적절한 기초를 구축하기 전에는 비전과 전략을 만들 수 없다. 비즈니스 상황을 공유하고(진단에 집중), 업무 환경과 관계를 먼저 파악해야 한다(관계에 집중).

팀 이끌기

팀을 평가하고, 진화하고, 정렬했다면 그 다음 단계는 일일 또는 일주일 단위로 여러분이 원하는 팀의 작동 방식을 생각하라. 팀의 업무가 이루어지는 방식을 규정할 프로세스를 어떻게 만들 것인가? 회의운영 방식, 의사결정 방식, 분쟁해결 방식, 책임 및 임무 분배 방식은 팀마다 크게 다르다. 여러분은 새로운 방식을 도입하고 싶을 것이다. 하지만 경솔하게 이러한 작업에 돌입해서는 안 된다. 먼저 여러분이 부임하기 전에 팀이 어떤 식으로 운영되었는지, 그리고 그 프로세스가 얼마나 효과적이었는지를 철저히 파악해야 한다. 그렇게 하면 효과적인 프로세스를 유지하면서 불합리한 프로세스를 바꿔 나갈 수 있다.

기존 프로세스 평가하기

어떻게 하면 기존 프로세스들을 신속히 파악할 수 있을까? 팀원, 지원부서, 새로운 상사, 전임자 등과 이야기를 나누어보라. 직무에 대한 간략한 설명과 핵심 프로세스들에 대한 설명을 들어보라. 회의기록과 각

종 보고서들을 훑어보라. 그런 다음 아래 질문들에 대답을 구해보기 바란다.

- 각 관계자들의 역할. 전임자에게 가장 큰 영향을 미친 사람은 누구였는가? 악당 노릇을 한 사람은 누구인가? 혁신을 주장한 사람은 누구인가? 모험을 기피한 사람은 누구인가? 누구의 입김이 가장 셌는가? 중재자는 누구인가? 선동가는 누구인가?
- 팀 회의. 얼마나 자주 팀 회의를 가졌는가? 참석자는 누구인가? 누가 회의의 안건을 결정했는가?
- 의사결정. 누가 어떤 종류의 의사결정을 했는가? 의사결정을 할 때 누구로부터 조언을 구했는가? 결정 사항을 누구에게 보고했는가?
- 리더십 스타일. 전임자는 어떤 리더십 스타일을 선호했는가? 전임자가 선호한 학습, 의사소통, 동기부여, 의사결정 방식은 어떤 것이었는가? 전임자의 리더십 스타일은 여러분의 리더십 스타일과 어떻게 다른가? 여러분과 전임자의 스타일에 큰 차이가 있다면 그 차이점이 팀에 미칠 충격을 어떻게 극복할 것인가?

프로세스를 변화시킬 타깃 정하기

기존에 팀이 어떤 식으로 운영되었는지, 즉 어떤 프로세스가 효과를 거두었고 어떤 프로세스가 효과를 거두지 못했는지 파악했다면 그것을 토대로 필요한 프로세스를 구축해야 한다. 많은 리더들이 변화를 통해 팀의 회의 프로세스와 의사결정 프로세스를 획기적으로 개선할 수 있다고 믿는다. 여러분도 같은 생각이라면, 우선 여러분이 그리는 변화의 내용을 명확한 단어로 설명하라. 얼마나 자주 팀 회의를 가질 것인가? 어떤 회의에 누가 참석할 것인가? 어떤 방식으로 회의 안건을 정하고 정해진 안건을 어떤 방식으로 전달할 것인가? 명확하고 효율적인 프로세스의 확립은 팀을 결집시키고 하나의 집단으로서 초기 승리를 확보하는 데 큰 도움이 된다.

회의 참석자 변화시키기

팀 프로세스에서 가장 흔한 문제는 팀의 중요한 회의에 누가 참석할 것이냐는 것이다. 일부 조직에서는 팀 회의가 너무 포괄적인 경향이 있다. 너무 많은 사람들이 중요한 문제를 논의하고 결정하는 과정에 참여한다. 이런 경우에는 신속히 회의 참석자의 규모를 줄이고 회의를 간소화해서 효율과 집중을 중시한다는 메시지를 전달해야 한다. 반면 일부 조직에서는 팀의 주요 회의 참석자가 너무 제한되어 있다. 이렇게 되면 주요 의견이나 정보를 제공할 수 있는 사람들이 팀 회의에서 배제되는 결과를 초래할 수 있다. 이런 경우에는 신속히 회의 참석자의 폭을 넓혀 특정인을 편애하거나 몇몇 사람들의 의견에 지나치게 의존하지 않는다는 메시지를 전달해야 한다.

의사결정 이끌기

의사결정 역시 개선의 여지가 많은 영역이다. 의사결정을 제대로 관리할 줄 아는 리더는 드물다. 사안이 다르면 의사결정 프로세스도 달라져야 하는데 대부분의 팀 리더들이 하나의 프로세스만을 고집한다. 그 이유는 자신들이 편하게 여기는 스타일 때문이고, 일관성이 필요하다고 여기거나 부하직원들의 혼란을 예방하기 위해서다.

조사 결과에 따르면 이것은 잘못된 생각이다.[3] 중요한 것은 사안이 다를 때 다른 접근 방식을 택하는 이유를 명확히 설명해주는 틀을 마련하는 것이다.

팀 차원의 결정을 내리는 다양한 방식들을 생각해보자. 독단적 의사결정에서 만장일치에 의한 의사결정까지 다양한 의사결정 방식이 있다. 독단적 의사결정 방식에서는 그냥 리더가 결정하면 된다. 그 과정에서 개인적으로 여러 사람과 협의를 거칠 수도 있고, 자기 판단으로 혼자 결정을 내릴 수도 있다. 이 접근 방식의 위험성은 명확하다. 결정적인 정보나 통찰을 놓칠 수 있을 뿐만 아니라, 결정의 실행에서 팀원들의 적극적인 호응을 얻기가 어렵다.

반대쪽 극단에 있는 만장일치에 의한 의사결정 방식은 저마다 다른 의견을 통합하여 일정한 결론을 도출하기가 매우 어렵다. 그렇게 해서 내려진 결정은 사람들의 주장들 가운데 일치되는 부분만을 적당히 조합한 절충안이 될 가능성이 크다. 어느 쪽이든 이런 접근 방식으로는 결정적인 기회나 위기에 효과적으로 대처할 수 없다.

대부분의 리더는 이 두 극단 사이에 있는 방식을 택하는데, 하나는 협의 후 결정consult-and-decide이고, 다른 하나는 합의 형성building consensus 이다. 리더가 직속부하들로부터 조언과 정보를 구하되 최종결정을 내릴 권한은 자신이 직접 행사할 경우 협의 후 결정 방식을 사용한다고 볼 수 있다. 그는 정보 수집, 분석 프로세스와 평가, 결론 도출 프로세스를 분리하여, 전자에서는 직속부하들을 참여시키지만 후자에서는 직속부하들을 배제한다.

합의 형성 방식에서 리더는 의사결정을 위해 정보를 수집하고 분석할 뿐만 아니라 팀원들로부터 조언도 구한다. 이 방식은 완전하지는 않더라도 충분한 의견 일치를 목표로 한다. 대다수 팀원들이 올바른 결정임을 믿으며, 동의하지 않은 팀원들도 결정된 사항을 실행하는 데 협력한다.

여러분이 협의 후 결정 방식을 택해야 할 때는 언제일까? "시간에 쫓길 경우 협의 후 결정 방식을 택하겠다."라고 생각하는데, 이는 잘못된 생각이다. 왜 그럴까? 이 방식이 의사결정에 걸리는 시간을 단축시켜 주는 것은 분명하지만 그렇게 내려진 결론이 바람직한 결론임을 보장해주지는 못하기 때문이다. 실제로 이 방식에서는 결정 사항을 팀원들에게 납득시키는 데 많은 시간이 소요된다. 또한 결정의 실행에 비협조적인 팀원들에게 결정을 따르도록 압력을 가하게 된다. 행동 강박에 시달리는 사람들은 이런 위험을 안고 있다. 그들은 결정을 내려 논의를 종결짓고 싶어 하지만, 그로 인해 최종 목표 달성을 어렵게 만든다.

다음 규칙들은 여러분이 상황에 따라 어떤 의사결정 방식을 택하는 것이 좋은지를 이해하는 데 큰 도움이 된다.

- 의견이 양분되어 있는 경우(최종적인 의사결정에 따라 승자와 패자가 생길 수밖에 없는 경우)에는 협의 후 결정 방식을 택하고, 패한 측으로부터의 비난을 정면 돌파하는 것이 낫다. 합의 형성 방식으로는 바람직한 결론에 도달하지 못할 뿐만 아니라 그 과정에서 쌍방 모두 흥분하게 된다. 어느 한 편이 손해나 고통을 감수해야 하는 결정에 대해서는 리더가 최종결정을 내리는 것이 좋다.

- 팀원들이 결정된 사안을 적극 실행에 옮겨야 하고 그들의 성과를 일일이 통제하기 어려울 때는 합의 형성 방식이 좋다. 협의 후 결정 방식으로는 빠른 결정을 내리기는 쉽지만 바람직한 결과를 얻기가 어렵다.

- 팀원들이 경험이 많지 않을 때는 팀의 역량을 파악한 다음, 팀원들의 업무능력이 향상될 때까지 협의 후 결정 방식을 활용하는 것이 좋다. 경험이 부족한 팀에 합의 형성 방식을 적용할 경우에는 좌절을 겪을 것이며, 역량이 부족한 사람들에게 중요한 의사결정을 위임하는 위험도 떠안아야 한다. 섣부른 의사결정은 팀워크를 해칠 우려도 크다.

- (한때 동료였던 사람들을 이끌어야 하는 입장처럼) 여러분의 권위를 확립할 필요가 있는 경우에는 적어도 핵심 사항들에 관해서는 협의 후 결정을 택하는 쪽이 좋다. 여러분이 어려운 결정을 내릴 수 있는 통찰력과 확고한 의지를 갖고 있다는 것을 사람들에게 보여준 다음에는 편안한 마음으로 합의 형성 방식을 확대 적용해볼 수 있다.

의사결정 방식은 여러분이 처한 스타스 상황에 따라서도 달라질 수 있다. 시작 상황과 회생 상황에서는 협의 후 결정 방식이 효율적이다. 이런 상황에서는 문화적·정치적 문제보다는 기술적 문제(시장, 제품, 기술 등)들이 주류를 이루기 때문이다. 또한 사람들이 강력한 리더십을 요청하기 때문에 협의 후 결정 방식이 효과적이다. 반면 재조정 상황과 성공지속 상황에서 리더들은 기존에 탄탄한 힘을 갖춘 팀을 통솔해야 하고, 문화적·정치적 문제들에 정면으로 부딪히게 된다. 이런 경우에는 합의 형성 방식이 좋다.

사안의 특성에 따라 의사결정 방식을 적절히 선택하기 위해서는 특정 방식으로 기울어지는 취향을 억제해야 한다. 여러분은 개인적으로 협의 후 결정 방식을 선호할 수도 있고, 합의 형성 방식을 선호할 수도 있다. 하지만 이런 선호는 그저 선호일 뿐이다. 여러분이 협의 후 결정 방식을 선호하더라도 합의 형성 방식이 적합한 상황에서는 그 방식을 시도해야 한다. 여러분이 합의 형성 방식을 선호하더라도 협의 후 결정 방식이 적합한 경우에는 편견 없이 그 방식을 취해야 한다.

부하직원들의 혼란을 예방하기 위해 여러분이 어떤 프로세스를 선택하고, 그 이유는 무엇인지를 명확히 설명해야 하며, 더 중요한 것은 공정성을 잃지 않는 것이다.[4] 사람들은 최종결정에 동의하지 않는 경우에도 (1) 여러분이 자신의 의견을 귀담아 들었고 그것을 진지하게 고려했다고 느끼고, (2) 여러분이 그런 결정을 내린 납득할 만한 이유를 제시한다면 최종 결정을 따를 것이다. 명심할 것은 합의를 이루어내려고 노력하는 척하지 말라는 것이다. 이미 결정한 상태에서 사람들의 동의를 얻어낼 목적으로 합의를 이루어내려고 노력하는 척해서는 안 된다. 그런 눈가림에 속아 넘어갈 사람은 없다. 사람들은 그런 속임수에 냉소적인 태도를 보이며, 그렇게 결정된 사안을 실행하는 데 역효과가 발생한다. 그런 경우에는 애초부터 협의 후 결정 방식을 택하는 편이 좋다.

마지막으로 여러분이 사람들의 견해와 이해관계를 파악했다면 두 방식을 병행할 수도 있다. 예를 들어, 처음에는 합의 결정 방식을 취했다가 의견이 지나치게 양분되어 합의를 이루기가 어려워지면 협의 후 결정 방식으로 전환하는 것이다. 또는 처음에는 협의 후 결정 방식을 취했다가 결정의 적극적 실행이 중요해지고, 합의 형성이 가능해진다면 합의 형성 방식으로 전환할 수도 있다.

가상 팀에 적응시키기

마지막으로 팀원 중의 일부 또는 전원이 멀리 떨어져서 일하고 있다면 팀 구축 방식을 어떻게 바꾸어야 하는가? 이 상황에서 가상 팀을 구축하고 운영하는 것은 어려운 과제다. 일대일 면담을 할 수 없을 때는 팀원들을 평가하는 것도 어렵다. 효율적인 팀워크를 만들기 위한 원칙은 가상 팀에도 적용되지만 몇 가지 추가적으로 고려해야 할 것이 있다.

- 신속하게 팀원들을 소집해라. 가상 팀을 운영하기 위한 기술들은 발전하고 있다. 하지만 팀워크가 실제로 필요할 때 가상 팀은 지식, 관계, 조정, 상호 헌신에 기반을 둔 팀을 대체할 수 없다.
- 소통 방식을 명확하게 규정하라. 소통 채널을 확보하고 활용하는 방식을 검토해라. 여기에는 응답자의 명확한 동의가 필요하다. 예를 들어, 긴급한 메시지는 제한된 시간 내에 답을 보내도록 규정해야 한다. 가상 회의에서 소통하는 방식을 규정하는 것도 필요하다. 직접 만나는 회의에서는 상대방의 말을 끊고 발언하는 것이 좋지 않지만, 가상 회의에서는 주제에 집중하는 것이 효과적이다.
- 팀 지원 방식을 분명하게 정의하라. 가상 팀이 목표를 달성하기 위해서는 정보를 확보하고 공유하는 과정이 더 분명해야 한다. 회의록 작성자 또는 발제자처럼 가상 팀을 지원하는 역할을 직원들에

게 할당해라(이 업무를 순환해서 할 수도 있다).

- 팀들 간의 상호작용에 리듬을 만들어라. 모여 있는 팀들 간에는 자연스럽게 상호작용 방식이 결정된다. 이는 같은 시간에 출퇴근 한다든지 커피를 마시면서 대화하는 방식이다. 특히 업무시간이 다를 때는 함께 만날 수 있는 기회가 적다. 따라서 가상 팀을 위해서는 회의 시간을 결정하거나 특정한 주제를 논의하는 식으로 소통 구조를 만들어야 한다.

- 성공을 축하해라. 가상 팀에서는 팀원들이 따로 떨어져 있다는 느낌을 받기 쉽다. 특히 대부분의 팀들이 함께 모여 있으면서 일부 팀만 따로 떨어져 있는 경우에 더 그렇다. 잠시 멈추고서 성공을 축하하면서 가상 팀을 인식하는 것이 중요하다.

팀 시동 걸기

여러분이 물려받은 팀에 관한 결정은 가장 중요하고도 어렵다. 팀을 평가하고 발전시키고 조정하는 노력이 성공한다면 여러분은 팀원들의 역량을 집중해 목표를 달성하고 초기 승리를 확보할 수 있다. 여러분이 손익분기점에 도달했다면 팀 구축에 성공한 것이다. 팀 구축에 들어간 에너지보다 팀이 만들어낸 에너지가 더 많아지게 된다. 그 지점에 도달하기까지 시간이 걸릴 것이다. 엔진을 가동하기 전에 배터리를 충전해라.

1. 팀원들의 성과를 평가하는 기준은 무엇인가? 업무 팀워크, 스타스 포트폴리오, 직급의 중요성 사이의 상대적인 비중을 어떻게 줄 것인가?

2. 팀을 어떻게 평가할 것인가?

3. 인사상의 변화를 추구해야 하는 부분은 어디인가? 변화가 시급한가, 아니면 기다릴 수 있는가? 어떤 후임자를 선택해야 하는가?

4. 최우선으로 변화가 필요한 영역을 어떻게 변화시킬 것인가? 직원들의 인격을 존중할 수 있는 방법은 무엇인가? 팀 단위로 프로세스를 재조정하기 위해 어떤 도움이 필요한가? 어디에서 그런 도움을 받을 수 있는가?

5. 팀을 어떻게 조정할 것인가? 푸시(목표, 인센티브)와 풀(비전 공유)을 어떻게 혼용할 것인가?

6. 여러분이 원하는 새로운 팀은 무엇인가? 직원들이 어떻게 일하기를 바라는가? 핵심 팀core team을 줄여야 하는가, 확장해야 하는가? 의사결정을 어떻게 관리할 것인가?

08

협력관계를 구축하라

알렉시아 베렌코Alexia Belenko는 부임한 지 4개월 만에 메드데브MedDev 본사의 관료적인 운영 방식에 심하게 좌절감을 느끼고 있었다. 그녀는 변화에 필요한 도움을 어디에서 구할 수 있는지 의심했다.

영업과 마케팅 분야의 전문가였던 알렉시아는 글로벌 의료장비 업체인 메드데브의 해외 지사에서 일했으며, 고국이었던 러시아의 지사장(비공식적으로 국가 관리자country manager라고 불렸다)도 역임했다.

회사의 고위 임원들은 알렉시아의 잠재력을 인정하고 더 넓은 지역의 업무를 담당할 수 있도록 결정했다. 그래서 회사에서는 그녀를 유럽·중동·아프리카 지역 담당 마케팅 부사장으로 임명했다. 알렉시아의 새로운 업무는 이 지역의 마케팅 전략을 담당하는 것이었다. 알렉시아의 상사는 미국 본사의 마케팅 담당 수석 부사장인 머조리 아론Marjorie Aaron이었다. 또한 그녀의 2차적인 상사는 유럽·중동·아프리카 지역 국제 업무 담당 부사장인 해럴드 재거Harald Jaeger였으며, 그는 해당 지역의 모든 업무를 관리하고 있었다.

알렉시아는 평소처럼 열정적으로 일했다. 그녀는 관할 지역 관리 책임자들과 일대일 면담을 하고, 전임 상사도 만나서 업무를 철저하게 검토했다. 또한 미국을 방문해 머조리와 그의 상사들도 만났다.

자신의 경험과 직원들의 면담을 통해 알렉시아는 핵심 문제가 신제품 출시에 대한 마케팅 의사결정을 본사에서 하는 것과 각 지사에서 하는 것 사이의 긴장관계에 있다고 보았다. 알렉시아는 비즈니스 사례들을 모아 검토한 다음 일부 지역은 표준화를 더 진행시키고(예를 들어, 브랜드 아이덴티티와 포지셔닝을 고려한 의사결정), 다른 지역은 관할 책임자에게 재량권을 더 부여하는 계획(프로모션 계획을 지역 상황에 맞게 조정하는 의사결정)을 제안했다.

머조리와 해럴드는 알렉시아의 접근이 좋다고 생각했지만, 그 계획을 실행하려고 하지 않았다. 두 사람은 그 계획을 핵심 관계자들인 메드데브의 미국 마케팅 책임자와 유럽·중동·아프리카 지역 마케팅 책임자에게 보고하라고 알렉시아에게 지시했다.

6주 동안 열린 여러 번의 회의 끝에 알렉시아는 늪에 빠진 듯한 무력감을 느꼈다. 그녀는 본사 마케팅 부서의 주요 직원들과 만났다. 그 회의에는 마케팅 담당 수석 부사장인 머조리 아론의 직속부하인 데이비드 월러스David Wallace도 참여했다. 그런 다음 미국 본사에서 30명이 넘는 사람들을 만났다. 거의 모든 사람들이 중앙 집중적인 통제가 필요하다고 말했다.

또한 그녀는 해럴드 재거의 직속부하인 이전 동료들에게 본사의 의견을 전달했을 때 다시 한 번 놀랐다. 그들은 해당 지역 책임자에게 재량권을 더 부여하겠다는 알렉시아의 생각을 지지했다. 하지만 재량권을 축소하겠다는 본사의 의견을 전달하자 그들은 금세 입을 닫아버렸다. 유능한 관리 책임자였던 롤프 에이클리드Rolf Eiklid는 가지고 있던 재량권을 포기하는 대신에 받는 보상이 너무 적고, 본사에서도 자신들의 동의를 구하지 않았다는 것에 불만을 표현했다. 그는 이렇게 말했다. "우리에게 재량권을 더 주겠다는 약속을 받았지만 실행되지 않았다."

돌다리도 두들겨 보고 건너던 알렉시아는 이번 사건을 겪으면서 크게 변했다. 그녀는 새로운 조직의 정치에서 살아남기 위한 인내심과 수완을 가지고 있는지 의심했다.

여러분이 새로운 업무에서 성공하려면 직속 관계로 연결되지 않는 사람들의 지지를 확보해야 한다. 특히 조직에 새로 부임한 경우라면 여러분은 활용할 수 있는 인맥이 거의 없을 것이다. 따라서 여러분은 새로운 네트워크를 만드는 데 에너지를 투입해야 한다. 신속하게 시작해야 한다. 추후에 여러분과 함께 일하게 될 것이라 예상되는 사람들과 '관계 은행 계좌relationship bank account'를 만들어야 한다. 성공에 중요하지만 아직 만나지 않은 사람이 있는지 주의 깊게 생각해라.

또한 새로운 업무에서의 관계가 이전에 경험했던 것과 크게 다르다는 점도 유념해야 한다. 알렉시아는 많은 지사장들을 포함해 직속부하들과 일하는 데 익숙했다. 그녀는 새로운 조직에서의 영향력 관계를 이전과 다르게 만들어야 한다는 것(설득과 협력관계 구축)을 초기에 깨닫지 못했다.

여러분이 고위급 리더로 승진했더라도 승리를 확보하기 위해서는 협력관계를 확보해야 한다. 여러분의 핵심 의제를 지지하면서 의사를 결정하지 못한 사람들을 설득할 수 있는 협력관계를 구축해야 한다. 이 계획은 전체 90일 계획의 핵심 부분이다.

영향력 인물 파악하기

첫 번째 단계는 여러분이 왜 다른 사람들의 지원이 필요한지를 아는 것이다. 초기 승리를 확보하기 위해 구축해야 하는 협력관계에 대해 생각하라. 여러분이 권위를 갖고 있지 않을 때 (또는 충분한 권위를 갖고 있지 않을 때) 다른 사람들의 지원을 받아서 초기 승리를 확보해야 하는 곳은 어디인가? 이런 이유를 명확히 파악한 다음 핵심 지원세력은 누구이고 어떻게 이들과 협력관계를 구축할 수 있는지를 파악해라. 초기 승리 확보 계획에 협력관계 구축 계획도 포함해라.

알렉시아의 핵심 목표는 그녀의 이전 상사와 새로운 상사 사이에서 협상을 진행하고(위대한 협상grand bargain), 유럽·중동·아프리카 지역에서 마케팅 의사결정을 내리는 방식을 협의하는 것이었다. 현 상태는 두 입장을 오랫동안 협상해온 결과였다. 양쪽 사이에서 균형을 잡는 것은 어려웠지만, 그런대로 안정적으로 운영되었다. 그래서 직접적으로 이 문제를 다룬다면 어떤 변화든 성공-실패 중의 하나로 이어지게 되어 있었다. 본사 마케팅 부서는 당연히 중앙집중적이고 표준화된 방식을 선호했다. 유럽·중동·아프리카 지역 담당 마케팅 책임자는 현지에 맞는 방식을 선택할 수 있는 더 많은 재량권을 선호했다. 따라서 양쪽 모두를 만족시킬 수 있는 협상안이 제시되어야 했다.

이런 협상안을 만들기 위해 알렉시아는 양쪽에서 협력관계를 구축해야 했다. 직원들 중 일부는 현 상태를 적극 지지했기 때문에 만장일치로 합의안을 도출할 수는 없었다. 그래서 그녀는 본사와 현지 지사 양쪽에서 협력관계의 임계점을 확보하는 데 주력했다.

알렉시아가 처음부터 이런 상황을 이해했다면 초기에 기울였던 시도는 달라졌을 것이다. 문제를 진단하고서 합리적인 해결책을 제시했을 것이며, 대서양 양쪽의 정치적 환경에 자신의 의제를 어떻게 맞출 수 있는지 이해했을 것이다. 과거에 성공적이었던 비즈니스 방식이 새로운 상황에서도 잘 작동할 것으로 가정하지 않았을 것이며, 모든 핵심 관계자들에게 성공하도록 요구하지도 않았을 것이다.

대신 그녀는 필요한 협력관계를 파악해야 했고, 조직에서 영향력을 어떻게 발휘해야 하는지를 이해해야 했다. 영향력 지도를 작성하는 작업은 잠재적인 방해자를 파악하는 데 도움이 된다. 누가 왜 알렉시아의 의제를 지지하는가? 반대자들에게서 동의를 이끌어내려면 어떻게 해야 하는가?

영향력 상황 이해하기

여러분이 사람들에게 영향력을 행사하려는 이유를 명확히 이해했다면, 다음 단계에는 여러분의 성공에 가장 중요한 사람이 누구인지를 파악하는 것이다. 핵심 의사결정자는 누구인가? 여러분은 그들이 어떻게

하기를 바라는가? 언제 행동하기를 바라는가? [표 8-1]은 이런 정보를
파악하기 위한 도구다. 초기 승리를 확보해야 하는 의제별로 리스트를
만들어라.

표 8-1

핵심 인물 파악하기

핵심 인물을 파악하고, 여러분이 이들의 도움이 필요한 영역과 시기를 확인하
는데 아래의 표를 이용해 영향력 상황을 지도로 그려라.

누가	무엇을	언제

협력관계를 구축하면서 동시에 무너뜨려라

초기 승리를 확보해야 하는 의제별로 의사결정자가 무엇을 하는 것이
중요한지를 파악해라. 이들은 이기는 협력관계winning alliance이며, 여러
분의 의제를 집단적으로 지지해줄 수 있는 사람들이다.[1] 예를 들어, 알
렉시아는 본사 측의 머조리와 현지 지사 측의 해럴드에게서 자신의 제
안에 관한 지지가 필요했다. 그들은 알렉시아가 구축해야 하는 이기는
협력관계였다.

또한 여러분의 의제를 집단적으로 거부하는 방해하는 협력관계 blocking alliance도 파악해야 한다. 누가 여러분의 의제를 집단적으로 방해 하고 있으며 왜 그런가? 그들을 어떻게 막을 수 있는가? 만약 반대자의 입장이 무엇인지를 파악할 수 있다면 이들을 중립적인 입장으로 바꿀 수 있다.

영향력 네트워크를 파악해라

고위급 의사결정자는 자문하거나 조언하는 사람들의 생각에 큰 영향 을 준다. 그래서 다음 단계에는 영향력 네트워크influence network를 그려 야 한다. 이것은 여러분의 의제에 영향력을 행사하는 사람들을 모은 것 이다. 영향력 네트워크는 최종적으로 변화를 일으킬 수 있는지 없는지 를 결정하는 데 핵심이다. 공식적인 권위는 조직을 움직이는 하나의 권 한일 뿐이다. 사람들은 중요한 주제에 관한 의사결정이 필요할 때 다른 사람에게 위임하는 경향이 있다. 예를 들어, 머조리는 브랜드 아이덴티 티를 현지에 맞게 고치는 것에 관한 평가를 데이비드에게 위임했다. 해 럴드도 동료들에게서 존경을 받는 롤프에게 위임했다.

영향력 네트워크는 공식적인 구조와 별도로 작동하면서(일종의 그 림자 조직) 사람들과 소통하고 설득하는 채널이다.[2] 비공식적인 채널은 공식적인 조직이 시도하는 것들을 지원할 수 있다. 가끔은 공식적인 결 정을 뒤집을 수도 있다. 알렉시아는 목표를 달성하기 위해 본사 마케팅 부서와 지사에 있는 동료들의 영향력 네트워크를 파악했다.

여러분은 영향력 네트워크를 어떻게 파악해야 하는가? 정도의 차 이는 있겠지만 여러분이 조직을 잘 알고 있다면 명확하게 그들(예를 들어 동료들)을 파악할 수 있다. 하지만 여러분은 이 과정을 신속하게 처리해야 한다. 좋은 방법은 여러분의 조직과 외부가 만나는 지점을 파악하는 것이다. 비즈니스로 직접 연결되어 있든 아니든 고객과 공급업체는 협력관계를 구축해야 하는 핵심 지점이다.

다른 전략은 여러분이 핵심 이해당사자와 만날 수 있도록 상사에게 도움을 요청하는 것이다. 상사가 생각하기에 여러분이 알아야 할 외부 핵심 인물의 리스트를 요청해라. 그리고 그들과 신속하게 만나라. (보직이동 상황에서 황금률은 여러분의 직속부하가 보직이동할 때도 석용될 수 있다. 새로 부임한 직속부하에게 가장 먼저 만나야 하는 사람들의 리스트를 제시하고 도와주어라.)

핵심 의제에 관한 의견을 누가 누구에게 위임하는지 회의에서 주의 깊게 관찰해라. 사람들이 누구에게 자문을 하거나 통찰을 구하러 가는지, 정보와 뉴스를 공유하는 사람은 누구인지 파악해라. 특정 주제에 관해 논의할 때 누가 누구에게 위임하는가? 의제가 제안되었을 때 사람들은 누구를 주목하는가?

여러분이 학습해가면서 조직에 영향력을 행사하는 사람들이 갖고 있는 힘의 원천이 무엇인지 파악해야 한다. 다음과 같은 원천을 생각해 볼 수 있다.

- 전문성
- 정보 통제
- 다른 사람들과의 긴밀한 연결
- 예산이나 성과급 같은 자원 활용 가능성

- 개인적 충성심

시간이 지나면서 영향력의 유형이 더 명확해질 것이다. 그러면 여러분은 오피니언 리더인 핵심 인물들을 파악할 수 있다. 그들은 비공식적인 권위, 전문성, 강력한 개성을 지니고서 중요한 영향력을 발휘한다. 여러분이 그들을 확신시킬 수 있다면 여러분의 생각도 조직 내에서 인정받기 쉽다.

또한 여러분은 권력 연합을 파악할 수 있다. 이 그룹은 특정 목적을 추구하거나 특권을 보호하려는 목적으로 장기간 명시적 또는 암묵적으로 연합한다. 그들의 의제를 위해 싸우거나 여러분의 의제를 그들의 의제와 일치시키면 강력한 협력관계를 구축할 수 있다. 다만 여러분의 신뢰를 떨어뜨릴 수 있는 정치적 음모에 휩쓸리지 않아야 하고, 여러분이 주장한 의제도 강력하게 유지해야 한다.

영향력 다이어그램을 그려라

[그림 8-1]처럼 알렉시아의 상황을 보여주는 영향력 다이어그램을 그리면, 여러분이 영향력 네트워크를 파악하는 데 도움이 된다.

가운데 원은 핵심 의사결정자인 본사 마케팅 부서의 머조리와 현지 지사의 해럴드를 포함한다. 알렉시아는 자신이 제안한 변화를 이끌기 위해 양측의 동의가 필요했다. 그래서 그들은 함께 이기는 협력관계였다. 반면 다이어그램의 화살표가 보여주듯이 이 둘은 각각 자신의 조직에서 영향력을 가진 사람들이었다. (두꺼운 화살표는 영향력이 강하다는 것을 의미한다.) 머조리는 글로벌 브랜드 담당 부사장인 데이비드와 본

그림 8-1

알렉시아의 영향력 지도

이 다이어그램은 알렉시아 베렌코가 자신이 맡은 조직을 관리하는 데 필요한
의사결정에 영향을 주는 핵심 인물의 관계를 보여준다.

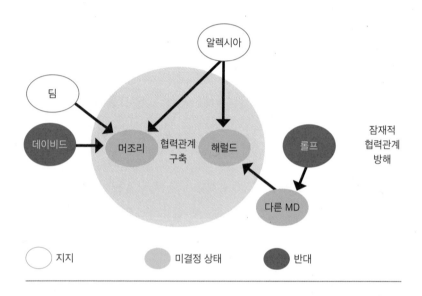

사 전략 담당 부사장인 팀 마셜에게서 강한 영향력을 받고 있었다. 해
럴드는 자신이 관할하는 현지 지역 책임자들의 집단적인 의견의 영향
을 받고 있었다. 하지만 오랫동안 북유럽 지역을 관리했던 롤프는 해럴
드와 지역 책임자들에게 영향력을 행사했다. 이 다이어그램은 알렉시
아가 해럴드에게 강한 영향력을 행사했던 반면, 머조리에게는 영향력
을 약하게 행사했던 관계를 보여주고 있다.

지지자, 반대자, 설득 대상을 구분하라.

여러분이 맡은 조직의 영향력 네트워크를 지도로 그리는 작업은 지지자, 반대자, 설득 대상자가 누구인지를 파악하기 위해서다. 잠재적인 지지자를 파악하기 위해 다음 사항들을 확인하라.

- 여러분과 비전을 공유하고 있는 사람. 변화가 필요하다고 생각한다면 여러분이 그리고 있는 것과 똑같은 변화를 추진해온 사람을 찾아내야 한다.
- 낭비를 줄일 수 있는 획기적인 개선책을 찾으려고 노력하는 설비 기술자처럼 작은 영역에서나마 묵묵히 변화를 추구한 사람.
- 입사한 지 얼마 안 되어 아직 조직의 운영 방식에 익숙하지 않은 사람.

이들이 여러분을 지지하는 이유가 무엇이든 간에 여러분은 그들의 지지를 당연시해서는 안 된다. 누가 지지자인지를 알아내는 것만으로는 안 되고, 그들과의 관계를 지속적으로 확대 강화해야 한다. 여러분을 지지하기로 마음을 바꾼 사람을 격려하는 것도 잊어서는 안 된다. 또한 여러분이 다른 사람에게 영향력을 행사하는 데 지지자들이 힘을 합치고 강력한 설득 논리를 만들도록 요청해야 한다.

여러분이 지지자를 찾을 때 편의의 협력관계alliances of convenience를 구축할 수 있는 사람을 파악해야 한다. 여러 영역에서 여러분의 의견에 반대하지만, 특정 주제에 대해서는 여러분을 지지하는 사람들이 이 협력관계에 해당한다. 이런 경우에는 그들을 파악하고 교육하는 방법을 고민해야 한다.

한편 반대자도 있다. 반대자는 여러분이 무엇을 하든 반대할 것이다. 그들은 여러분이 내린 상황 평가가 틀렸다고 생각할 수도 있다. 또는 여러분이 내건 기치에 반대하는 이유를 갖고 있을 수도 있다.

- 현재 상태에의 안주. 그들은 현재 상태를 흔들거나 기존 관계를 바꾸어놓을 변화를 거부한다.
- 무능하게 보일 것에 대한 두려움. 여러분이 추구하는 변화에 제대로 적응하지 못해 성과가 나쁠 경우 무능하게 보일까봐 두려워한다.
- 핵심 가치에 대한 위협. 여러분이 전통적인 가치에 위협을 가하는 문화 또는 부적절한 행동을 보상하는 문화를 조장한다고 생각한다.
- 기존 권력에 대한 위협. 여러분이 추구하는 변화(실무 관리자에게 재량권을 주는 변화)가 자신들이 가지고 있던 권력을 뺏을까 두려워한다.
- 자신들의 핵심 협력자들에게 미칠 부정적인 영향. 여러분이 추구하는 변화가 자신들이 배려하고 보호해야 한다고 느끼는 사람들에게 부정적인 영향을 미칠 것을 두려워한다.

하지만 그들을 적대자로 간주해서는 안 된다. 반대에 부딪히면 여러분은 반대하는 사람들에게 '반대자'라는 꼬리표를 붙이기 전에 먼저 그들이 반대하는 이유를 파악해야 한다. 반대자들의 이유를 알면 효과적으로 그들에 맞설 수 있다. 예를 들어, 사람들이 새로운 기술을 습득할 수 있도록 도와주어 변화에 적응하지 못할까봐 두려워하는 사람들을 안심시킬 수 있다.

적대자를 상대로 승리하는 것은 강력하고도 상징적인 효과가 있다. '적대자를 협력자로 만드는 것'은 조직에 있는 다른 사람들에게 공감을 주는 강력한 이야기다. (또 다른 예로 구원 이야기가 있다. 한직으로 밀려났거나 스스로 무능력하다고 간주하는 사람을 도와주는 것이다.)

여러분이 제기한 특정 사안에는 반대하지만, 대부분의 사안들에는 동의하면서 여러분과 관계가 좋은 사람도 있다. 이것은 반대자 중 특별한 경우이며, 변화의 방향이 바뀌더라도 이들과 좋은 관계를 유지해야한다. 만약 여러분이 변화가 필요한 이유를 설명하고, 문제 해결에 적극적이며, 지금은 반대하더라도 다른 사안에 대해서는 여러분에게 협력할 수 있는 방법을 찾아야 한다.

마지막으로 설득 대상자를 잊지 마라. 이들은 여러분의 계획에 관심이 없거나, 결정하지 못했거나, 헌신하지 않는 사람들이다. 하지만 여러분이 그들의 관심사를 파악하여 그에 호소하면 설득할 수 있다. 설득 대상자를 파악했다면 그들이 왜 헌신하지 않는지 확인하라. 아마 이들은 다음과 같은 사람들일 것이다.

- 무관심. 여러분이 그들을 지원하면 그들의 지지를 끌어낼 수 있는 방법이 많이 있다.
- 결정하지 못함. 왜 결정하지 못하는지 이유를 찾고, 그들을 교육하고 설득하는 작업을 하라.
- 변화가 어떻게 진행될지를 관망하고 있는 정치 행위자. 여러분이

의도한 방향으로 변화될 것이라는 점을 그들에게 확신시켜야 한다.

앞에서 살펴본 [그림 8-1]의 영향력 지도를 이용해 지지자와 반대자를 평가해보라. 어두운 색은 반대자, 옅은 회색은 지지자, 중간 회색은 결정하지 못한 사람을 가리킨다(여러분의 취향에 따라 녹색, 노란색, 빨간색으로 표시할 수도 있다). 알렉시아의 상황에서 기업 측에서 보면 팀은 지지자였지만, 데이비드는 결정하지 못한 사람이었다. 유럽·중동·아프리카 지사 측에서 보면 롤프는 알렉시아가 제안한 변화에 다소 부정적이었다. 그녀는 문제를 해결하기 위해 양측으로부터 임계 질량을 넘어서는 지지자를 확보해야 했다는 점을 기억하라.

핵심 인물 이해하기

조직의 영향력 네트워크를 분석하고, 인물과 협력관계를 규정하고, 지지와 반대를 파악했다면 다음 단계는 여러분에게 영향력을 행사하는 핵심 인물들을 이해하는 것이다. 알렉시아의 경우에 핵심 인물은 데이비드와 롤프였다.

먼저 그들의 동기를 평가하는 것부터 시작해라. 사람들은 다양한 것들에서 동기부여를 받는다. 명성, 통제권, 권력, 동료들과의 친밀한 관계, 개인적 성장 등이 그런 동기들이다.[3] 동기들 사이의 상대적인 비중은 차이가 있다. 그래서 핵심 인물들의 동기를 파악해야 한다. 그들과 직접 만나서 대화할 수 있다면 질문을 던지면서 그들의 대답에 집중해라. 특히 롤프처럼 잠재적인 적대자가 무엇을 왜 반대하고 있는지를 파악해라. 반대자가 행동하도록 유도하는 동기가 주어졌을 때 그들을 피하기 위해 치러야 할 손실은 무엇인가? 반대자를 설득하기 위해 그들에게 줄 수 있는 것(가치 있는 거래)은 무엇인가?

사람들의 동기를 이해하는 것은 스토리의 한 부분일 뿐이다. 여러분은 상황적 압력situational pressure도 평가해야 한다. 사람들이 처해 있는 상황 때문에 행동할 수밖에 없도록 유도하는 추진력과 억제력이 있다. 추진력은 여러분이 원하는 곳으로 사람들이 가도록 미는 힘이다. 억제력은 '아니오'라고 말할 수밖에 없는 상황적인 이유다. 사람들이 행동하는 방식의 근거로 개성을 과대평가하고 상황적 압력을 과소평가하는 것을 보여주는 사회심리학 연구 결과가 많다.[4] 롤프의 반대 행동은 그의 유연성 부족 때문이기도 하지만, 권한과 직위 때문이기도 하다. 비즈니스 목표, 인센티브, 동료들의 의견 (또는 이것들의 조합) 같은 상황적 압력에 롤프는 대응해야 했다. 그래서 여러분은 영향력을 행사하려는 사람들을 움직이게 하는 힘을 파악해야 한다. 그런 다음 추진력을 올리거나 강제력을 없앨 수 있는 방법을 찾아야 한다.

마지막으로 핵심 인물들이 생각하는 대안과 선택지를 파악해라. 그들이 선택할 수 있다고 확신하는 선택지는 무엇인가? 롤프처럼 반대자가 현 상태를 유지하는 식으로 (명백하게 또는 은밀하게) 저항할 수 있는지를 파악하는 것이 중요하다. 만약 그렇다면 현 상태는 더 이상 좋은 선택이 아니라는 것을 확신시켜야 한다. 사람들이 변화가 일어나고 있다는 것을 인식하고 나면, 적대자에서 변화를 일으키는 경쟁자로 변하기 쉽다. 알렉시아는 주요 의사결정자들이 현 상태는 더 이상 바람직하지 않으며, 변화가 필요하다는 것을 설득할 수 있었는가?

또한 합의를 실천하는 것도 중요하다. 사람들은 다른 사람들과 타협한 사항들이 제대로 실행되지 않으며 변화를 일으키기 보다는 현 상태를 유지하는 것이 더 낫다고 생각한다. 관할 지역 책임자에게 더 많은 재량권을 부여하려는 본사의 방침에 롤프가 우려를 표명했던 것도 이런 이유 때문이었다. 합의 사항에 대한 우려 때문에 변화 추진에 방해를 받는다면 확신을 높일 수 있는 방법을 찾아야 한다. 예를 들어, 변화의 단계를 정해 이전 단계에 비해 어느 정도 성공을 거두고 있는지를 확인하는 방법도 가능하다.

[표 8-2]를 사용해 핵심 인물의 동기, 추진력과 강제력, 대안을 파악해라.

표 8-2

동기, 추진력, 강제력, 대안

핵심 인물의 동기, 추진력과 강제력, 대안(그들이 갖고 있다고 확신하는 선택지)에 관한 생각을 파악하는데 다음 표를 활용하라.

핵심 인물	동기	추진력과 강제력	대안

영향력 전략 다듬기

여러분이 영향력을 행사해야 하는 사람들을 충분히 파악했다면, 이제 영향력을 행사하는 고전적인 기법인 자문, 프레이밍, 선택 유형화, 사회적 영향력, 점진화, 순서화, 행동유발 사건을 어떻게 활용할지를 생각하라.

자문은 여러분의 역량을 높일 수 있다. 좋은 자문은 적극적인 경청과 결합되어 있다. 여러분은 직원들에게 질문을 던지고 그들의 관심사를 진솔하게 말할 수 있도록 장려해라. 그런 다음 여러분이 들은 것을 요약해서 다시 직원들에게 전달해라. 이것은 여러분이 직원들과의 대화를 진지하게 집중하면서 듣고 있다는 인상을 준다. 설득 기법 중 하나인 적극적인 경청의 힘은 과도하게 저평가되어 있다. 적극적으로 경청하면 어려운 결정도 사람들이 쉽게 받아들이고, 생각과 프레임도 소통할 수 있다. 리더가 던지는 질문과 사람들의 반응을 요약하는 방식은 직원들의 인식에 큰 영향을 준다. 그래서 적극적인 경청과 프레이밍은 중요한 설득 기법이다.

프레이밍은 여러분의 주장에 관한 논증을 개인별로 조정하는 것을 의미한다. 여러분의 논증을 적절한 프레이밍으로 만드는 것은 매우 중요하다. 만약 알렉시아가 자신이 제안한 변화를 설득력 있는 사례로 만들어 소통할 수 없었다면 변화를 이끌 수 없었을 것이다. 여러분의 메시지는 적절한 톤으로 유지되어야 하고, 영향력 있는 사람들의 동기와 일치해야 하고, 사람들을 움직이게 해야 하고, 핵심 관계자들이 대안을 고민하는 방식을 제시해야 한다.

예를 들어, 알렉시아는 롤프를 반대에서 적어도 중립으로, 가장 이상적으로는 찬성으로 이동시킬 수 있는 방법이 무엇일지 고민해야 했다. 알렉시아가 주목해야 할 특정한 관심사가 롤프에게 있었는가? 만약 실행이 보장되었다면 롤프도 알렉시아의 제안이 좋다고 생각했을까? 알렉시아의 제안을 지지하는 대신, 롤프가 관심 있는 의제를 발전시킬 수 있는 방법이 있었을까?

여러분의 주장을 프레이밍으로 만들 때 아리스토텔레스가 제안한 범주인 로고스logos, 에토스ethos, 파토스pathos를 기억해라.[5] 로고스는 변화를 이끌기 위한 자료, 사실, 합리적인 근거를 이용해 논리적인 주장을 만드는 것이다. 에토스는 의사결정 시에 적용되어야 할 원칙(공정성)과 지켜야 할 가치(팀워크)를 끌어올리는 것이다. 파토스는 여러분의 청자와 감정적으로 강력하게 연결시키는 것이다. 협력을 이끌어내기 위해 설득력 있는 비전을 제시하는 것이 한 예다.

효과적인 프레이밍을 위해서는 몇 가지 핵심 주제에만 집중하고서 사람들이 충분히 빠져들 때까지 반복해야 한다. 사람들이 무엇을 하고 있는지 모른 채 여러분의 제안에 반응하는 시점이 성공의 신호다. 우리는 반복을 통해 학습하기 때문에 집중과 반복이 효과적이다. 어떤 노래를 서너 번 들으면 머리에서 잊히지 않는다. 물론 너무 많이 들으면 질릴 수도 있다. 마찬가지로 사람들을 설득하기 위해 똑같은 단어로 말한다면 거부감이 들 수 있다. 효과적인 소통 기법은 앵무새처럼 똑같이 반복하는 것이 아니라 핵심 주제를 정교하게 만들어 반복하는 것이다.

또한 프레이밍 논증을 만들 때 반대자들이 제기할 수 있는 반증에 대한 반박을 사람들에게 심어주어야 한다. 예상되는 반증에서 결정적으로 약한 부분을 찾아내 제시하면 사람들을 면역시켜, 더 강한 반증이 제시되어도 같은 논리로 반박할 수 있다.

[표 8-3]은 여러분의 의제를 프레이밍 논증으로 활용할 간략한 체크리스트를 보여준다.

선택 유형화는 사람들이 대안을 생각하는 방식에 영향을 주는 것이다. 거부하는 말을 하기가 얼마나 어려운지 생각해보라. 선택은 넓을

표 8-3

프레이밍 논증

사람들을 확신시켜야 할 때 필요한 주장의 유형을 파악하는 데 다음의 범주와 질문들을 활용하라.

로고스 (자료와 추론 논증)	• 사람들을 설득할 때 어떤 자료와 분석을 사용할 것인가? • 설득력 있는 논리는 무엇인가? • 사람들에게 편향이 있는가? 만약 있다면 이것을 어떻게 보여줄 것인가?
에토스 (원칙, 정책, 규범)	• 사람들이 운영상 반드시 필요하다고 확신하는 원칙과 정책은 무엇인가? • 원칙과 정책에 어긋나는 행동이 무엇인지를 사람들에게 물어볼 때 여러분은 그런 예외를 파악하는 데 도움을 줄 수 있는가?
파토스 (감정과 의미)	• 감정적인 '시발점'이 있는가? 예를 들어, 여러분은 공공선에 기여하도록 도덕심에 호소할 수 있는가? • 근거를 지지하거나 반대하면서 의미를 제시할 수 있는가? • 사람들이 감정적으로 반감을 가지고 있다면 여러분은 그들을 설득해 반감을 없앨 수 있는가?

수도 있고 좁을 수도 있다. 만약 여러분이 전임자가 결정한 부적절한 사항을 지지하도록 사람들에게 요구하면, 프레임이 심각하게 제한되면서 다른 사람의 결정에 따라 고립될 수 있다. 더 상위 수준의 맥락을 고려하는 것이 좋은 선택이다.

선택을 승리-패배로 인식하는 것은 매우 어렵다. 의제나 선택지를 광범위하게 고려하면 파이를 키울 수 있는 좋은 거래를 할 수 있다. 이같은 진전 방식은 어려운 의제가 제기되는 것을 막아준다. 추후에 검토하도록 미루거나 고민을 줄이는 방식으로 어려운 문제를 피할 수 있다.

사회적 영향력social influence은 다른 사람들의 생각과 사회 규범에 영향을 주는 힘을 말한다. 사회적으로 존경받는 사람이 특정 주제를 지지하면서 내세운 지식은 다른 사람들이 그 주제에 관한 생각을 바꿀 수 있다. 그래서 오피니언 리더들의 지지를 이끌어 내면서 그들의 네트워크를 움직일 수 있도록 설득하는 것은 강력한 도구다. 연구 결과에 따르면 사람들은 다음과 같은 방식으로 행동하는 것을 선호한다.

- 가치 또는 신념과 강력하게 일치되는 방식. 이런 가치들은 주요 핵심 그룹에 공유된다. 사람들은 행동이 가치 또는 신념과 일치하지 않을 때 심리적인 불안을 느끼며, 그 둘이 일치되도록 요구한다.
- 과거의 약속 또는 결정과 일치되는 방식. 중요한 약속을 지키지 않으면 사회적인 관계에서 상당한 피해를 입는다. 불일치는 신뢰가 없다는 신호다. 사람들은 자신의 말을 뒤집어야 하는 선택을 좋아하지 않는 대신, 전임자가 부적절하게 계획했더라도 그대로 따르기를 선호한다.

- 의무에 보답하는 방식. 호혜주의는 강력한 사회적 규범이다. 그래서 과거에 호의를 받았던 사람들은 현재의 제안을 지지하는 경향이 있다.
- 명예를 보호하는 방식. 개인의 명예를 보호하거나 높이는 선택은 선호되지만, 명예를 추락시킬 수 있는 선택에는 부정적이다.

그러므로 여러분이 피해야 할 사항은 사람들에게 가치 또는 과거의 약속과 어긋나는 선택을 하도록 요구하는 것, 지위를 떨어뜨리는 것, 명예를 위협하는 것, 존경받는 사람을 부정하도록 하는 것이다. 만약 여러분이 설득해야 할 사람이 과거의 약속에 집착하고 있다면, 신중하게 그것에서 벗어날 수 있는 방법을 제시해라.

점진화는 사람들이 원하는 방향으로 한 번에 움직일 수 없을 때, 한 걸음 씩 차분히 이동할 수 있다는 것을 의미한다. A에서 B로 가는 경로를 제시하는 것은 매우 효과적이다. 작은 단계마다 사람들이 다음 단계로 이동하는 심리적 지점을 만들기 때문이다. 예를 들어, 알렉시아는 중앙집중 대 유연성 문제를 해결하기 위해 먼저 사람들을 만났다. 시간이 지나면서 그룹 별로 이슈를 분석할 수 있었다. 결국 사람들이 주요한 문제를 모두 파악하게 되자, 참여자들은 좋은 해결책을 찾기 위한 기본 원칙들을 논의했다.

조직의 문제를 진단하고 공유하는 데 사람들이 참여하는 것이 점진화의 한 형태다. 진단에 참여하면 심각한 결정이 필요하다는 것을 거부하기 어려워진다. 일단 문제가 합의되면, 선택지를 파악하고 평가 기준을 논의하는 단계로 넘어갈 수 있다. 마지막 단계에 이르면 사람들은 이전에 전혀 받아들 수 없었던 결과를 기꺼이 인정하게 된다.

점진화는 강력한 도구이기 때문에 잘못된 방향으로 추진력이 작동하기 전에 의사결정에 영향력을 행사하는 것이 중요하다. 의사결정 과정은 강물과 같다. 중요한 결정은 문제를 정의하고, 대안을 검토하고, 비용편익을 분석하는 기준을 정의하는 단계에서부터 이루어진다. 문제와 선택지가 결정되고 나면 실제 선택은 금방 결정된다. 따라서 프로세스를 결정하는 초기의 성공이 최종적인 결과에 큰 영향을 준다.

순서화는 사람들이 적절한 방향으로 이동하도록 영향력을 행사하기 위한 순서를 정하는 전략이다.[6] 여러분이 먼저 적합한 사람에 접근했다면 협력관계를 구축한 선순환에 들어갈 수 있다. 존경받는 직원을 협력관계로 만드는 데 성공하면 다른 사람들을 끌어들이기 쉽고, 여러분의 자원도 증가한다. 광범위한 지지를 이끌어내면 여러분이 제안한 의제가 성공할 가능성이 커지고, 사람들에게서 더 많은 지원을 받을 수 있다. 예를 들어, 알렉시아가 메드데브에서 영향력 유형을 파악한 다음, 가장 먼저 본사 전략 담당 부사장인 팀 마셜을 만났다. 알렉시아는 그의 지원이 꼭 필요했으며, 머조리를 설득하기 위한 추가 정보도 확보했다.

알렉시아의 순서화 계획은 충분히 숙고한 다음 변화의 추진력을 확보하기 위해 개별 면담과 그룹 회의로 이어졌다. 여기서 중요한 점은 이 둘을 적절히 혼합하는 것이다. 개별 면담은 의제를 깊이 이해시키는 데 효과적이다. 예를 들어, 사람들의 입장을 듣고, 새로운 정보를 제공해 관점을 바꾸고, 협상을 시도할 수 있다. 하지만 심각한 협상에 참여하는 사람들은 개별 면담 자리에서는 최종적인 합의나 약속을 하지 않으려 하기 때문에, 이 경우에는 그룹 회의가 적합하다.

　행동유발 사건은 사람들이 결정을 위임거나, 미루거나, 자원이 부족하다는 이유로 피하는 것을 막아준다. 여러분이 성공하기 위해 많은 사람들의 행동이 조정되어야 할 때, 한 사람이라도 미룬다면 연쇄반응이 일어나서 다른 사람들은 행동을 미루고 변명하게 된다. 따라서 선택지에 움직이지 않을 수 있다는 항목을 없애야 한다.

　여러분은 행동유발 사건을 만들어 사람들에게 약속하고 행동하도록 유도할 수 있다. 회의, 검토 세션, 원격 컨퍼런스, 마감일 제시 같은 방법은 추진력을 확보하고 유지하는 데 도움이 된다. 진행 상황을 점검하는 정기 회의와 합의된 목표에 도달하지 못한 이유를 집중 추궁하면 사람들이 이동하도록 심리적인 압박을 가할 수 있다.

종합하기

협력관계를 구축하는 작업은 여러분을 지지하는 사람을 찾고, 영향력 지도를 그리고, 잠재적인 지지자와 반대자를 파악하는 것이다. 이 과정에서 성공을 거두면 여러분은 핵심 인물을 찾을 수 있고, 동기·상황적 압력·대안을 이해할 수 있으며, 협력관계를 구축하는 데 필요한 적절한 전략을 구사할 수 있다.

1. 여러분이 변화를 이끌기 전에 조직 내부와 외부에서 협력관계를 구축해야 하는 사람들은 누구인가?

2. 핵심 인물들이 추구하는 또 다른 변화는 무엇인가? 여러분이 추구하는 변화와 그들이 추구하는 변화가 일치하는 지점은 어디이고, 충돌하는 지점은 어디인가?

3. 장기적이고 포괄적인 협력관계를 구축할 기회가 있는가? 특정 목적을 위해 단기적 협력관계를 구축할 사람은 누구인가?

4. 조직에서 영향력은 어떻게 작동하고 있는가? 핵심 이슈들을 누가 누구에게 위임하고 있는가?

5. 여러분이 추구하는 변화를 지지하는 사람은 누구인가? 반대자는 누구인가? 설득 대상자는 누구인가?

6. 핵심 인물의 동기, 행동하도록 요구하는 상황 압력, 선택에 따른 인식은 어떠한가?

7. 효과적으로 영향력 전략을 구사할 수 있는 요소는 무엇인가? 여러분의 주장을 어떻게 프레이밍 할 것인가? 점진화, 순서화, 행동유발 사건 같은 영향력 도구들이 도움이 되었는가?

09

스스로를 관리하라

스티븐 에릭슨은 대형 언론사의 뉴욕 지사에서 6년 동안 근무한 뒤 캐나다 지사의 고위직으로 승진해서 부임했다. 그는 뉴욕에서 토론토로 이동하는 것이 매우 쉽다고 여겼다. 캐나다 사람들과 미국 사람들이 별 차이가 없다고 생각했기 때문이다. 게다가 토론토는 안전한 도시였고, 좋은 레스토랑과 다양한 문화행사로 유명했다.

스티븐은 당장 토론토로 갔다. 토론토 시내의 한 아파트를 빌려 숙소를 마련하고 늘 그랬듯이 열정적으로 새로운 보직에 뛰어들었다. 그의 아내 아이린은 경험이 많은 프리랜서 인테리어 디자이너였다. 그녀는 부동산 업소에 아파트를 내놓고 학기 중임에도 아이들을 전학시킬 준비를 했다. 맏이인 캐서린은 열두 살, 동생인 엘리자베스는 아홉 살이었다. 스티븐과 아이린은 아이들 때문에 학기가 끝날 때까지 이사를 미루는 것을 의논했지만, 학기가 끝나려면 4개월이나 남았고, 이것은 가족이 따로 떨어져 살기에는 긴 시간이라는 결론을 내렸다.

새로운 보직에 따른 문제들도 처음에는 사소해보였다. 하지만 그는 일을 추진하려 할 때마다 엿가락 같은 것이 끈끈하게 들러붙는 느낌이 었다. 오랫동안 뉴욕에서 생활한 그는 직설적으로 이야기하는 것에 익숙했다. 하지만 새로운 동료들은 정중하고 예의바른 태도를 보였다. 기회가 있을 때마다 스티븐은 아내에게 동료들이 현안에 대한 솔직한 토론을 기피한다며 불만을 토로했다. 뉴욕에 있을 때와 달리 그의 주변에는 일을 추진할 때 의견을 구할 만한 사람이 없었다.

스티븐이 토론토로 옮긴 지 4주가 지났을 무렵에 아이린은 가족이 함께 살 집과 아이들이 다닐 학교도 알아보고 자신도 인테리어 일을 계속할 수 있을지를 알아보기 위해 토론토에 갔다. 스티븐은 새로운 보직 때문에 스트레스를 받고 좌절감을 느끼고 있었다. 아이린은 마음에 드는 학교를 찾지 못했다. 아이들은 뉴욕의 명문 사립학교에 다니고 있었고 학교생활에 만족하고 있었다. 그들은 학교를 옮기고 싶어하지 않았다. 아이린은 이 점이 마음에 걸렸다. 그녀는 아이들에게 새로운 나라에서 살아보는 것이 얼마나 흥미로운 모험인지 설명하고, 반드시 마음에 드는 학교를 찾아주겠다고 약속해 겨우 아이들의 마음을 달래놓은 상태였다. 그런데 마음에 드는 학교를 찾지 못해 낙담했다. 그녀는 스티븐에게 학기가 끝날 때까지는 아이들을 뉴욕에 그대로 두는 편이 낫겠다고 말했고, 스티븐도 아내의 생각에 동의했다.

스티븐은 뉴욕과 토론토를 오가야 했다. 아이린은 아빠 몫까지 도맡아 혼자 부모 노릇을 하면서 프리랜서로 일하느라 스트레스가 많았다. 급기야 문제가 생겼다. 얼마 지나지 않아 두 사람의 관계에 문제가 발생했다. 아이린은 주말을 이용해 여러 번 토론토에 가서 적당한 학교를 물색했지만 이사를 가고 싶지 않다는 생각이 강해졌다. 주말이면 부부 사이에 팽팽한 긴장감이 흘렀다. 아이들은 아빠를 만날 수 있어 기뻤지만 이사 갈 생각에 마음이 무거웠다. 스티븐은 월요일에 뉴욕의 집에서 회사로 곧바로 출근했는데, 그런 날은 너무 피곤해서 업무에 집중할 수가 없었다. 동료들과의 관계, 팀과의 관계도 더 악화되었다. 그는 자신이 좋은 성과를 올리지 못하고 있다는 것을 알고 있었다. 그로 인해 스트레스는 더욱 심해졌다.

마침내 그는 억지로라도 이 문제를 해결하기로 결심했다. 그는 회사 네트워크를 이용해 좋은 학교를 알아보고 살기에 적당한 집도 몇 군데 물색해둔 다음 아이린에게 속히 뉴욕의 아파트를 처분하라고 다그쳤다. 결국 결혼 이후 최악의 부부싸움이 벌어지고 말았다. 부부관계가 위기국면을 맡고 있는 것이 분명해졌다. 스티븐은 뉴욕으로 다시 돌아오거나 아니면 회사를 그만두겠다고 회사 측에 말했다. 리더의 인생은 균형을 향한 노력의 연속이다. 전환기에는 더 그렇다. 불확실성과 모호함이 인생에 큰 타격을 입힐 수 있는 시기가 이때다. 이 시기에는 자신이 무엇을 모르고 있는지조차 모른다. 자신을 도와줄 네트워크도 확보하지 못했다. 스티븐처럼 멀리 떨어진 곳으로 직장을 옮기게 되면 개인적으로도 큰 전환기를 맡게 된다. 가족이 있는 경우에는 그들도 전환기를 겪게 된다. 이런 혼란 속에서도 회사는 여러분이 신속하게 새로운 환경에 적응하고 조직에 긍정적인 변화를 일으킬 것을 기대한다. 결국 균형을 유지하는 것은 전환기의 중대한 도전이다.

여러분은 문제를 제대로 다루고 있는가? 여러분은 활력을 잃지 않고 자신의 입장을 지켜나가고 있는가? 여러분과 가족은 필요한 지원을 받고 있는가? 다른 사람의 도움 없이 혼자서 모든 것을 해결하지 마라.

균형상태 평가하기

전환기의 시작점에서 여러분은 일이 어떻게 진행되고 있으며 그것을 어떻게 느끼고 있는지를 평가해야 한다. 잠시 시간을 내어 아래의 〈체계적인 자기성찰을 위한 가이드라인〉을 보면서 여러분이 어떻게 하고 있는지를 평가하라.

체계적인 자기성찰을 위한 가이드라인

현재까지 여러분은 어떤 기분인가?

여러분은

* 흥분을 느끼는가? 그렇지 않다면 그 이유는? 이와 관련해 할 수 있는 일은?
* 자신감을 느끼는가? 그렇지 않다면 그 이유는? 이와 관련해 할 수 있는 일은?
* 자신의 성공을 스스로 잘 통제하고 있다고 느끼는가?
  그렇지 않다면 그 이유는? 이와 관련해 할 수 있는 일은?

현재까지 마음에 걸리는 일은 없는가?

- 관계 구축에 실패한 사람은 없는가? 있다면 그 이유는?
- 참석했던 회의들 가운데 가장 골치 아팠던 회의는 어떤 회의였는가? 그 이유는?
- 보거나 들은 것 가운데 당황스러웠던 것은 무엇인가? 그 이유는?

지금까지 뜻대로 잘 되어 왔는가, 형편없는가?

- 아쉬운 것은 무엇이고, 기대를 초과한 것은 무엇인가? 그 이유는?
- 가장 현명했던 판단은 무엇인가? 별로였던 판단은 무엇인가? 그 이유는?
- 놓쳐버린 기회들 가운데 가장 안타까운 것은 무엇인가? 더 나은 성과를 거두지 못한 것이 여러분 탓인가, 아니면 여러분이 통제할 수 없는 어떤 것 때문인가?

여러분이 직면한 가장 큰 도전 과제 또는 문제에 집중하라. 여러분 스스로에게 솔직해라. 여러분의 어려움은 상황적인 것인가, 아니면 여러분 안에 근본 원인이 있는가? 경험이 많고 뛰어난 사람들도 자신의 행동을 탓하기보다 상황을 탓하는 경우가 많다. 그로 인해 그들의 능력보다 현명하게 행동하지 못한다.

이제 한 걸음 뒤로 물러나서 바라보자. 여러분이 생각한대로 일이 풀리지 않는다면 왜 그럴까? 새로운 보직을 맡은 경우에 피할 수 없는 감정적인 롤러코스터인가? 새로운 도전 과제에 부딪치고 실제 상황을 파악하면서 흥분이 가라앉는 것처럼 초기의 열정도 줄어드는 것을 피할 수는 없다. 신임 리더들이 첫 3~6개월 동안 침체에 빠지는 것은 일

반적인 상황이다. 좋은 소식은 이 책에서 제시하는 90일 계획을 따라 하면 성공이라는 출구로 빠져나올 수 있다는 것이다.

하지만 여러분은 자신의 개인적 약점 때문에 상태가 악화되는 문제를 겪을 수도 있다. 전환기에는 여러분의 약점이 두드러지기 때문이다. 그래서 잠재적으로 적절하지 않을 수도 있는 행동들의 리스트를 살펴 보고 이러한 증상을 경험할 가능성이 있는지 자신에게 물어보라. (그럴 가능성이 없다고 생각한다면 여러분을 잘 알고 있는 다른 사람에게 요청해서 솔직한 답변을 들어보라.)

- 경계선 붕괴. 여러분이 해야 할 일과 하지 말아야 할 일을 명확히 구분하지 않으면 주변사람들, 특히 상사, 동료, 직속부하들은 해야 할 일 이상을 요구하게 된다. 그들에게 도움을 주면 줄수록 그들은 여러분의 도움을 사소한 것으로 여기게 되고, 더 많은 도움을 요구하게 된다. 그 결과 여러분은 시간과 에너지를 모두 잠식당한 채 지치고, 이런 상황에 분통을 터트리게 된다. 하지만 이 상황에서 여러분이 탓해야 할 사람은 여러분 자신이다. 여러분이 스스로 해야 할 일과 하지 말아야 할 일의 경계를 명확하게 설정하지 않는다면 어느 누구도 그 일을 대신해주지 않는다.
- 경직된 태도. 전환기의 속성인 불확실성 앞에서 사람들은 경직되고 방어적인 태도를 취한다. 특히 강력한 영향력을 행사하려는 욕구가 강한 리더일수록 그런 태도를 취하기 쉽다. 그 결과 실패를 부르는 행동이 많아진다. 성급한 결정을 내려놓고 신뢰를 잃을까 두려워 잘못된 결정임을 알면서도 결정을 번복하지 못한다. 시간을

오래 끌수록 자신이 틀렸음을 인정하기가 어려워지고, 그 결과는 참혹하다. 또는 특정 목표를 달성할 방법이 자신이 생각하는 방법 밖에 없다고 여기는 것이다. 그로 인해 목표를 달성할 좋은 아이디어를 갖고 있는 다른 사람에게 재량권을 주지 못한다.

- 고립. 여러분이 리더로서 영향력을 발휘하기 위해서는 행동하는 사람들과 친분을 다지고 비공식적인 정보 루트에 접근할 수 있어야 한다. 신임 리더들은 조직 내에서 고립되기 쉽다. 자신도 모르는 사이에 조직 내에서 혼자가 될 수 있다. 이런 현상은 여러분이 다른 사람들과의 적절한 관계 형성에 시간을 투자하지 않고 몇몇 사람들이나 공식적인 정보에만 지나치게 의존하기 때문이다. 무심코 다른 사람들과 여러분 사이의 정보 통로를 차단시키는 경우에도 이런 현상이 발생한다. 여러분이 나쁜 소식을 접했을 때 보이는 반응을 사람들이 두려워하거나, 자신들과 여러분의 이해관계가 상충된다고 판단하는 경우에는 중요한 정보들이 여러분에게 전달되지 않을 가능성이 크다. 어떤 이유에서든 고립될 경우 여러분은 정보가 부족한 상태에서 의사결정을 내리게 되고, 이것은 다시 신뢰를 더욱 떨어뜨린다. 그래서 고립이 더 심화된다.

- 업무 회피. 부임하자마자 어려운 결정을 내려야 하는 경우가 있다. 불완전한 정보를 바탕으로 사업 방향과 관련된 중대한 결정을 내려야 할 수도 있다. 당사자들의 생계에 치명적인 영향을 줄 수 있는 인사 결정을 내려야 할 수도 있다. 이럴 때 많은 사람들이 의식적으로 또는 무의식적으로 다른 일들에 매달리거나 아직 그런 결정을 내리기에는 시기상조라고 스스로를 속이면서 결정을 미룬다. 리더십 전

문가들은 곤란한 국면을 회피하려는 이런 경향을 '업무 회피'라고
부른다. 이런 경향은 결과적으로 일을 더 어렵게 만든다.[1]

　이러한 모든 증상들은 과도한 스트레스를 유발한다. 물론 스트레스
가 다 나쁜 것은 아니다. 실제로 [그림 9-1]의 여키스-도슨 곡선Yerkes-
Dodson curve은 스트레스와 성과 간의 상관관계를 명확하게 보여준다.[2]
자초한 것이든 외부에서 주어진 것이든 적당한 스트레스는 생산적으
로 작용한다. 여기서 스트레스는 긍정적인 인센티브 형태일 수도 있고
행동을 취하지 않은 결과일 수도 있다. 만약 스트레스가 없다면 (실제
로 그럴 일은 거의 없지만) 여러분은 침대에 드러누워 초콜릿이나 빨고
있을 것이다.
　스트레스를 느끼기 시작하면 적어도 처음에는 성과가 향상된다. 하

그림 9-1

여키스-도슨 성과 곡선

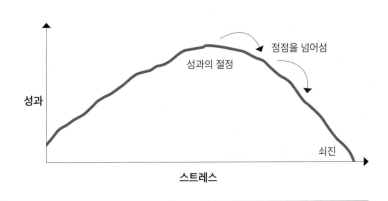

지만 이미 스트레스가 정점에 달한 상태에서(사람마다 이 정점에 달하는 시점이 다르다) 스트레스가 추가되면 성과가 향상되는 것이 아니라 급격히 추락하게 된다. 이것은 너무 많은 공을 가지고 한꺼번에 저글링을 하는 것과 같다. 심리적 부담이 지나쳐 스트레스 곡선에서 성과가 정점을 넘어서게 되면 오히려 성과가 떨어지기 시작하고 그러면 스트레스가 더 심해지고, 성과가 더 떨어지는 악순환이 형성된다. 극도의 스트레스로 인해 리더가 주저앉아 버리는 경우는 극히 드물다. 그보다는 만성적인 성과부진을 면치 못하는 경우가 일반적이다. 열심히 일을 하는데도 성과가 나빠지는 것이다. 스티븐도 여기에 해당되는 경우였다.

자기관리를 위한 세 기둥 이해하기

여러분이 이런 약점들을 갖고 있다면 무엇을 할 수 있을까? 여러분은 자기관리를 적극적으로 해야 한다. 자기관리는 세 기둥에 의해서 떠받쳐진다. 첫 번째 기둥은 앞의 여덟 개 장에서 제시한 성공전략들의 채택이다. 두 번째 기둥은 스스로를 규제하는 규칙 설정과 철저한 실행이다. 세 번째 기둥은 가정과 직장에서 균형을 유지할 수 있도록 여러분을 도와줄 지원 시스템의 구축이다.

기둥 1: 90일 전략 채택하기

앞의 여덟 개 장에서 자세히 설명한 전략들은 새로 맡은 조직을 파악하고, 우선순위를 정하고, 계획을 세우고, 동력을 확보하기 위한 조치를 취하기 위한 밑그림이다. 이런 전략들이 효과를 보이고 초기 승리를 확보하면 여러분은 자신감과 용기를 얻는다. [표 9-1]은 전환기의 핵심 도전 과제들이다. 이 가운데 전환기에 있는 여러분이 부딪히고 있는 항목들이 있는지 살펴보고 몇 장을 참고해야 할지도 확인해 보라.

표 9-1

핵심 도전 과제들에 대한 평가

핵심 도전 과제	진단을 위한 질문
승진하기	과거의 사고방식을 버리고 새로운 보직에 어울리는 적절한 사고방식을 받아들이고 있는가?
빠른 시일에 조직 파악하기	누구로부터 무엇을 배워야 할지 알고 있는가?
상황에 맞는 전략 구사하기	여러분이 직면한 전환기의 상황 유형을 파악하고, 그 상황에서 '해야 할 일'과 '하지 말아야 할 일'이 어떤 것들인지 알고 있는가?
초기 승리 확보하기	장기적으로는 목표 달성을 촉진시키고 단기적으로는 동력을 확보하기 위해 최우선 과제에 집중하고 있는가?
상사와 성공 기준 협상하기	새로운 상사와의 관계를 돈독히 하고 여러분에게 거는 기대를 적절히 조정하고 필요한 자원을 확보하고 있는가?
정렬하기	전략, 구조, 시스템, 업무능력 간의 불균형을 찾아내 바로잡고 있는가?
팀 구축하기	팀을 평가하고 리스트럭처링하여 여러분이 이루려는 목표에 적합하게 팀을 정렬하고 있는가?
협력관계 구축하기	새로운 업무를 효율적으로 수행할 수 있도록 조직 내외의 지지기반을 구축하고 있는가?

기둥 2: 자기규칙 개발하기

해야 할 일을 아는 것과 그것을 실행하는 것은 다르다. 성공과 실패는 여러분을 생산적인 방향으로 밀어올리기도 하고 벼랑으로 내몰기도 하는 일상적인 선택들이 쌓인 결과다. 자기관리의 두 번째 기둥인 자기규칙이 바로 이것이다.

자기규칙이란 스스로를 절제하는 일상의 규칙들이다. 여러분이 가장 우선적으로 정해야 할 규칙은 무엇인가? 그것은 각자의 강점과 약점에 따라 달라진다. 여러분은 스스로를 잘 알고 있겠지만, 여러분을 잘 알고 신뢰할 만한 사람과 상담해보기 바란다. (360도 피드백이 여기서 유용할 수 있다.) 그들은 여러분의 강점과 약점을 어떻게 보고 있는가?

아래의 자기규칙들은 여러분이 절제하기 위해 설정해야 할 규칙을 정리하는 데 도움이 된다.

계획을 계획하라. 여러분은 계획-일-평가 사이클을 일일 단위와 일주일 단위로 실행하는 데 시간을 할애하고 있는가? 만약 그렇지 않거나 혹은 규칙적으로 그렇게 하고 있지 않다면 여러분은 계획에 더 철저해질 필요가 있다. 매일 잠자리에 들기 전에 10분 정도 시간을 내서 그날의 목표를 얼마나 잘 달성했는지 평가해보고 다음 날의 계획을 세워라. 그렇게 하다 보면 이것이 습관화된다. 설령 계획대로 하지 못했을지라도 여러분은 자신의 삶을 더 온전히 통제할 수 있게 된다.

중요한 것에 집중하라. 매일 가장 중요한 업무에 시간을 배정하고 있는가? 중요한 일이 많을 때 여러분은 서두르기 마련이다. 전화, 회의, 이메일 등 급한 업무들을 처리하다보면 장기적인 업무는 말할 것도 없고 중기적인 업무를 진행할 시간조차 내기 어렵다. 실질적으로 중요한 업무를 처리할 시간이 없어서 곤란한 상황이라면 아예 규칙을 정해서 단 30분이라도 좋으니 매일 사무실 문을 닫고 전화도 받지 않고 이메일도 무시하고 업무에 집중할 수 있는 시간을 확보하라.

약속에 신중하라. 여러분은 즉석에서 약속을 했다가 나중에 후회해본 일이 없는가? 먼 미래의 일처럼 생각되어 그때까지 뭔가를 하겠다고 섣불리 약속했다가 약속한 날짜가 임박해서 그 약속을 지키지 못해 자신을 책망한 적이 없는가? 그렇다면 여러분은 즉흥적인 약속을 피하고 약속을 유보하는 법을 배워야 한다. 누군가가 여러분에게 어떤 부탁을 해오면 이렇게 말하라. "재미있을 것 같군요. 한번 생각해보고 연락드리죠." 즉석에서 약속하지 말라. 간청에 약한 여러분의 약점을 알고 누군가가 허락을 종용한다면 이렇게 말하라. "지금 당장 답해야 한다면 안 된다고밖에 말할 수 없어요. 하지만 생각할 시간을 준다면 당신의 부탁을 더 고려해볼게요." 처음에 안 된다고 했다가 나중에 부탁을 들어주는 것은 전혀 문제될 것이 없다. 하지만 처음에 들어준다고 했다가 나중에 안 된다고 말하기는 대단히 어렵다. 자신의 평판을 떨어뜨리는 일이 될 수도 있다. 사람들이 시간 여유가 있는데도 당장 약속을 받아내려 하는 것은 먼 미래의 일처럼 여겨지는 지금이 약속을 받기가 쉽기 때문이다.

높은 곳에서 조망하라. 상황이 어려울 때 너무 감정적 차원에 사로잡힌 경험이 있는가? 이럴 때는 한걸음 뒤로 물러나 높은 곳에서 전체를 내려다보면 뭔가 생산적으로 상황에 개입할 방안이 보인다. 많은 리더십 및 협상 분야 권위자들은 '높은 곳에서 조망하기'가 매우 효과적인 방법이라고 주장해왔다.[3] 물론 말처럼 쉽지 않다. 특히 어떤 결정에 따른 파장이 크고 감정적으로 흥분된 상태에서는 더욱 어렵다. 하지만 규칙을 정해서 연습하다 보면 향상될 수 있는 능력이다.

성찰하라. 여러분은 전환기의 여러 사건들에 자신이 보인 반응들을 명확하게 의식하고 있는가? 그렇지 않다면 자신의 상황에 대해 체계적으로 성찰하도록 단련해야 한다. 신임 리더들 가운데는 자기성찰을 위해 매일 몇 가지 생각들, 인상들, 의문점들을 기록하는 사람들도 있다. 매주 일정한 시간을 정해서 진행 상황을 평가하는 사람들도 있다. 여러분도 적당한 방법을 찾아서 정기적으로 실행하라. 이 과정에서 얻은 통찰을 현실에 적용하는 노력도 게을리 해서는 안 된다.

쉬어야 할 때를 알아라. 진부한 표현이긴 하지만 보직 전환은 단거리 경주가 아니라 마라톤이다. 스트레스가 성과 곡선의 정점을 자주 넘어선다면 여러분은 쉬어야 할 때 쉬도록 스스로를 규제해야 한다. 말이 쉽지 행동으로 옮기기는 매우 어렵다. 가령 마감시간이 임박했고, 한 시간만 더 일해도 결과가 확연히 달라진다고 해보라. 단기적으로는 효과가 있을지 모르지만, 장기적으로는 얻는 것보다 잃는 것이 더 많다. 노력 대비 성과가 줄어드는 시점을 파악하라. 그 시점이 왔다면 잠시 휴식을 취하며 자신을 재충전하라.

기둥 3: 지원 시스템 구축하기

자기관리의 세 번째 기둥은 지원 시스템을 구축하는 것이다. 이것은 여러분이 사업 단위에서 통제권을 행사하고, 후방을 안정시키고, 조언 및 상담 네트워크를 견실하게 구축하는 것을 의미한다.

사업 단위에서 통제권을 확보하라. 여러분을 지원해줄 수 있는 인프라가 갖춰져 있지 않다면 일에 집중하기가 어렵다. 아무리 머리를 짓누르는 걱정거리들이 있다고 해도 여러분은 가장 우선적으로 일할 공간을 정리하고, 업무규칙을 정하고, 기대를 명확히 규정하는 등 기본적인 조치들부터 취해야 한다. 필요하다면 체계적인 시스템이 자리 잡을 때까지 임시로 활용할 수 있는 자원들을 총동원하라.

후방을 안정시켜라. 동시에 여러 전선을 만들지 않는 것은 전쟁의 기본원칙이다. 신임 리더들은 온전히 일에 집중할 수 있도록 후방, 즉 가정을 안정시켜야 한다. 가정에서 가치를 파괴하면서 직장에서 가치를 창출할 수는 없다. 이것은 스티븐이 저지른 근본적인 실수다.

보직이동에 따라 이사해야 한다면 여러분의 가족도 함께 전환기를 맞게 된다. 아이린처럼 여러분의 배우자 역시 직업상의 전환기를 맞을 수 있다. 아이들도 친구들과 헤어지고 전학을 해야 할 수도 있다. 든든한 지지와 안정이 절실한 시점에 가족의 토대들이 파괴될 수도 있다. 보직이동에 따른 여러분의 스트레스가 전환기를 맞은 가족들의 스트레스를 증폭시킬 수도 있다. 가족들의 어려움이 여러분의 심기를 한층 무겁게 만들어, 가치 창출 능력을 떨어뜨리고, 손익분기점에 도달하는 시간을 지연시킬 수 있다.

여러분은 가족들의 신속한 적응에도 주의를 기울여야 한다. 여러분에게 일어난 변화가 가족들을 불행하게 만들거나 화나게 만들 수도 있다는 사실을 인정하라. 변화에 따른 혼란을 피할 수는 없다. 하지만 대화를 통해 상실감을 함께 극복할 수 있다.

아래는 가족들의 이동을 도울 수 있는 몇 가지 지침이다.

- 이전에 가족생활을 지원했던 시스템을 분석하라. 이사를 가게 되면 지금까지 가족생활을 지원하던 의사, 변호사, 치과의사, 보모, 가정교사, 코치 등과도 헤어지게 된다. 가장 시급한 순서대로 목록을 작성해서 그들의 역할을 대신해 줄 수 있는 사람들을 찾아라.

- 배우자의 궤도 복귀를 도와라. 이사하게 되면 계속 일을 하고 싶더라도 배우자는 지금까지 했던 일을 그만두고 새로운 일자리를 찾을 수밖에 없다. 이른 시일 안에 새 일자리를 찾지 못하면 배우자는 실패감에 빠질 수 있다. 배우자가 신속하게 일을 구할 수 있도록 회사에 도움을 요청하거나 이사하자마자 구직센터 같은 곳을 방문하라. 배우자의 일을 찾는 것을 최우선순위에 올려라.

- 가족의 이사 시점을 신중히 결정하라. 취학아동이 있는 경우에 학기 중에 이사하는 것은 매우 어렵다. 학기가 끝날 때까지 이사를 미루는 것을 고려하라. 그 대가로 여러분은 가족과 떨어져서 생활해야 하고, 주말이면 먼 거리를 오가느라 피곤할 것이다. 하지만 여러분뿐만 아니라 다른 가족들 역시 같은 어려움을 겪고 있다는 것을 잊지 말라. 배우자가 혼자 아이들을 돌보는 일도 힘겹기는 마찬가지다.

- 익숙한 것들을 지켜라. 지금까지 지켜왔던 가족행사 같은 것들을 신속하게 재개하고 전환기 동안에도 유지하라. 조부모처럼 가까운 친척들의 도움도 큰 힘이 될 수 있다.

- 문화 적응에 신경 쓰라. 외국으로 나가야 하는 경우라면 문화가 다른 곳으로 이주할 때 발생하는 문제에 대해 전문가와 상담하라. 문화나 언어 장벽이 있는 경우에는 가족들이 고립될 수 있다.

- 회사의 이사 지원 제도를 적극 이용하고 신속하게 지원을 받아라. 회사에서 지원하는 이사 지원 제도는 집을 알아보고, 이삿짐을 옮기고, 아이들이 다닐 학교를 찾아보는 데 도움을 주는 정도다. 하지만 전환기에 있는 여러분에게는 이 정도의 도움도 큰 힘이 된다.

가족이 함께 이사하기로 결정했다면 고통을 피할 수는 없다. 하지만 고통을 최소한으로 줄이고 가족들이 신속하게 새로운 환경에 적응할 수 있도록 여러분이 해야 할 일들이 많다.

조언 및 상담 네트워크를 구축하라. 아무리 유능하고 정력적이라 해도 리더 혼자서 모든 것을 처리할 수는 없다. 여러분은 자신이 겪고 있는 어려움을 의논할 수 있는 조직 안팎의 조언자들이 필요하다. 이런 인적 네트워크는 조직에서 고립되거나 균형을 잃지 않도록 도움을 받을 수 있는 자산이다. 그 중에서도 기술 조언자, 문화 해석자, 정치 상담자는 여러분이 반드시 구축해야 하는 조언자다.([표 9-2] 참고)

조언 및 상담 네트워크를 구축할 때 조직 내부 인사와 외부 인사의 비율을 어떻게 조정할지에 대해서도 숙고하라. 내부 인사는 조직, 조직의 문화, 조직 내 정치를 잘 알고 있다. 여러분이 조직 내에서 벌어지고 있는 일을 파악하는 데 도움을 줄 수 있는 신뢰할 수 있고 돈독한 관계를 맺을 수 있는 사람을 찾아라. 그들은 매우 귀중한 자산이다.

하지만 내부 인사는 사안들에 대한 냉철하고 객관적인 시각을 전달해주기 어렵다. 그러므로 이 네트워크에는 여러분이 당면한 현안들과 결정들을 처리해나가는 데 도움을 줄 수 있는 외부 상담자와 조언자들

표 9-2

조언자들의 유형

유형	역할	그들이 여러분을 돕는 방법
기술 조언자	기술, 시장, 전략에 대한 전문적인 분석을 제공한다.	새로운 기술을 적용할 방법을 제시한다. 새로운 시장에 진입할 전략을 제안한다. 정확하고 시기적절한 정보를 제공한다.
문화 해석자	여러분이 새로운 문화를 이해하고 (여러분이 원한다면) 그에 적응할 수 있도록 돕는다.	문화 규범, 심리적 모델, 기본 전제들에 대한 통찰을 제공한다. 여러분이 조직의 언어를 익히도록 돕는다.
정치 상담자	새로운 조직에서 정치적 관계에 적절히 대처할 수 있도록 돕는다.	여러분이 기술 조언자들의 조언을 실행에 옮길 수 있도록 돕는다. 이슈를 실행할 방법을 놓고 고민할 때 상담자 역할을 해준다. 여러분에게 '이렇게 하면 어떻게 될까?' 하는 식의 질문을 던져준다.

이 포함되어야 한다. 그들은 이야기를 경청하고 적절한 질문을 던질 수 있는 사람이어야 하고, 조직 문화를 잘 아는 사람이어야 하며, 여러분의 이익을 최우선으로 생각하는 사람이어야 한다.

[표 9-3]을 이용해 여러분의 조언 및 상담 네트워크를 평가하라. 그들이 어떤 영역에서 여러분에게 도움을 주고 있는지, 외부 인사인지 내부 인사인지 분석해보라.

이제 한 걸음 물러나 생각해보라. 기존 네트워크가 새로운 상황에서 여러분에게 필요한 지원을 하는가? 이전에 도움이 되었던 사람들이 새로운 상황에서도 여전히 도움이 될 것이라는 가정은 위험하다. 여러분은 새로운 문제들에 직면하고 있어서 과거의 조언자들은 별다른 도움이 되지 못할 수도 있다. 직급이 높아지면 정치적 조언이 필요한 경우가 많은데, 여러분에게는 좋은 정치 상담자가 꼭 필요하다.

또한 여러분은 이런 점들에 대해 미리 생각하고 있어야 한다. 실효성 있는 네트워크를 구축하는 데는 시간이 걸린다. 때문에 여러분이 새로 맡게 될 업무에서는 어떤 네트워크가 필요할지, 어떤 조언이 필요할 지 미리 생각해두어야 한다. 여러분은 어느 정도 조언의 변화가 필요한가?

지원 네트워크가 실효성이 있기 위해서는 반드시 필요할 때 적절한 도움을 받을 수 있어야 한다. 여러분의 지원 네트워크는 다음과 같은 특징들을 갖추고 있는가?

표 9-3

상담 및 조언 네트워크에 대한 평가

	기술 조언자	문화 해석자	정치 상담자
(새로 맡은 조직 내부에 있는) 내부 조언자 및 상담자			
(새로 맡은 조직 외부에 있는) 외부 조언자 및 상담자			

- 기술 조언자, 문화 해석자, 정치 상담자 사이의 적절한 비율.
- 외부 조언자와 내부 조언자 간의 적절한 비율. 여러분에게는 내부 인사로부터의 솔직한 피드백과 외부 인사로부터의 냉철하고 균형 잡힌 시각이 필요하다.
- (여러분이 맡은 조직이나 팀이 아니라) 개인으로서의 여러분에게 충실한 외부 지지자. 오랜 동료나 친구들이 이런 역할을 해준다.
- 신뢰할 수 있는 내부 조언자. 여러분의 이슈와 상충되지 않는 이슈를 설정한 사람들이거나, 솔직하고 정확한 조언을 해줄 수 있는 사람들이다.
- 여러분이 주요 협력 세력들의 입장을 이해하는 데 도움을 줄 수 있는 협력 세력의 대변자. 이들을 통해 여러분은 폭넓은 시야를 갖출 수 있다.

궤도 유지하기

여러분은 매일 균형을 잃지 않기 위해 싸움을 벌여야 한다. 성패는 이 싸움의 과정에서 여러분이 내리는 사소한 선택들에 달려 있다. 이런 선택들이 쌓여서 (여러분과 조직의 발전에 도움이 될) 동력을 창출할 수도 있고, 효율을 떨어뜨리는 악순환에 빠질 수도 있다. 전환기 동안 여러분이 취하는 일상의 행동들이 조직을 위해서뿐만 아니라 개인적 자신감과 편안한 삶을 위한 모든 행동들의 패턴이 된다.

1. 새로운 보직에서 여러분의 가장 큰 약점은 무엇인가? 여러분은 그것을 어떤 식으로 보완할 계획인가?

2. 개인적으로 여러분이 가장 절실히 발전시키거나 확대해야 할 규칙들은 무엇인가? 어떤 방법으로 그렇게 할 것인가? 성공은 어떤 모습인가?

3. 여러분이 맡은 조직의 환경 안에서 확실한 통제력을 발휘하기 위해 여러분이 할 수 있는 일은 무엇인가?

4. 여러분은 가족들이 수월하게 적응할 수 있도록 무엇을 할 수 있는가? 여러분은 어떤 지원 관계들을 구축해야 하는가? 그 가운데서 최우선적인 것은 무엇인가?

5. 상담 및 조언 네트워크를 강화시키기 위해 우선적으로 해야 할 일은 무엇인가? 여러분은 내부 네트워크에 어느 정도 집중해야 하는가? 외부 네트워크에는 어느 정도 집중해야 하는가? 도움이 더 필요한 영역은 어디인가? 기술적 영역인가, 문화적 영역인가, 정치적 영역인가, 개인적 영역인가?

10

모든 사람을 가속시켜라

《90일 안에 장악하라》는 보직이동을 경험하는 리더들을 위한 책이다. 신임 리더들이 상황을 진단하고, 핵심 과제를 파악하고, 추진력을 확보하기 위한 계획을 세우는 데 도움이 되었다. 수십만 명의 리더들이 이 책의 도움을 받았고, 독립적인 연구에 따르면 리더들이 손익분기점에 도달하는 시간이 40퍼센트 가량 단축되었다고 한다.[1]

신임 리더들이 실패하게 되면 개인적으로 심각한 타격을 입고 경력이 끝장날 수도 있다. 그렇다면 회사는 보직이동 시기에 어떤 영향을 받을까? 보직이동에 실패할 경우(완전한 실패든 약간의 성과 저하든) 회사도 상당한 손실을 입는다. 이런 손실의 규모는 최신의 보직이동 가속 시스템(이하 '가속 시스템') 덕분에 상당히 줄어들었으며, 경쟁에 따른 이익을 얻거나 변화의 속도도 올릴 수 있게 되었다.

먼저 외부 영입이든 내부 승진이든 고위급 리더의 이동에 따른 위험을 생각해보자. 고위급 수준에서 한 번 실패하면 곧바로 수십만 달러의 손실이 발행하고, 피해를 회복하지 못하게 된다. 제네시스 어드바이서스가 제공하는 프로그램과 코칭 프로세스에 관한 독립적인 연구에 따르면 임금을 보수적으로 고려했을 때 과거에는 1,400퍼센트의 투자수익률ROI, Return on Investment을 달성했다고 평가했다. 하지만 이런 결과 이외에도 보직이동 실패와 성과 저하에 따른 규모와 영향력에 대한 연구 결과는 다음과 같다.[2]

- 회사에 어려움에 처한 리더가 한 명 있을 경우 해당 지역의 성장률이 절반으로 추락했다. 세금까지 고려하면 그 피해액은 700~800만 달러에 이른다.
- 의제가 논의되지 않으면서 결과가 나오지 않아 신제품 출시가 지연되는 경우가 있다. 신제품 개발에 문제가 발생할 경우에 보직이동 실패에 따른 비용은 100억 달러에 이른다.
- 가장 중요한 비용은 재능의 손실이다. 그 피해액은 돈으로 환산할 수 없을 정도로 엄청나다. 잠재력이 많은 리더에게 적절한 지원을 하지 않으면 어려움에 빠진다. 리더들이 실패한다면 그들이 지닌 잠재력도 사라진다.

일반적으로 회사에는 위험을 평가하고 관리하는 시스템이 있고, 이 시스템으로 고위급 리더의 이동도 관리한다. 따라서 가속 시스템은 사업 전체 위험 관리의 한 요소다.

모든 직급의 보직이동에서 축적된 성과의 영향력을 살펴보자.《포춘》지 선정 500대 기업에 속한 기업 리더의 사분의 일이 매년 이동한다. 고위급 리더는 연간 이동 비율이 더 높다. 리더십에 관한 한 연구 결과에 따르면 최고위 세 직급의 35퍼센트가 매년 보직이동을 경험한다. 그중 22퍼센트는 내부에서 승진했고, 13퍼센트는 외부에서 영입되었다. 보직이동에 의해 리더 주변의 동료, 직속부하, 상사를 포함한 12명의 사람들이 업무성과에 영향을 받았다.

보직이동에서 10퍼센트의 사람들을 가속시키고 40퍼센트를 내버려두는 상황을 상상해보라. 모든 사람을 가속시키는 데 성공한다면 회사의 성과가 직접적으로 올라갈 것이다. 경쟁에 따른 이익도 확보할 수 있다. 여러분이 모든 사람을 가속시킬 수 있다면 비즈니스는 더 반응이 빨라질 것이다. 따라서 가속 시스템은 성과가 높은 조직의 핵심 요소다.

마지막으로 여러분이 맡은 비즈니스가 중대한 변화(구조조정, 급속성장, 인수합병)를 겪고 있다고 생각해보라. 중대한 변화로 인해 조직 전체에 연쇄적인 보직이동이 발생한다. 구조, 시스템, 인력을 적절히 배치하는 어려운 작업이 변화에 대처하는 첫 번째 단계다. 인수합병에 따른 시너지를 확보하는 것 같은 계획된 목표를 달성하기 위해서는 전략이 조직 전체로 확산되어야 한다. 즉, 역할, 책임, 결정권을 명확히 규정해야 하고, 관계도 신속하게 구축해야 한다.

이 책에 제시된 90일 계획은 조직을 신속하게 재설정하는 두 번째 단계를 신속하게 구축하는 데 성공적이었다. 팀을 가속시키는 데 집중하면서, 성과가 좋은 팀에서 시작해 조직 전체로 확장하는 방식이었다. 모든 팀은 90일 계획을 세우고, 팀워크를 구축할 때 동일한 방법론, 언어, 도구를 사용해야 한다. 이것에 성공하면 목표를 확실하게 달성할 수 있다. 많은 회사들이 고통스런 대가를 치르면서 깨닫고 있듯이 변화의 소프트웨어 측면이 중요하다. 따라서 가속 시스템은 조직의 변화 관리 도구의 핵심 요소다.

위험 관리, 성과 향상, 변화 실현에 집중하면 회사는 내부적·외부적 또는 개인적·조직적 이동을 가속시킬 수 있다. 모든 사람들을 가속시킬 수 있는 틀, 도구, 시스템을 적절히 확보하면 핵심 비즈니스 프로세스에서 리더의 보직이동을 가속시킬 수 있다.

이런 상황에서 회사는 가속 시스템을 어떻게 구축해야 하는가? 여러분의 비즈니스에서 적절한 해결책을 찾는 데 적용할 수 있는 10가지 원칙은 다음과 같다.

결정적 이동을 확인하라

여러분의 조직에서 얼마나 자주 보직이동이 발생하는지 이해하고, 가장 중요한 사람을 가속시키는 것부터 시작해라. 많은 회사들은 채용, 승진, 부서이동, 수평 이동을 하는 사람이 얼마나 되어야 하는지에 관한 기본적인 질문에 답을 갖고 있지 않다. 보직이동의 빈도에 관한 좋은 자료가 없거나, 보직이동이 있었는지를 사람들이 인식하고 있지 않다면 가속 시스템을 설계하기가 어렵다.

여러 직급의 지원에 따른 비용과 편익을 평가하고 자원을 효율적으로 할당하기 위해 여러분은 보직이동의 빈도를 파악해야 한다. 예를 들어, 실무책임자 수준에서 보직이동이 자주 발생한다고 (30퍼센트 이상) 판단한다면, 비즈니스가 급속히 성장하고 있다고 볼 수 있다. 이 직급에 있는 리더들은 부임 후 60일 이내에 보직이동을 위한 워크숍(개인적이든 온라인이든)에 참여해야 한다(또는 뒤에서 논의하겠지만 이 리더들은 새 업무를 담당하자마자 자원을 즉시 확보해야 한다). 이 워크숍은 15~20명 정도 규모로 운영하는 것이 좋다. 워크숍을 통해 여러분은 지원을 어디서 어떻게 받을 수 있는지를 파악할 수 있다.

이동의 빈도를 알았다면 이제는 그것이 새로 영입된 경우인지, 조직 내 이동인지, 승진인지, 수평 이동인지 비율을 파악해야 한다. 이것을 알면 여러분은 어떤 지원을 받을 수 있는지를 파악할 수 있다. 지원 형태는 리더가 경험하는 보직이동 유형에 따라 다르기 때문이다.

그래서 여러분은 결정적 이동에 집중해야 한다. 여러분의 회사에서 가장 중요한 이동은 무엇인가? 여러분이 작지만 급속히 성장하고 있는 제약회사에서 일하고 있다고 가정해보자. 유망한 신약에 대한 승인을 방금 받았다고 상상하자. 그럼 여러분은 새로운 영업 인력을 채용하고, 경쟁사를 앞서기 위해 속도를 올려야 한다. 새로 영입한 영업 인력에 따라 여러분은 엄청난 성공을 거둘 수도 있고, 평범한 성과를 올리는 데 그칠 수도 있다. 따라서 여러분은 새로운 영업 인력들이 기존 영업부서와 통합되면서 가능한 한 신속하게 속도를 올릴 수 있도록 도와야 한다. [그림 10-1]의 보직이동 열 지도를 이용해 결정적인 보직이동이 무엇인지를 평가해라.

그림 10-1

보직이동 열 지도

보직이동 열 지도는 아래의 표처럼 신속한 보직이동이 최우선으로 필요한 이동 상황을 요약한 도구다. 맨 왼쪽 열에 회사의 핵심부서, 그룹, 프로젝트를 적어라. 그런 다음 각 부서, 그룹, 프로젝트 별로 발생한 주요 변화 사건을 파악하라. 마지막으로 각 조직 단위 별로 보직이동 유형(새 회사에 부임, 승진, 지리적 이동, 수평 이동)에 따른 상대적 강도를 평가하라. 이 결과는 최우선 사안을 협의하는 데 사용될 수 있다.

조직 단위	주요 변화 사건	이동 강도			
		새 회사에 부임	승진	지리적 이동	수평 이동
부서 A	급속성장	높음	낮음	높음	중간
부서 B	회생	중간	낮음	낮음	높음
부서 C	인수	없음	낮음	중간	높음

시작 – 실패의 동역학을 확인하라

서론에서 논의한 것처럼 신임 리더가 빠질 수 있는 일반적인 함정이 있다. 리더가 안전지대에 머무른다든가, 너무 성급하게 많은 것을 시도하는 경우가 대표적인 함정이다. 이 책에서 논의한 원칙에 따라 가속 시스템을 구축한다면 이런 일반적인 함정을 피할 수 있다.

하지만 신임 리더가 가속 시스템을 설계해야 한다면 시스템 상의 실수를 발생할 수 있다.[3] 하버드 비즈니스 리뷰와 국제경영개발연구원 IMD 연구에 참여한 응답자들에 따르면 리더가 실패하는 원인을 회사가 제공하는 경우도 있었다. 불필요한 실패와 성과 저하의 원인은 [표

표 10-1

이동 실패의 원인

모든 이동 상황에 적용할 수 있는 원인

- 기대와 의무가 충분히 명확하지 않음. 리더가 성공하기 위해 필요한 정보가 충분히 전달되지 않거나 정보가 충돌할 때 실패할 수 있다.
- 영입과 승진 과정에 스타스 상황을 고려하지 않는 경우. 리더가 조직의 상황에 따른 과제에 가장 적합한 사람인지를 검토하지 않은 채 리더가 될 때 리스크가 커진다. 예를 들어, 회생 상황에 있던 조직을 이끌었던 리더가 성공지속 또는 재조정 상황에 있는 조직의 리더가 된 경우.
- 몇 단계를 건너뛰어 성급하게 승진한 경우. 최고위급 리더로 승진한 경우 보직이동 리스크가 크다. 한꺼번에 너무 많은 일을 감당하게 되면서 실패할 위험이 커진다.
- 조직의 리더십 문화가 진화적인 경우. 보직이동 시기에 리더가 적절한 지원을 받지 못하는 경우에 실패할 위험이 있다. 물에 빠뜨려 살아남도록 요구하는 리더십 문화 때문.

승진 상황에서의 원인	새 회사에 부임한 상황에서의 원인 (부서 간 이동에도 적용 가능)
• 현재 맡은 업무를 잘 수행했기 때문에 승진한 경우. 효율성만으로 고위급 리더를 평가할 수 없다.	• 교육과정이 지연되거나 전혀 없는 경우. 새로운 업무에 필요한 업무능력을 학습할 수 있는 교육을 받지 못하면 (또는 몇 개월 뒤에나 받을 수 있다면) 이동 시기에 신뢰를 확보할 수 있는 기회를 놓치게 된다.
• 과거 업무와 새로운 업무를 동시에 수행해야 하는 경우. 신임 리더에게 가장 중요한 보직이동 시기에 과거 업무에 에너지를 할애하게 되면 조직이 성공할 수 없다.	• 문화 적응이 채용 과정에서 고려되지 않는 경우. 리더는 새로운 조직의 문화에 적응하는 것과 관계없이 특정한 역량 때문에 영입된다.
• 문화 적응을 위한 지원이 제공되지 않는 경우. 새로 부임한 리더는 조직의 문화를 이해해서 초기에 불필요한 실수를 하지 않아야 한다.	• 핵심 관계자를 파악하고 관계를 맺는 방식으로 지원이 제공되지 않는 경우. 새로 부임한 리더는 성공에 영향을 주는 사람들이 누구인지를 파악해야 하고, 신속하게 그들과 적절한 네트워크를 확보해야 한다.

10-1]에 정리되어 있다.

　회사에서 실패의 원인을 제공하는 경우에 여러분은 가속 시스템을 제대로 정렬하는 데 그쳐서는 안 된다. 여러분은 시스템을 정확하게 구축하기 위해 문화를 변화시켜야 한다. 여러분의 회사가 리더의 보직이동을 돕는 시스템을 갖추고 있지 않다고 가정해보자. 그런 경우에 여러분은 서론에서 논의한 이동 위험 평가를 체계적으로 활용해야 한다. 마찬가지로 기대를 명확히 규정하는 데 문제가 있다면, 4장에서 논의한 다섯 가지 내화를 이용해 문제를 파악해야 한다.

기존의 이동 지원을 진단하라

회사에 이동 지원 시스템이 중복되어 운영되고 있을 수도 있다. 한 부서가 하위직 리더를 위한 시스템을 갖추고 있지만, 다른 부서는 새로 부임한 고위급 임원을 위한 시스템을 운영하고 있을 수도 있고, 또 다른 부서는 해외 지사로 이동을 지원하는 시스템을 확보하고 있을 수도 있다. 공통의 핵심 방식에 기초를 둔 가속 시스템을 전사 차원에서 활용했을 때 이익이 크기 때문에 기존 시스템을 적절히 변형하거나 고쳐야하는 경우도 있다.

　전사 차원의 가속 시스템을 설계하기 전에 여러분은 기존 시스템을 철저히 평가해야 하고, 지원이 제공되지 않고 있는 영역을 파악해야 한다. 이 평가를 위해 다음 지침을 활용해라.

- 기존의 가속 지원 방식과 도구를 파악하고 평가해라. 어떤 방식이 사용되었는가? 왜 사용되었는가? 가장 잘 실행된 경우는 어땠는가?
- 모든 직급의 보직이동을 지원하는 방식을 확인해라(코칭 프로그램, 온라인 워크숍, 자기 학습을 위한 자료). 관련된 비용과 편익을 분석하라.
- 보직이동 유형이 다른 경우(새로 부임, 승진, 수평 이동)에 회사 차원에 지원되는 방식이 얼마나 일관되는지 평가해라. 모든 이동을 가속시킬 수 있는 공통의 핵심 모델이 있는가?
- 이동 시기에 지원을 제공하거나 할 수 있는 핵심 관계자(상사, 동료, 직속부하, 인사 담당자, 학습 및 경력개발 담당자)를 파악해라.
- 보직이동을 직접 지원하면서, 언제 얼마나 이동이 발생하는지를 알려주는 자료를 제공하는 인사 정보 시스템을 평가해라(예를 들어 웹사이트). 그래서 여러분이 제시간에 지원을 받을 수 있는지 확인해라.

공통의 핵심 모델을 채택하라

사람들이 새로운 업무를 담당하기도 하고 다른 사람의 이동에 영향을 받기 때문에, 모든 사람(상사, 직속부하, 동료)은 이동을 지원하는 공통의 핵심 모델을 채택해야 한다.

가속 시스템의 기초는 이동을 논의하고 계획할 수 있는 전사 차원의 통일된 방식, 언어, 도구다. 이 과정은 가속 시스템을 구축하는 데 가

장 중요하다. 보직이동을 겪고 있는 모든 리더가 상사, 동료, 직속부하
와 다음의 언어로 대화할 수 있다고 상상해보라.

- 여러분이 물려받은 스타스 포트폴리오(시작, 회생, 급속성장, 재조정,
  성공지속), 도전 과제, 기회
- 기술적, 문화적, 정치적 학습과 핵심적인 학습 요소
- 상사 및 직속부하와 해야 할 다섯 가지 대화 (상황, 기대, 스타일, 자
  원, 발진)
- 초기 승리를 확보할 계획과 합의된 우선순위
- 구축해야 할 협력관계

공통의 핵심 모델을 활용하면 효율적으로 대화할 수 있다. 더 중요
한 점은 이 모델을 이용하면 대화가 어긋나지 않는다는 것이다. 또한
이 모델을 통해 사람들이 전진할 수 있고, 신뢰 속에서 정보를 공유할
수 있으며, 다른 사람의 보직이동 상황을 참을 수 있다. 이런 체계적인
지원은 리더의 성공과 실패를 넘어 조직의 성패에도 중요하다.

제시간에 지원을 요청하라

보직이동은 예상할 수 있는 단계를 따라 진행된다. 신임 리더는 집중적
인 진단 작업부터 시작한다. 리더가 상황을 명확히 파악하면 조직의 전
략 방향(임무, 목표, 전략, 비전)을 규정하는 작업으로 넘어간다. 방향이

분명해지면 리더는 이제 조직의 핵심 주제(구조, 프로세스, 역량, 팀)에 관한 의사결정을 잘 할 수 있게 된다. 그 다음에 신임 리더는 초기 승리를 확보할 수 있는 기회를 파악하고, 변화의 프로세스를 추구한다.

따라서 신임 리더에게 필요한 지원은 보직이동이 진행되면서 예상할 수 있는 단계에 따라 제공되어야 한다. 초기에는 신속한 학습(기술, 문화, 정치)을 위한 지원이 매우 중요하다. 리더가 조직을 충분히 학습하고 나면 지원은 전략 방향을 규정하고, 초기 승리를 확보해 성공할 수 있도록 제공되어야 한다.

무엇보다도 리더가 소화불량에 걸렸을 때 지원이 필요하다. 새로운 임무를 맡았을 때 리더는 쏟아지는 많은 사안들을 처리해야 하기 때문에, 학습·성찰·계획에는 매우 제한된 시간만을 할애하기 쉽다. 지원이 제시간에 제공되지 않는다면 신임 리더는 지원받은 자원을 활용할 수 없다.

부임하기 전의 시간을 활용하는 것이 좋다. 보직이동은 리더가 공식적으로 새로운 업무를 시작하는 시기가 아니라, 채용 또는 승진 결정에서부터 시작된다. 따라서 부임 전 시간은 조직을 학습하고 초기에 해야 할 일들을 계획하는 데 매우 중요하다.

결국 가속 시스템은 신임 리더가 부임 전 시간을 활용할 수 있는 것과는 관계없이 최대한의 지원을 제공하도록 설계되어야 한다. 그들에게 핵심 문서와 도구를 제공해 학습과 초기 상황 진단을 돕고, 신속하게 핵심 관계자들과 만날 수 있도록 지원해야 한다. 고위급 임원의 경우에는 이동 코치를 선임해서 부임 전에 상황을 진단하도록 도와야 한다. 또한 신임 리더가 핵심 관계자들과 인터뷰를 하고, 초기에 논의된

사항을 기초로 삼아 행동으로 실천할 수 있는 지식을 만들 수 있도록
지원이 제공되어야 한다.

구조적인 절차를 이용하라

보직이동을 가속할 때 리더가 너무 바빠서 이동을 학습하거나 계획할
수 없는 상황이 벌어지기도 한다. 신임 리더들은 활용할 수 있는 자원
을 파악하고, 이동 계획을 세우는 데 시간을 할애해야 한다는 것을 안
다. 하지만 새로 맡은 업무에서 긴급히 처리해야 사안이 많은 경우에
이 중요한 일이 우선순위에서 밀릴 수 있다.

부임 전 시간을 활용하고 제시간에 지원을 받는다면 보직이동 프로
세스가 원활히 진행될 수 있다. 이동 프로세스의 각 단계마다 코칭 회
의를 열고, 리더가 성찰하면서 90일 계획을 정교하게 만들 수 있도록
도와주어야 한다.

이동 지원은 자연스럽게 흘러가는 프로세스를 설계하는 것이 아니
라, 리더의 페이스에 맞게 계획되어야 한다. 핵심 단계마다 코칭 회의
나 그룹 토론 같은 초점을 만들어두는 것이 좋다. 예를 들어, 리더가 부
임 전에 상황을 진단하고 자기 평가를 할 수 있도록 돕는다면, 코치나
신임 리더는 시작 지점을 정확히 파악했다고 볼 수 있다.

이동 코칭이 제공된다면 신임 리더와 코치는 초기에 집중적으로 만
나는 것이 중요하다. 코치는 리더가 부임하기 전에 상황을 진단하는 데
도움을 줄 수 있다. 신임 리더가 상황을 진단하는 데 필요한 지식을 코

치가 전달할 수 있기 때문이다. 보직이동 시기의 초기에 코치가 리더에게 통찰을 제공한다면 코치와 리더의 관계도 돈독해질 수 있다.

이동 유형별로 지원을 일치하라

90일 계획과 도구는 모든 유형의 보직이동에 적용될 수 있다. 하지만 리더가 경험하는 보직이동의 유형에 따라 실제 내용이 달라져야 한다 (예를 들어, 문화 학습의 중요성이 낮을 수도 있다). 따라서 회사 차원에서 지원을 제공해야 하고, 리더에게 필요한 자원을 확보하도록 도울 수 있는 핵심 보직이동 유형을 파악해야 한다.

특히 일반적인 다음 두 유형에서 신임 리더는 추가적인 자원을 지원받아야 한다.

- 승진. 1장에서 논의했듯이 승진한 경우라면 신임 리더는 도전 과제들을 예상할 수 있다. 새로운 직급에서 성공하기 위한 역량은 이전 직급에서 성공했던 능력과는 상당히 다르다. 또한 신임 리더는 업무 방식, 행동, 직속부하와의 관계도 새롭게 설정해야 한다. 따라서 리더가 새로운 직급에서 어떤 성공을 거두어야 하고, 자신을 평가하고, 개인적인 발전 계획을 세우는 데 도움을 주어야 한다.
- 외부에서 새로 부임. 새로운 조직에 부임하거나 하위문화가 다른 부서로 이동한 경우에 신임 리더는 기대를 조정하고, 낯선 문화에 적응하고, 적절한 관계를 구축해야 하는 과제에 직면한다. 그들이

이것을 수행하고, 핵심 관계자들을 파악하고서 관계를 구축하고, 실패를 줄이면서 높은 성과를 올려 신속하게 이동하도록 집중적인 지원을 제공해야 한다.

리더에게 맞는 지원을 제공하라

비용이 문제가 되지 않는다면, 보직이동을 하는 각 리더 별로 집중적이고 특화된 지원을 하는 것이 좋다. 이상적인 상황이라면 신임 리더는 부임하기 전부터 이동 코치를 선임해서 상황을 독립적으로 진단하고 리더에게 필요한 정보를 전달하도록 요청할 수 있다. 코치는 리더가 자신을 평가하고 핵심적인 보직이동 리스크를 파악하는 데 도움을 주어야 한다. 또한 코치는 상황 진단 계획 수립, 목표 설정, 팀 평가 및 조정, 리더 업무 방식에 관한 피드백, 특정 주제에 관한 대화 등을 통해 리더를 도울 수 있다.

고위 임원들의 영향력은 매우 크기 때문에 이들에게 이동 코칭을 제공하는 것이 좋다. (만약 여러분이 보직이동 시기의 고위 임원이라면, 이동 코칭과 발전 코칭이 다르다는 것을 이해해야 한다. 〈이동 코칭 대 발전 코칭〉을 참고하라.) 하지만 하위 직급의 리더에게 코칭을 제공하는 것은 경제적으로 낭비일 수 있다. 해결책은 세 가지가 있다. 첫째, 보직이동을 지원할 수 있는 다른 방법을 찾는다. (예를 들어, 코칭, 그룹 교육, 온라인 워크숍, 코칭 자료 제공 등을 선택할 수 있다.) 둘째, 지원에 따른 비용과 편익을 분석한다. 셋째, 투자수익률을 최대화할 수 있는 핵심 리더에게 코칭을 제공한다.

이동 코칭 대 발전 코칭

이동 코칭과 발전 코칭은 상당히 다르다. 이동 코칭은 보직이동을 경험하고 있
는 리더에게 믿을 만한 조언자로 행동하는 데 필수적이다. 또한 조직과 문화에
관한 지식을 철저하게 파악하고 있어야 한다. 이 때문에 새로 부임한 리더가
자신만의 코치를 둔다는 것은 위험하다. 그들도 리더가 새로 부임한 조직의 문
화와 정치에 대해 모르고, 보직이동도 경험하지 않을 것이기 때문이다.

표 10-2

이동 코칭 대 발전 코칭

이동 코칭	발전 코칭
● 코치가 리더를 돕는 방법 - 비즈니스 상황과 새로운 임무를 맡은 리더를 모두 평가한다. - 추진력을 확보할 전략을 세운다. - 자신을 관리할 전략을 세운다. - 행동 계획을 발전시킨다. ● 비즈니스를 바라보는 코치의 통찰력은 조언과 행동을 적절히 혼합해야 한다.	● 코치가 리더를 돕는 방법 - 기존의 역량과 행동을 평가한다. - 업무에 맞지 않는 행동과 역량들 사이의 간격을 파악한다. - 이런 도전 과제들을 해결하고 핵심 역량을 구축한다.

역할을 명확히 규정하고, 인센티브를 정렬하라

보직이동 지원은 팀 단위로 움직이는 스포츠다. 신임 리더의 성공에 큰 영향을 줄 수 있는 사람들이 많다. 핵심 관계자만 해도 상사, 동료, 직속 부하, 인사 담당자, 코치, 멘토를 들 수 있다. 이동 지원은 인사 담당자나 코치처럼 개인별로 책임을 맡지만, 그들이 움직일 수 있도록 도와주면서 격려해주는 사람들은 많다.

예를 들어, 상사는 신임 리더가 신속하게 이동하면서 다른 업무도 처리하도록 도와주어야 하는 가장 중요한 사람이다. 상사와 핵심 관계자들은 신중하게 지원하면서, 신임 리더가 직속부하들에게 집중하도록 도와주어야 한다. 마찬가지로 인사 담당자는 새로 부임한 리더가 조직의 문화에 적응하는데 중요한 역할을 담당한다. 두 경우 모두 리더들은 무엇을 해야 하고 인센티브를 어떻게 정렬해야 할지를 파악해야 한다.

다른 업무관리 시스템과 통합하라

가속 시스템은 회사의 채용 및 리더십 개발 시스템과 함께 운영되었을 때 가장 효과적이다. 통합의 필요성은 분명하다. 새로 부임한 리더를 위해 좋은 시스템이 있어도 잘못된 채용 시스템에 따른 오류를 보충할 수 없기 때문이다. 회사의 문화에 맞지 않는 사람을 채용한다면 보직이동에 실패할 가능성이 크다.

많은 회사들이 아직도 채용과 부임을 통합하지 않고 있다. 이 프로세스는 조직의 여러 사람들이 나누어 담당하고 있으며, 목표·성공 기준·인센티브가 다른 사람들에 의해 운영되고 있다. 가장 먼저 해야 할 일은 이들을 하나의 팀으로 만들고 목표와 인센티브를 조정하는 것이다.

무엇보다도 회사는 채용 과정에서 보직이동의 위험을 고려해야 한다. [그림 10-2]에서 보는 것처럼 업무를 규정하고 사람을 채용하는 프로세스에서 보직이동에 따른 위험 한도를 파악해야 한다. 회사에서는 '최고의 직원'을 채용하려고 한다. 이는 회사에 필요한 역량을 갖추고 있으면서도 임금이 높지 않은 직원을 가리킨다. 매우 다른 문화에 있던 사람을 영입하는 것은 상당한 위험을 감수해야 한다. 여러분은 개인적인 역량과 문화적인 적응 사이의 트레이드오프를 고려해야 하고, 채용

그림 10-2

채용과 부임 사이의 연결 관계

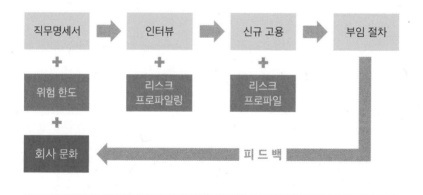

과정에서 보직이동 위험을 명확하게 평가해야 한다. 물론 이를 위해 회사에서는 사람들이 적응해야 하는 문화와 그 이유를 충분히 파악하고 있어야 한다. 앞 그림에서 보는 것처럼 보직이동의 성공과 실패를 피드백 받는다면 문화를 더 정확하게 이해할 수 있다.

채용에서부터 부임까지 잠재적인 위험을 알려주는 것도 중요하다. 채용 과정은 심리 조사나 심층 인터뷰를 포함한 여러 측면의 평가를 거쳐야 한다. 이런 방법들을 이용한다면 이동 코치나 워크숍 진행자들은 리더의 스타일과 문화에 적응하는 방식에서 중요한 통찰을 얻을 수 있다. 마찬가지로 인터뷰를 통해서도 이동 위험에 관한 많은 정보를 얻을 수 있다. 인터뷰어는 신임 리더의 이동 리스크를 명확히 평가해야 한다.

그 다음에는 리더십 개발 시스템과 보직이동 가속 시스템의 관계를 파악해야 한다. 리더십 개발 시스템은 리더가 더 높은 수준으로 올라갈 수 있도록 준비시키는 과정이다. 보직이동 가속 시스템은 실제로 더 고위급으로 승진했을 때 리더를 도와주어야 한다. 이 두 시스템은 다르게 보이지만, 실제로는 개발과 가속을 연결할 수 있다.

예를 들어, 개발 프로그램 안에 핵심 이동 가속 프로그램이 운영될 수 있다. 리더가 보직이동을 할 수 있도록 마음의 준비를 시키고, 실제로 이동하게 되었을 때 어떻게 해야 하는 지를 도와줄 수 있다. 이를 통해 신임 리더는 이동에 필요한 기초를 확보할 수 있다. 이 기초는 리더에게 요구되는 높은 수준의 역량을 갖추는 데 매우 중요하다.

다른 예로는 스타스 모델을 사용해 여러 유형의 보직이동을 경험한 리더를 평가해 리더십을 더 강력하게 개발할 수 있다. 이 모델을 이용하면 잠재력이 큰 리더가 다양한 비즈니스를 관리할 수 있는 역량을 확보해 발전할 수 있도록 도와줄 수 있다. 또한 모델을 통해 잠재적인 개발 간격을 파악할 수 있다. 회생 상황을 주로 경험한 리더는 다양한 비즈니스 상황을 경험하도록 유도해 리더십을 개발할 수 있다.

여러분의 업무 경력을 생각해보라. [표 10-3]처럼 업무 개발 과정을 보여주는 발전 표를 작성해라.

표 10-3

발전 표

행은 여러분이 맡은 업무를 의미하고, 열은 여러분이 직면한 비즈니스 상황을 가리킨다. 여러분이 맡은 업무를 모두 표시하고, 중요한 프로젝트나 참여하는 실무팀 같은 것도 추가해라. 예를 들어, 여러분이 회생 상황에 있는 조직에서 마케팅을 담당하고 있다면 해당 칸에 ①로 표시해라(여러분의 첫 번째 업무라는 의미다). 다음 업무로 시작 상황에 있는 신설 부서에서 영업을 담당했다면 해당 칸에 ②로 표시해라. 시작 상황을 위한 운영팀에 참여했다면 ②에 삼각형을 추가로 그려라(프로젝트 참여라는 의미다). 여러분의 업무를 모두 표시한 다음 이것들을 연결해 업무 변화를 추적해라. 빈 칸이 있는가? 여러분은 어떤 업무에 준비되어 있는가? 잠재적인 문제는 무엇인가?

	시작	회생	급속성장	재조정	성공지속
마케팅					
영업					
재무					
인력관리					
운영					
연구개발					
정보관리					
기타					

종합하라

조직에서 발생하는 보직이동과 그에 따른 영향력을 파악했다면, 가속 시스템을 설계하고 실행하기 위한 비용과 편익을 평가해야 한다. 최고 시스템은 핵심 보직이동을 가속시키는 틀과 도구들을 갖추고, 제시간에, 이동유형에 따라 맞춤형으로, 비용 효율적으로 계획된 것이다. 또한 이 시스템은 핵심 관계자를 조정하고 인센티브를 제공하는 맥락도 고려하면서, 채용과 리더십 개발 프로그램과 연결되어야 한다.

1. 회사에서 가장 중요한 보직이동은 무엇이며, 얼마나 자주 일어나는가?

2. 회사에서는 보직이동이 언제 어디에서 벌어질 지 파악하고 있는가?

3. 일반적이고 핵심적인 보직이동을 신속하게 할 틀, 언어, 도구가 있는가?

4. 리더는 보직이동 시기에 필요한 지원을 받고 있는가? 새로 부임한 리더와 승진한 리더에게 필요한 핵심 자원은 무엇인가?

5. 회사의 채용 시스템과 신속한 보직이동 시스템은 적절히 연결되어 있는가?

6. 잠재력이 큰 리더들이 발전하는 데 필요한 교육 프로그램에 신속한 보직이동이 포함되어 있는가?

7. 90일 계획이 구조조정이나 인수합병 같은 신속한 변화를 일으키는데 어떻게 적용될 수 있는가?

주

10주년 기념판 서문

1. 나는 두 가지 예외를 알고 있다. John J. Gabarro, *The Dynamics of Taking Charge* (Boston: Harvard Business School Press, 1987), and Linda Hill, *Becoming a Manager: How New Managers Master the Challenges of Leadership*, 2d ed. (Boston: Harvard Business School Press, 2003).

2. Dan Ciampa and Michael Watkins, *Right from the Start: Taking Charge in a New Leadership Role* (Boston: Harvard Business Press, 1999).

3. Michael Watkins, *Leadership Transitions Version 3.0* (Boston: Harvard Business Publishing, 2008). 이 결과로 2001년 브랜든-힐 엑셀런스 Brandon-Hill Excellence에서 성과 중심 디자인 분야 이러닝 은메달을 수상했다.

4. "Executive Onboarding: That Tricky First 100 Days," *The Economist*, July 13, 2006.

5. Michael Watkins, *Shaping the Game: The New Leader's Guide to Effective Negotiating* (Boston: Harvard Business School Press, 2006).

6. Peter H. Daly, Michael Watkins, and Cate Reavis, *The First 90 Days in Government: Critical Success Strategies for New Public Managers at All Levels* (Boston: Harvard Business School Press, 2006).

7. Michael Watkins, "The Pillars of Executive Onboarding," *Talent Management*, October 2008.

8 Michael Watkins, *Your Next Move: The Leader's Guide to Navigating Major Career Transitions* (Boston: Harvard Business Press, 2009).

9. Michael Watkins, "Picking the Right Transition Strategy," *Harvard Business Review*, January 2009, 47.

10. Michael Watkins, "How Managers Become Leaders: The Seven Seismic Shifts of Perspective and Responsibility," *Harvard Business Review*, June 2012, 65.

11. 좋은 사례로 다음을 참고하라. Boris Groysberg and Robin Abrahams, "Five Ways to Bungle a Job Change," *Harvard Business Review*, January 2010, 137; Keith Rollag, Salvatore Parise, and Rob Cross, "Getting New Hires Up to Speed Quickly," *Sloan Management Review*, January 15, 2005; and Jean-Francois Manzoni and Jean-Louis Barsoux, "New Leaders: Stop Downward Performance Spirals Before They Start," *HBR Blog Network*, January 16, 2009, http://blogs.hbr.org/hmu/2009/01/new-leaders-stop-downward-perf.html. 유명한 채용회사에 의해 많은 조사가 실시되었으며, 그 중에는 CEO의 이동을 다룬 탁월한 연구 결과도 있다.

12. 이에 관한 내용은《90일 안에 장악하라》초판의 서문을 참고하라.

13. 댄 치암파와 필자가 공동으로 집필한《시작부터 올바르게Right from the Start》의 1장. 도전 편을 참고하라.

14. 《다음에 가야 할 길Your Next Move》의 서문을 참고하라.

서론: 90일 안에 장악하라

1. 1,350명의 인사담당 리더들을 대상으로 IMD 경영대학과 공동으로 실시한 조사 결과는 다음 자료에 보고되어 있다. Michael Watkins, *Your Next Move* (Boston, MA: Harvard Business Press, 2009).

2. Genesis Advisers, *Harvard Business Review*, and International Institute of Management Development, unpublished electronic survey, 2011.

3. 2000년 포춘 500 기업의 인사담당 고위급 임원을 대상으로 실시한 조사 결과는 이 책의 초판에 있다.

4. 리더의 보직이동은 많은 사람들(직속부하, 상사, 동료)의 성과에 부정적인 영향을 준다. 2009년 사장과 CEO들을 대상으로 신임 중간관리자가 부임할 때 몇 명이 영향을 받는지 조사했다. 그들은 평균 12.4명이라고 응답했다.

5. 2000년 포춘 500 기업의 인사담당 고위급 임원을 대상으로 실시한 조사 결과

는 이 책의 초판에 있다.

6. 이 연구는 제네시스 어드바이저스의 두 고객이었던 포춘 100 의료회사와 포춘 500 회계 서비스 회사의 의뢰로 수행되었다. 두 회사 모두 보수적인 임금 비용 기준에 따른 주관적인 성과 개선 측정과 투자수익률 추정 방식을 사용하고 있었다. 2006년 글로벌 의료 회사의 리더 125명이 보직이동 프로그램과 코칭에 참여했고, 이들에 관해 조사가 실시되었다. 프로그램 참여자들은 평균 38퍼센트 성과가 상승했다고 응답했고, 코칭을 받은 리더들은 평균 40퍼센트 상승했다고 응답했다. 투자수익률 추정치는 1,400퍼센트였다. 2008년 〈90일 안에 장악하라〉 프로그램에 참여한 회계 서비스 회사의 리더 50명을 대상으로 손익분기점에 도달하는 시간이 얼마나 단축되었는지에 관한 조사가 실시되었다. 참여자들은 손익분기점에 도달하는 데 평균 1.2개월 단축되었다고 응답했다. 임금 비용만을 고려해도 투자수익률은 약 300퍼센트였다.

7. Michael Watkins survey of participants in two Harvard Business School General Management Program (GMP) cohorts, 2010 and 2011, unpublished study.

01 스스로를 준비하라

1. 2008년 1,350명의 인사담당 리더들을 대상으로 IMD 경영대학과 공동으로 실시한 조사 결과가 다음 자료에 보고되어 있다. Michael Watkins, *Your Next Move: The Leader's Guide to Navigating Major Career Transitions* (Boston: Harvard Business Press, 2009). 다음 자료도 참고하라. Boris Groysberg, Andrew N. McLean, and Nitin Nohria, "Are Leaders Portable?" *Harvard Business Review* (May 2006): 92-100.

2. Michael Watkins, *Your Next Move: The Leader's Guide to Navigating Major Career Transitions* (Boston: Harvard Business Press, 2009).

3. 원래 문장은 다음과 같다. "당신이 가지고 있는 유일한 도구가 망치라면, 모든 것을 못으로 간주하고 싶은 유혹을 느낄 것이라고 나는 생각한다." Abraham Maslow, *The Psychology of Science: A Reconnaissance* (New York: Harper Collins, 1966), 15.

02 신속히 파악하라

1. N. M. Tichy and M. A. Devanna, *The Transformational Leader* (New York: John Wiley & Sons, 1986).

05 초기 승리를 확보하라

1. 초기 승리의 중요성에 관한 초기 논의는 다음을 참고하라. Dan Ciampa and Michael Watkins, *Right from the Start: Taking Charge in a New Leadership Role* (Boston: Harvard Business School Press, 1999), chapter 2.
2. John J. Gabarro, *The Dynamics of Taking Charge* (Boston: Harvard Business School Press, 1987) 참고.
3. wikipedia.org/wiki/Confirmation_bias 참고.
4. George Will, "Price of Safety Sometimes Paid in Technology-Boosted War," *Washington Post*, June 12, 1994.
5. 동료 에이미 에드먼슨이 유용한 구분 방법을 개발했다.
6. Michael Watkins and Max Bazerman, "Predictable Surprises: The Disasters You Should Have Seen Coming," *Harvard Business Review* (March 2003): 5-12 참고.

06 재조정하라

1. 이것은 맥킨지의 7-S 조직 분석 기법을 적용했다. R. H. Waterman, T. J. Peters, and J. R. Phillips, "Structure Is Not Organization," *Business Horizons*, 1980. 전체 내용은 다음을 참고하라. Jeffrey L. Bradach, "Organizational Alignment: The 7-S Model," Case 9-497-045 (Boston: Harvard Business School, 1996). 일곱 개의 S는 전략, 구조, 시스템, 직원, 역량, 스타일, 공유 가치다.
2. wikipedia.org/wiki/SWOT_analysis 참고. SWOT의 초기 형태는 다음을 참고하라. Edmund P. Learned, C. Roland Christiansen, Kenneth Andrews,

and William D. Guth, *Business Policy: Text and Cases* (Homewood, IL: Irwin, 1969).

3. 둘 다 잘 할 수 있는 양면적인 조직을 만드는 것은 도전과제다. 다음 자료를 참고하라. Michael L. Tushman and Charles O'Reilly III, *Winning Through Innovation: A Practical Guide to Leading Organizational Change and Renewal*, rev. ed. (Boston: Harvard Business School Press, 2002).

07 자신의 팀을 건설하라

1. 선수 유형에 관한 논의는 다음을 참고하라. T. DeLong and V. Vijayaraghavan, "Let's Hear It For B Players," *Harvard Business Review* (June 2003): 96-102, 137.

2. M. Huselid, R. Beatty, and B. Becker, "'A Players' or 'A Positions'? The Strategic Logic of Workforce Management," *Harvard Business Review* (December 2005): 110-117, 154.

3. 예를 들어 다음을 참고하라. A. Edmondson, M. Roberto, and M. Watkins, "A Dynamic Model of Top Management Team Effectiveness: Managing Unstructured Task Streams," *Leadership Quarterly* 14, no. 3 (Spring 2003): 297-325.

4. 집단 프로세스에서 공정성의 중요도에 관한 논의는 다음을 참고하라. W. Chan Kim and Renee A. Mauborgne, "Fair Process: Managing in the Knowledge Economy," *Harvard Business Review* (July.August 1997): 127-136.

08 협력관계를 구축하라

1. 데이비드 렉스와 짐 세베니우스가 이 용어를 제안했다. "Thinking Coalitionally," in *Negotiation Analysis*, ed. H. Peyton Young (Ann Arbor: University of Michigan Press, 1991).

2. D. Krackhardt and J. R. Hanson, "Informal Networks: The Company Behind the Chart," *Harvard Business Review* (July-August 1993) 참고.

3. 동기에 관한 연구는 다음 자료를 참고하라. David McClelland. *Human Motivation* (Cambridge: Cambridge University Press, 1988).

4. L. Ross and R. Nisbett, *The Person and the Situation: Perspectives of Social Psychology*, 2d ed. (London: Pinter & Martin, 2011) 참고.

5. Aristotle, The Art of Rhetoric, trans. H. Lawson-Tancred (New York: Penguin Classics, 1992).

6. James Sebenius, "Sequencing to Build Coalitions: With Whom Should I Talk First?" in *Wise Choices: Decisions, Games, and Negotiations*, ed. Richard J. Zeckhauser, Ralph L. Keeney, and James K. Sebenius (Boston: Harvard Business School Press, 1996) 참고.

09 스스로를 관리하라

1. Ronald Heifetz, *Leadership Without Easy Answers* (Cambridge, MA: Belknap Press, 1994), 251 참고.

2. 이것은 원래 근심 모형으로 개발되었다. R. M. Yerkes and J. D. Dodson, "The Relation of Strength of Stimulus to Rapidity of Habit Formation," *Journal of Comparative Neurology and Psychology* 18 (1908): 459-482. 이 모형에는 한계가 있으며 은유로 유용하다. 한계에 관한 내용은 다음을 참고하라. "How Useful Is the Human Function Curve?" www.trance.dircon.co.uk/curve.html.

3. 협상할 때 발코니로 가라는 내용은 다음을 참고하라. chapter 1 of William Ury, *Getting Past No: Negotiating Your Way from Confrontation to Cooperation* (New York: Bantam Doubleday, 1993).

10 모든 사람을 가속시켜라

1. 글로벌 100대 의료 회사의 리더 125명에 관해《포춘》지가 독립적으로 수행한 연구 결과. 이들은 모두 제네시스 어드바이서스의 보직이동 프로그램 및 코칭을 받았다. 프로그램 참여자들의 성과가 38퍼센트 상승했고, 코칭을 받은 고위

급 리더도 평균 40퍼센트 성과가 상승했다.

2. 제네시스 어드바이서스의 프로그램과 코칭 프로세스에 관한 연구에서 직접 인용.

3. 시작 실패의 동역학에 관한 좋은 자료로 다음을 참고하라. J. Manzoni and J. L. Barsoux, *The Set-Up-To-Fail Syndrome: Overcoming the Undertow of Expectations* (Boston: Harvard Business Press, 2007).